U0140560

『曾子文化丛书』

曾振宇　主编

宗聖志

（清）曾国荃　重修　王定安　编辑

周海生　徐国峰　点校

上海三联书店

本书系

◎ "曾智明曾子学术基金"科研成果

◎ 山东大学曾子研究所科研成果

◎ 曲阜师范大学孔子文化研究院科研成果

◎ 曾子研究院科研成果

◎ "泰山学者"建设工程研究成果

◎ 儒家文明协同创新中心（山东大学）研究成果

前　言

至圣孔子、复圣颜子、宗圣曾子、述圣子思子、亚圣孟子是中华文化传统与核心价值观的主要构建者、承载者。西汉以降，历代王朝对孔、颜、曾、孟等为代表的中华传统文化核心人物，不仅敕赠荣封，敦崇祀典，修缮林庙，而且嘉惠圣裔，钦赐祭田，优免差徭，可谓褒崇有加，代增隆重。与此相应，记载儒家圣贤事迹及历代封赐、林庙修建、祭祀典礼、碑传诗赋、优礼后裔的文献也应运而生。这些专记儒家圣贤事迹及其家族概况的志书，我们称其为儒家圣贤志或儒家圣贤家族志。

南宋绍兴年间，孔子四十七代孙孔传撰成《东家杂记》，分类记载有关孔子的杂事旧迹，可谓圣贤志书的发凡起例之作。《四库全书总目》将其列为史部传记类之首"圣贤之属"。自宋元以迄明清，圣贤志之撰著，代不乏述，而特别着意于圣贤家族史迹的志书也大量涌现。明成化十八年（1482）邹县儒学教谕刘濬纂修的《孔颜孟三氏志》六卷，弘治十八年（1505）山东提学副使陈镐所撰《阙里志》十三卷，正德二年（1507）颜子六十一代孙、世袭翰博颜公铉所撰《陋巷志》八卷，嘉靖三十一年（1552）山东按察司金事、沂州兵备道史鹗所撰《三迁志》六卷等相继梓刻，蔚为大观。

较之孔、颜、孟三氏而言，曾氏家族志的编纂为时最晚。

万历二十三年（1595），李天植纂辑曾氏第一部专志《曾志》才刊刻行世。其后近三百年间，又有吕兆祥撰《宗圣志》，曾毓墫撰《武城家乘》，曾国荃重修、王定安编辑《宗圣志》先后问世。曾氏四部家族志，分而论之，则为李天植《曾志》、吕兆祥《宗圣志》、曾毓墫《武城家乘》、王定安《宗圣志》四种；合而论之，则可统称《宗圣志》。专门记载宗圣曾子故实与曾氏家族事迹的《宗圣志》，与《阙里志》《陋巷志》《三迁志》等流布后世，成为圣贤家族志百花园中灼灼绽放的绚丽花朵。

一、曾氏家族志纂修之缘起

曾子名参，字子舆，春秋末年鲁国南武城（今山东嘉祥）人。曾子为孔门大贤，上承孔子，下启思孟，有功于圣道之传，极受后人推崇，被奉为孔学"正宗"，尊为"宗圣"。

曾参之后，多代定居于鲁，或耕读，或出仕。王莽篡汉，曾子第十五代孙曾据"耻事新莽"，于始建国二年（10）挈族渡江南迁，徙居豫章庐陵郡吉阳乡。南渡之后，曾氏后裔以庐陵为中心，向闽粤、江浙、湘蜀等地迁徙繁衍。宋代以降，曾氏家族兴盛，南丰曾氏、晋江曾氏、章贡曾氏皆名重一时，大显于世。

与曾氏家族在南方的兴盛形成鲜明对比的是，自曾据挈族南迁以至明初，宗圣故里难觅曾氏后裔的踪影，以致曾子祠墓不守。曾子自有封谥以来，载在祀典，春秋配享孔庙。然

而，嘉祥之郕国宗圣公庙宇却久已倾圮荒废。宗圣庙创建于何时，史无确载。明英宗正统九年（1444），特敕天下有司修治应祀神庙。曾子为孔庙四配之一，在天下通祀之列。经嘉祥县教谕温良上疏奏请，于正统十年（1445）八月重建宗圣庙，次年二月落成。明宪宗初，下诏修治曾子墓。明孝宗弘治十八年（1505），山东巡按金洪"疏请恢阔，如颜、孟制"，又对宗圣庙扩建增修，"阅七年而事竣，宏敞壮丽，仅亚孔庙"①。不无遗憾的是，由于曾氏后人散在四方，曾子故里难觅曾氏后裔之踪迹，以致自正统十一年（1446）宗圣庙重建落成至嘉靖十八年（1539）长达近百年的时间里，除朝廷遣官致祭外，宗圣祭祀皆由地方官主持。宗圣祀典长期无曾氏嫡裔主邑，颇与礼制有碍，亦引起有识之士的关注。

弘治四年（1491），山东嘉祥县儒学训导娄奎上疏言："本县系郕国宗圣公曾子阙里，庙堂配享有子思、阳肤、公明宣等数人。……颜、孟子孙皆传博士主祭，曾子子孙乃流落他所，乞如例封其门人，访子孙遗派之在江西赣榆二处者，择贤而有学者官之，俾之主祭，以昭圣代祀典。"②诏下有司，其后竟无下文。嘉靖十二年（1533），詹事府掌府事、吏部左侍郎兼翰林学士顾鼎臣上疏，再次奏请详访曾子后裔，他说："曾子传道之功优于颜子，而孟子私淑于曾子、子思，今颜、孟子孙皆

① 李天植：《曾志》卷四《翰藻编·文移》。
② 俞汝辑：《礼部志稿》卷九十四《正曾子庙祀》，影印文渊阁《四库全书》第598册，上海：上海古籍出版社，1987年，第704页。

世袭博士，而曾子之后独不得沾一命之荣，岂非古今之缺典也哉！"[1] 故请求朝廷派员访求曾氏子孙相应者一人，授以翰林院五经博士，世世承袭，俾守曾子祠墓，以主祀事。礼部遵旨议定，命山东巡抚、巡按官亲临嘉祥县查访，又因曾氏子孙播越流寓，散之四方，遂通行天下南北直隶、十三布政司、抚按衙门一体访求。嘉靖十四年（1535），江西抚按督同提学副使徐阶查得江西永丰曾子五十九代孙曾质粹，诏徙山东兖州府嘉祥县，以衣巾奉祀宗圣祠墓。十八年（1539），授曾质粹为世袭翰林院五经博士，承主祀事。

嘉靖三十九年（1560），曾质粹病故。曾质粹之子曾昊，因早卒未袭。而曾昊之子曾继祖自幼双目失明，又遭父、祖连丧，迁延稽迟，未得请袭翰博。时至万历元年（1573），遂生曾氏翰博争袭事件[2]。万历二年七月，经吏科给事中李盛春、吏科都给事中刘不息、山东道御史刘光国等参勘，吏部查议，认为曾氏之嗣当属曾继祖之子曾承业。而此时曾承业年仅十三岁，愚骏孱弱，吏部会同山东布政司，将曾承业送三氏学行令习学，"候一十六岁，起送承袭"[3]。万历五年（1577）八月，曾承业正式袭封翰林院五经博士。

曾承业袭封之后，致力于光大祖德、整饬族务。在奏请重

---

[1]　顾鼎臣：《乞采访曾子后裔疏》，见李天植：《曾志》卷四《翰藻编》。

[2]　关于曾氏翰博争袭始末，参见拙著：《嘉祥曾氏家族文化研究》，北京：中华书局，2013年，第208—213页。

[3]　《万历五年袭职札付》，见李天植：《曾志》卷四《翰藻编》。

修宗圣庙、补拨曾氏祭田之外，为增强曾氏族人对宗圣曾子的情感认同和维护，树立曾氏翰博在天下曾氏的中心地位，还兴建大学书院，编辑《曾子全书》，搜集整理曾氏家族文献。正是由于曾承业的锐意修创，曾氏第一部家族志应运而生。

二、《曾志》：曾氏家族志的首次编纂

自曾质粹从江西永丰东归嘉祥，单门弱祚，勉力支撑，中经曾衮夺袭之争，至曾承业承袭翰林院五经博士，方才安定下来。曾承业"感于前之变迁，非志无以彰往；又惧后之湮晦，非志无以训来"①，遂有仿效《陋巷》《三迁》二志，创修曾志之念。

曾承业向巡按山东监察御史姚思仁面陈纂辑曾氏志之缘由：

> 粤自圣师，为万世教父。吾先子亲则及门，甫逾冠而聆一贯，迨垂老而著稠书。其在孔堂，虔始要终，以肩道统，即颜氏无多让焉，思孟可知已。而乃以我一二宗人，越在他国，庙器之不守，而典籍之多残，余实恶焉。属者承业再世以上，始应诏命，归奉冢祀。一介羁孤，胡与于诸未复之踦？而今厥家渐定，乃捃拾为此书，而巡道李君

---

① 万民命：《宗圣志序》，见吕兆祥：《宗圣志·旧序》，《四库全书存目丛书》（史部第79册）影印山西省祁县图书馆藏明崇祯刻清康熙增修本，济南：齐鲁书社，1996年，第463页。

润色而授椠铅。①

显而易见，曾承业作为世袭翰博，对于曾氏典籍之残缺，深怀自愧之心，更有革新之勇。他在此处提到的"巡道李君"，即时任钦差分巡兖州等处地方兼曹濮兵备屯田马政、山东提刑按察司签事李天植。李天植，明南直隶广德州（今安徽广德市）人，字性甫，号冲涵。隆庆五年（1571）进士，授平阳推官，奏绩治平天下第一，擢史科给事中。因直言忤当朝，迁湖广副使。后转任四川参政、曹濮兵备等职。著述甚富，有《礼记哀言》传世。李天植在任曹濮兵备之时，以曾氏无志、典籍不备为憾事，便与城武知县张居仁搜集史志文献，撰成《曾志》初稿。他在《曾志后序》中详述撰著始末：

> 余治兵曹濮，有暇日进鲁诸生而问典籍。诸生曰："有《阙里志》在。"余批阅而叹曰："周礼其在鲁乎！"问颜、孟，皆有志，而曾志独缺。间取颜博士家录数卷读之，亦鲁鱼帝虎耳。呜乎！东鲁之于文学，其天性也，况当右文之朝，前哲辈出，乃令典籍不备，斌斌之谓何？于是与城武张令谙者耇、刺群籍，取旧志而裒集之，汰什一，盖什五，为一家言，以归博士。猥云补史氏之缺，为曾氏忠臣而名山之哉，抑亦俾曾氏之典籍不至湮没已也！②

---

① 李天植：《曾志·姚思仁序》。
② 李天植：《曾志后序》。

由此序中"以归博士"之言可知，曾承业呈送姚思仁之书，其主体即李天植纂修之《曾志》。然此志之初成，当在何时？《明分省人物考》记载，李天植"甲午，被命饬兵曹濮"①。甲午，即万历二十二年（1594）。据王定安《宗圣志》所载《明万历初修宗圣志序二首》，注云："志成于万历二十三年六月。"② 由此可知，《曾志》之编纂，当在万历二十二年至二十三年间，而其书之初成，时为二十三年六月。

此书经曾承业呈送山东巡按姚思仁。姚思仁，浙江嘉兴府秀水县人，万历癸未（1583）进士，授行人，迁江西道御史。天启二年（1622）升工部尚书，加太子太保致仕，年九十一卒。著有《律例解》《五经疏注》等书。姚思仁是个非常重视文化的官员，得见此曾氏志，喜悦之情油然而生。他不无感慨地说："夫是书初订，讵曰不刊，而一意为述，则孔氏窃比之义存焉。以进于史，则列在章而非在野；以降于乘，则副在司存而非家。千载获麟之野，恍若重瞻乎瑞物。而是编甫竣于事，则谓为《曾氏春秋》，其可乎？"③ 他认为，孔、颜、孟三氏皆有志，以纪世系暨累朝恩礼之盛，"曾氏身负道宗，侪颜启孟，顾独缺此杀青一编书，以致武城之地望几堙于凡封，而皇帝神明之胄无别于下姓"，如今曾氏有此志，足以彰显曾子

---

① 过庭训：《本朝分省人物考》卷四十一《李天植》，见周骏富辑：《明代传记丛刊》综录类 36（132），台北：明文书局，1991 年，第 744 页。
② 曾国荃重修，王定安编辑：《宗圣志》，清光绪十六年（1890）刻本。
③ 李天植：《曾志·姚思仁序》。

传道之功及后裔袭封之荣。万历二十三年（1595）七月，姚思仁发牌至城武县，敦请城武县令再将曾氏志修改订正，以传久远：

> 巡按山东监察御史姚为纂修先贤庙志，以阐道化事。准曾子后裔世袭翰院五经博士曾送纂修《三省志》到院，为照先贤庙志垂示久远，必须考订详明，文词尔雅，始称大典。该县素称三长，宜堪秉笔。为此牌仰本县即将发去曾庙志书二册，移文嘉祥县吊取原稿及诸书册，从新笔削，务使堪垂不朽，庶称本院委重之意。①

被姚思仁赞誉为"素称三长，宜堪秉笔"的城武县令，也就是李天植在《曾志后序》中提到的"城武张令"张居仁。据道光《城武县志》记载，张居仁字叔广，直隶赵州人。由进士知县事，政修人和，多所创建。工诗文并画，升胶州知州②。张居仁曾参与纂修《兖州府志》，于修志素所擅长。待《曾志》修订完竣，姚思仁遂责成李天植助成其美，他说："《曾志》成，何不付杀青？岂以曾有功于圣门，在颜、孟下耶！……是编也，载曾氏之孝大备，博士家家传而户诵之，则经翼而传，不必衍矣。且圣天子以孝道兴理，锐意治平，用是以备献纳、待顾问，其为益非鲜小也，岂直曰备曾氏典籍云乎哉？"③在这里，姚思仁对曾子传道之功备极尊崇，肯定了《曾志》"备献

---

① 李天植：《曾志·附》。
② 袁章华修，刘士瀛纂：《城武县志》卷六《职官志》，清道光十年（1830）刻本。
③ 李天植：《曾志后序》。

纳、待顾问"的经世价值。值得注意的是，曾氏志书之名称，曾承业称之为《三省志》，而姚思仁直称《曾志》，意在凸显曾子，故定名为《曾志》。在姚思仁的大力支持、督促下，李天植"遂檄城武，以付剞劂氏"①，《曾志》得以于万历二十三年（1595）刊刻行世。

《曾志》四卷，首一卷末一卷。该书卷首有姚思仁《曾志序》、凡例十条、《曾志目录》，卷末有李天植《曾志后序》。其主要内容为：

首卷为图像，包括宗圣章服像、莱芜小像、孔曾授受图等人物图十二幅，皆有赞一则，为宋、明人所作；后有邑里总图、武城遗址图、旧庙图、新庙图、林墓图、祭器图、陈设图、宗系图。

卷一为"派源编"，卷端镌"曹濮兵宪桐汭李天植纂修，城武知县张居仁校录，裔孙博士曾承业绣梓"，分邑里、古迹、世家、列传、宗系、显裔6子目，辨曾子故里南武城为明嘉祥县所统之地，载其古迹，略述曾氏之源及其世系。

卷二为"型范编"，分遗事、格言、尚论3子目，汇辑曾子嘉言懿行及历代对曾子的赞誉。

卷三为"崇重编"，分祠宇、茔墓、封秩、章服、释奠、祀典、恩荫、给田、户役9子目，胪列历代礼典。

卷四为"翰藻编"，分诰敕、祭文、赞文、题咏、碑记、

① 李天植：《曾志后序》。

奏疏、文移 7 子目，备载遗文往什。

末卷为"杂纪"，载曾肇《曾子传》、欧阳修《代曾子答弟子书》、曹琛《郕国宗圣公上梁文》及元武宗《初献郕国公乐章》。

《曾志》之纂修，虽为时稍嫌短促，内容亦未臻详备，但其发凡起例，于曾氏志之编纂实有开创之功，故当时多获赞誉。济宁知州万民命称"先贤道脉，至是而复明"①，翰林院修撰朱之番亦赞扬《曾志》使"道统增明，儒林生色"②。万历二十六年，《曾志》又略有增修，卷首增补了焦竑、万民命、朱之蕃诸序，卷端题名"城武知县张居仁校录"改为"城武知县张居仁同纂"，卷末附曾继祖万历戊戌《曾氏祖庙永思碑铭》。此增修之本，国内仅浙图有藏，足称珍异。

三、吕兆祥重修《宗圣志》

崇祯元年（1628），翰林院五经博士曾承业因年老告休③。八月，年方十八岁的曾弘毅袭封翰林院五经博士。鉴于《曾志》草创，中多遗漏，尤其是"历代崇祀本末记载未备"④，吕兆祥乃应曾氏之请，网罗载籍，荟萃故实，详述"曾氏南北传

---

① 万民命：《宗圣志序》（万历乙未仲夏），见吕兆祥：《宗圣志·旧序》，第 272 页。
② 朱之番：《宗圣志序》（万历丙申孟秋），见吕兆祥：《宗圣志·旧序》，第 274 页。
③ 曾毓墫等纂修：《武城曾氏重修族谱·昊公房系》，上海图书馆藏清嘉庆十二年（1807）木活字本。
④ 永瑢等撰：《四库全书总目》卷五九《史部·传记类存目一》，北京：中华书局，1965 年，第 533 页。

源，详其端委"①，于崇祯二年（1629）撰成《宗圣志》。

吕兆祥，明浙江海盐人，曾辅助其父吕元善创修《圣门志》②。自万历癸丑（1613）至崇祯己巳（1629）十七年间，吕氏父子纂成东鲁志书 20 余部，其中就包括吕兆祥撰修的《宗圣志》③。

吕兆祥所撰《宗圣志》共十二卷，卷一为《像图志》，卷二为《世家志》，卷三、卷四为《追崇志》，卷五、卷六为《恩典志》，卷七、卷八为《事迹志》，卷九至卷十二为《艺文志》。原任山东学政项梦原通览全书，大加赞叹，称誉《宗圣志》："仰承宗圣两千年之道容，若在吾眼；远绍六十三代之懿脉，足畅家风。"④吕化舜在为《宗圣志》所作序中，曾简述各卷撰作之旨趣："一之为图像，若见乎三省之丰容也；二之为世家，见枝胤绵邈，南北一宗也；三、四之为追崇，代褒王言、林墓祀祠之足重也；五、六之为恩典，受官翰院、赐续祭亩之为

① 樊维成：《宗圣志序》，见吕兆祥：《宗圣志》，第 457 页。
② 《嘉兴府志》卷五十七《海盐文苑传》载："吕元善，字季可，以监生历山东藩司理问，尝修《山东通志》。更创《圣门》一志，自四氏、七十二子、汉唐宋诸儒宗系、祠祀、林墓，无不考据明确。后以襄赈劳剧卒。"见许瑶光修，吴仰贤等纂：《嘉兴府志》，清光绪五年（1879）刻本。
③ 按：《浙江采集遗书总录》著录"《宗圣志》十二卷"，云"国朝孔胤植辑"。见沈初等撰，杜泽逊、何粲点校：《浙江采集遗书总录》戊集，上海：上海古籍出版社，2019 年，第 239 页。《清史稿·艺文志》亦沿其误，云"孔允植撰"。见《清史稿》卷一四六，北京：中华书局，1977 年，第 4283 页。孔胤植，为孔子六十五代孙，天启元年袭封衍圣公。《清史稿》避清帝讳作孔允植，实为《宗圣志》作序者，非撰者。
④ 项梦原：《宗圣志序》，见吕兆祥：《宗圣志》，第 452 页。

异数也；七、八之为事迹，经集所传格言、尚论之可风世也；九、十、一、二之为艺文，奏章、记序、碑志、诗词之能章隐传远也。"并称吕氏之作，"竭蹶其精思，周咨其幽隐，以成卷帙，有以昭显宗圣之云昆于天地间耳"①。

吕兆祥纂修《宗圣志》，得到了曾承业、曾弘毅父子的鼎力支持。在吕兆祥应允重修曾氏志之后，曾承业即请序于山东学政项梦原等人。项氏《宗圣志序》云："有曾翰博者，俨然进余曰：'家志草创，中多遗漏。方赖公同乡吕君圣符慨许担当，顾为颜、孟诸志未竟，尚有待也，而冠篇之序，敢为预取于公。'……第三数年间，于曾氏父子，则既承撰于前翰院，复践约于今宗英。"②前翰院，指的是曾承业；今宗英，即代指曾弘毅。《宗圣志》未撰之先，多为曾承业奔走其事；书成之时，曾弘毅已袭封，主要担负梓刻之责。

吕兆祥所撰《宗圣志》，习见版本为山西省祁县图书馆藏明崇祯刻清康熙增修本，收入《四库全书存目丛书》。前有崇祯二年孔胤植序、丁宾序，崇祯二年项梦原序，崇祯元年樊维城序，崇祯二年吕化舜序，又万历旧序。记事至康熙二十三年。关于《宗圣志》的初刻时间，《四库全书总目》云："书成于崇祯中。而《世家志》述其谱系，乃载及国朝康熙中事，《恩典志》内亦载及顺治初年，不知何人所增，盖非尽兆祥之

---

①　吕化舜：《宗圣志序》，见吕兆祥：《宗圣志》，第457—458页。
②　项梦原：《宗圣志序》，见吕兆祥：《宗圣志》，第450—452页。

旧矣。"①四川大学古籍整理研究所编《儒藏》亦认为,《宗圣志》"初刻于明崇祯末"②。杜泽逊先生则认为,"是本为明崇祯二年刻清康熙间增刻本"③。据笔者所见辽宁图书馆所藏崇祯间刻本,卷一题:"海盐吕兆祥重修,曲阜孔胤植、句容孔贞运参考,兄吕维祺、男吕逢时编次。"钤朱文"东北图书馆藏书印""九峰旧庐珍藏书画之章"二印记,为杭州王体仁"九峰旧庐"旧藏。卷二《世家志》述曾氏谱系,至六十三代曾弘毅,记事至崇祯二年正月,其时曾弘毅 19 岁,尚未命字,故"字"下空二格;卷五《恩典志》记事至崇祯元年八月,曾弘毅袭授翰林院五经博士;卷九《艺文志》记载奏疏至《曾子六十二代孙翰林院五经博士曾承业请祭田疏》。于此可见,《宗圣志》之初刻,当于明崇祯二年。康熙年间,续有增修。

另据笔者所见日本内阁文库藏本,卷一《像图志》较崇祯二年刻本和康熙增刻本又增东配述圣子思子像并赞、西配亚圣孟子像并赞、东庑阳肤像并赞、西庑乐正子春像并赞、东庑公明仪像并赞、西庑沈犹行像并赞、东庑公明高像并赞、西庑单居离像并赞、东庑公明宣像并赞、西庑公孟子高像并赞、东庑孟仪像并赞、西庑子襄像并赞、东庑曾元像并赞、西庑曾华像

---

① 永瑢等撰:《四库全书总目》卷五九《史部·传记类存目》,第 533 页。
② 四川大学古籍整理研究所编:《儒藏·史部》第 8 册《孔孟史志·宗圣志》,成都:四川大学出版社,2005 年,第 251 页。
③ 杜泽逊:《四库存目圣贤志书版本考》,《国际儒学研究》(第 5 辑),北京:中国社会科学出版社,1998 年,第 228 页。

并赞、东庑曾申像并赞、西庑曾西像并赞共十六图；卷二《世家志》述曾氏谱系，较康熙增刻本又增六十六代曾尚溶，记事至雍正三年八月；卷十二《艺文志四》所载诗文五言、七言绝句、律诗、古诗之前后顺序与康熙增刻本古诗居前、律诗在后不同。由此本可知，吕兆祥所撰《宗圣志》于雍正年间亦有续补。

清乾隆年间纂修《四库全书》，曾以"项梦原《序》一篇，词涉乖谬"①为由，将《宗圣志》列入抽毁书目。查项梦原《宗圣志序》，有"乍抛衡士笔，去捉灭胡刀"②之语，恐即四库馆臣所谓"词涉乖谬"之因。故而，吕兆祥所撰《宗圣志》传流不广。尤其是崇祯二年刻本，国内仅辽图有藏，殊为宝贵。

四、《武城家乘》：一部被忽略的曾氏志书

清乾隆四十六年（1781），曾子六十九代孙、世袭翰林院五经博士曾毓墫在吕氏《宗圣志》的基础上，撰《武城家乘》。此为曾氏家族志的第三次修纂。

曾毓墫，字注瀛，生于乾隆十六年（1751）。二十五年（1760），其父曾兴烈病故。因其年幼，未能考试，经衍圣公孔昭焕题请，于乾隆二十六年（1761）题袭翰林院五经博士。三十五年（1770），咨送礼部补考，诏令袭职。袭封之初，曾

---

① 姚觐元：《清代禁毁书目（补遗）》，上海：商务印书馆 1957 年，第 15 页。
② 项梦原：《宗圣志序》，见吕兆祥：《宗圣志》，第 451 页。

毓塼就致力于曾子林庙的维护，"凡庙林、书院、家庙，黏补最勤，纪事碑版亦多，俾后有可查考"①。他还撰修《武城家乘》，联合曾氏南宗联修《武城曾氏族谱》，在曾氏家族文献的保存方面，做出了很大贡献。王定安称誉说，论曾氏宗子功德，"承业翰博之后，此为再见"②，给予了极高的评价。

曾毓塼之所以编撰《武城家乘》，主要有两个方面的原因。一是他在乾隆三十六年（1771）、四十一年（1776）乾隆帝亲诣阙里释奠之时，两次陪祀，"荣沾圣泽，铭刻于中，即欲敬陈于言"。但是，自明崇祯二年吕兆祥《宗圣志》修成到清乾隆中叶，150多年里《宗圣志》没有续修，曾氏优崇之典、家族事迹缺乏翔实的记载，"取旧志一为披读，巨典无征，更不胜惶惶如也。缘以谫陋无闻、铅椠未习为歉"。二是一些熟悉曾氏典故的人年岁渐长，存世无多，如何更完整地保存曾氏事迹，成为曾毓塼不得不慎重考虑的一个重要问题。正如他在《武城家乘序》中所言："十余年来，老成凋谢，述颂者半归乌有。恐闻者异辞，传者又异辞，世远年湮，异日不惟贻数典忘祖之羞，而于国家煌煌承祀之仪，徒令载纪天渠，而考古者适予以询，转置焉而弗详，罪奚辞焉？"为了使曾氏事迹传流于后世，曾毓塼以吕氏《宗圣志》为基础，"考实多据旧志体裁，悉自为编，去繁芜，阙疑会，易其名曰《武城家乘》"③，于乾

---

① 曾国荃重修，王定安编辑：《宗圣志》卷四《世系》，第212页。
② 曾国荃重修，王定安编辑：《宗圣志》卷四《世系》，第213页。
③ 曾毓塼：《武城家乘序》，乾隆四十六年（1781）木活字印本。

隆四十六年刊刻行世。

　　曾毓墫纂修之《武城家乘》共十卷，卷一为纶綍附像图，首载谕旨、圣制赞序、遣告祭文；次为像图，计宗圣像、配享像、从祀像、事迹像、先贤曾氏像、从祀像并赞以及祭器图、陈设图、庙林图、书院图、家庙图、曾氏赐第图、邑里图、武城遗址图等；卷二为世系，分姓源、宗子、恩裔、显达、节孝5子目；卷三为祀典，分释奠、封号、祭器、祀仪、庙林建置、书院建置、赐第建置、世职附祀生、祀田户役9子目；卷四为褒崇，分诏、诰敕2子目；卷五为事迹，分著述、遗事、格言、尚论、先贤曾氏暨二代先儒遗事、古迹6子目；卷六至卷十为艺文，分奏疏、碑、铭、历代赞论、祭文、上梁文、书、传、颂、记、诗、匾对12子目。

　　曾毓墫在《武城家乘序》中说："盖不敢公诸海内，亦为自道家门之鄙意云尔。"依此推测，此书刻成之后，流布不广，故多不为人所知。但从曾毓墫序和此书内容而言，《武城家乘》属曾氏志书无疑。虽名为"家乘"，实与家谱有别。《中国古籍总目》著录日本东京大学所藏曾毓墫纂修《武城家乘》十卷，将其列入"史部·谱牒类"，似为"家乘"一词所影响，而未顾及其书之内容、性质。此本陈日本东京大学、美国国会图书馆、美国犹他家谱学会收藏外，国内唯温州市图书馆有藏。

五、王定安《宗圣志》：曾氏家族志的集成之作

　　曾毓墫纂修《武城家乘》一百余年后，至清光绪中叶，王

定安承曾国荃之命重修《宗圣志》，这是曾氏家族志的第四次纂辑。

光绪十六年（1890）二月，两江总督曾国荃收到南宗曾氏寄来的吕氏《宗圣志》，希望曾国荃出资支持，重新梓刻，以永其传。曾国荃，湖南湘乡人，字沅甫，号叔纯，曾国藩之弟，为曾氏徙居湘乡之支裔。湘乡曾氏为咸同以来崛起的仕宦家族，一门节钺，门第鼎盛，为清代二百余年中所仅见。名闻天下、威名远播的曾氏兄弟，作为曾氏家族二千年来更上层楼的关键人物，尤为海内曾氏族人所宗仰。由于曾国藩已去世，曾氏遂敦请曾国荃主持梓刻《宗圣志》，以光大宗圣曾子之功、提升曾氏后裔之社会声望。曾国荃便将此事托付给长于著述的王定安，对吕氏《宗圣志》重加校订。

王定安（1833—1898），号鼎丞，湖北东湖（今属宜昌市夷陵区）人。"少负异才，不谐于俗"，咸丰八年（1858）优贡，同治元年（1862）中举，分发江苏昆山知县。经贺云黼荐入曾国藩幕府，其间为曾国藩校订《十八家诗抄》，深受称誉。曾国藩去世后，王定安又为其整理遗稿，撰成《求阙斋弟子记》《曾文正公事略》，为曾国荃所赏识，从游二十余年，颇受倚重。光绪二年，山四大旱，时任山西巡抚曾国荃奏请，王定安以直隶候补道入晋赈灾，留任山西冀宁道员，相继署理山西按察使、山西布政使等职。大祲后，因"黜货"为张之洞所劾，遣戍张家口军台效力。后虽案雪，然因此故，"龃龉于时，偃蹇湖山"，人多惜之。光绪十三年（1887），受曾国荃之邀，历时三载撰成《湘军记》，叙事简赡，论断精严，曾国荃《湘军记叙》称："其著书必不能工且赡，信今传后，如此觥觥也！"可谓称道备至。光绪十五年（1889），经两江总督刘坤一保荐以原官留江南候补，后授安徽凤颖六泗兵备道。光绪二十四年，卒于任所。

王定安一生著述甚丰，撰有《求阙斋弟子记》三十二卷，《曾文正公大事记》四卷，《湘军记》二十卷、《宗圣志》二十卷、《曾子家语》六卷、《两淮盐法志》一百六十卷、《平回记事本末》十卷、《塞垣集》六卷、《彝器辨名》二卷、《曾忠襄公年谱》、《空舲文钞》、《续古文辞类纂》等。其中，《宗圣志》一书，承继前修，踵事增华，成为曾氏家族志的集成之作。

王定安秉承曾国荃之命，重订吕氏《宗圣志》。在细阅吕《志》之后，他发现吕《志》所载曾子言行"颇多疏漏，且不详所本，盖沿明人臆断锢习，芜杂不复成章"①，遂决意重修《宗圣志》。于是，他征得曾国荃的同意，由曾国荃檄调桐城州同洪恩波共赴嘉祥宗圣故里，与曾子七十四代孙、翰林院五经博士曾宪祐一起，搜讨曾氏家乘、碑记，又经山东巡抚张曜差遣济宁州牧寋念猷、嘉祥县令陈宪襄助，耗时近半年，将入清以来曾氏事实搜集略备。

鉴于吕兆祥《宗圣志》体例复沓，王定安重修之时，悉变其例，由丹徒（今江苏镇江）陈庆年将曾氏事实依类汇编，

---

① 王定安：《曾子家语叙》，《续修四库全书》第 932 册，第 298 页。

"采之于吕氏者什不及二三"。至于世系、邑里，伪托臆撰舛戾之处，王定安则详加辩订，"赝者纠之，漏者补之"①，于光绪十六年十二月完稿，在金陵梓刻行世。

王定安所撰《宗圣志》共二十卷，卷一、二为图像，卷三为传记，卷四为世系，卷五为邑里，卷六为述作，卷七、八为祀典，卷九为祠庙，卷十为林墓，卷十一为祭告，卷十二为荫袭，卷十三为祭田，卷十四为户役，卷十五为院第，卷十六为弟子，卷十七为私淑，卷十八为赞颂，卷十九、二十为旁裔。卷一卷端题："湘乡曾国荃重修、东湖王定安编辑。"卷首有王定安自序，卷末附《明万历初修宗圣志序二首》《明崇祯续修宗圣志序二首》。相比前修诸志，在体例上，王定安作了较大改进：一是将传记、世系、邑里、祀典、祠庙、林墓、祭告、荫袭、祭田、户役、院第、赞颂等单列；二是增加了述作、弟子、私淑、旁裔等类目；三是合并了一些类目，如将古迹并于邑里，将显达、恩裔等附于世系，将碑、记、奏疏、公牍依其性质附于祠庙、林墓、荫袭、祭田、户役诸类目之下。就撰述体例而言，较前志更为谨严，类目更为清晰，多有创新。

王氏《宗圣志》不仅体例较前完备，在内容上也呈现出史料翔实、详略得当、征信以传的特色。史料方面，如卷六《述作》，将汉代以来史志所载《曾子书》及《孝经》《大学》之著述尽数罗列，并加按语以阐己见；卷十六《弟子》，详考曾子

---

① 　王定安：《宗圣志序》，见曾国荃重修，王定安编辑：《宗圣志》，第10页。

弟子事迹，甄而录之，凡十二人，自汉郑玄《论语孔子弟子目录》、元吴莱《孟子弟子列传》以后，自此而有曾子弟子列传；卷十七《私淑》，将孟子而后私淑曾子之后贤，择其精粹者著于篇，凡此皆前志所未有。详略方面，每卷卷端均述撰作之由，如卷三《传记第二》题："尼山执艺，七十二贤，阐扬至孝，肇自史迁，裒集诸子，缀为长编，搜逸表微，一贯斯传，纂《传记》；卷七《祀典第六上》题：武城褒赠，始唐高宗，迄于有明，称子黜公，於穆圣清，四配礼崇，综而甄之，歆享靡穷，纂《祀典》"；卷十二《荫袭第十》题："圣贤遗泽，光若日星，颜孟苗裔，世荷簪缨，赏延之典，独后武城，守其宗祧，永作王宾，纂《荫袭》"；卷十八《赞颂第十六》题："诗有颂体，史载赞辞，秩秩宗圣，百世所师，纂《赞颂》"。与《曾志》、吕氏《宗圣志》卷端所题"志曰""叙曰"云云相比，更为简明，要而不繁。征信方面，无论世系、传记、述作、祀典，还是弟子、私淑、旁裔，皆载明出处，而前修诸志多只辑录原文。再如，宗圣之里籍，明代以来即多有争议，聚讼纷纭，王定安于《邑里篇》备列《山东通志》《兖州府志》《沂州府志》《嘉祥县志》《济宁州志》诸志之记载及明人王雅量、清人顾炎武、阎若璩、周柄中、俞正燮、赵佑诸家之说，以使后来者知所折衷，可谓深具良史信而有征之风范。

王定安所撰《宗圣志》，质量更高，搜辑史料最为全面，故其书一出，颇为时人所重，流传也最为广泛。国家图书馆、上海图书馆、天津图书馆、南京图书馆、曲阜师范大学图书馆等藏有清光绪十六年金陵刻本。

自明万历二十三年《曾志》成书，中经崇祯二年吕兆祥续修，清乾隆四十六年曾毓墫增益，到光绪十六年王定安重纂《宗圣志》，曾氏家族志的编纂，凝聚了曾承业、曾弘毅、曾毓墫三代翰博和曾国荃等曾氏后人的情怀和辛劳，充分显示出在尊孔崇儒的文化氛围下，曾氏后裔通过宣扬曾子肩系儒家道统的特殊地位，从而提升自身地位、巩固孔颜曾孟这一文化共同体的强烈诉求，更饱含着李天植、吕兆祥、王定安等儒家学者对宗圣曾子的景仰与尊崇，对于保存曾氏家族文献，起到了极为重要的作用，为深入了解曾氏家族发展史提供了丰富资料。

王定安撰《宗圣志》，1968 年由曾子七十四代孙、宗圣奉祀官曾宪祎组织重刊，在台湾影印出版。1989 年山东友谊书社出版《孔子文化大全》，2004 年广陵书社出版《中国祠墓志丛刊》，亦将该书收入，影印出版。1993 年，贾庆超先生将《宗圣志》点校整理，收入其主编的《曾子校释》一书，由山东大学出版社出版。此后，四川大学古籍整理研究生编《儒藏·史部·孔孟史志》，收录王定安《宗圣志》，郭齐先生校点，2005年由四川大学出版社出版。江西吉安"庐陵曾子文化研究会"的曾宪祈、曾令金先生也整理了《宗圣志》，经吉安市新闻出版局批准印刷，内部发行。以上三种整理本，在曾氏史志文献整理方面，皆有突出贡献。遗憾的是，上述诸本或未单独成书，或标点疏漏之处较多，或仅作标点、未及校勘，或为大型丛书、典藏有限，颇不便于利用，故笔者于2013年出版《嘉祥曾氏家族文化研究》之后，即有点校整理《宗圣志》之念。遂搜集《曾志》、吕兆祥《宗圣志》、曾毓墫《武城家乘》、王定安《宗圣志》诸版本，渐次整理。此项工作多于教学科研之余进行，故时断时续。初稿完成，已有数年，久藏箧底，敝帚自珍。今得山东大学儒学高等研究院教授、曾子研究院院长曾振宇先生慨允，将王定安《宗圣志》纳入《曾子文化丛书》整理出版，逢此机缘，不胜欣幸之至，谨致诚挚谢意！

整理过程中，曾子研究院徐国峰以及研究生刘亚东、彭晓丽、刘晓、王悦悦、田佳鑫、李文苑等诸位同学，在文字录入和初校方面做了大量工作。清样出来后，刘颖、王士冉、王贺然同学对全文进行了认真细致的校对，多有订正，在此一并表示感谢。

在本书付梓之际，对责任编辑徐建新先生为本书出版付出的辛勤劳动敬致衷心感谢！

由于点校者能力有限，整理中错讹疏漏在所多有，尚祈方家不吝赐教。

周海生
二〇二二年十二月
于曲阜师范大学

整理说明

一、本次整理以光绪十六年金陵刻本为底本。

二、原书双行夹注文字，现一律采用单行小字形式，以示区别。

三、原书段落文字较长者，根据文义酌情分段，以便阅读。

四、原书之简体、俗体、异体字均径改正体。姓名用字，酌情保留。

五、原书避讳字，如邱（丘）、元（玄）、荫（胤）、弘（缺末笔）、禹（颙）之类，径行改正，不出校。曾氏人名行辈用字，如宏（弘）、纪（继），因沿用已久，习以为常，不再回改，以免淆乱。

六、原书于诸卷卷首右下方有"湘乡曾国荃重修、东湖王定安编辑"字样，统予删除。

七、王氏引书繁博，点校时尽可能复查原文文献，对文字错讹、脱漏之处，出校说明；个别不致影响文意的词句，则概仍其旧。

八、原书于序后列有目录，今依据实际情况编一总目录置于书前，以便查阅。

目 录

宗圣志序

　　《宗圣志》者，明万历二十三年曾子裔孙、翰林院五经博士承业始为是书，崇祯二年海盐吕兆祥续修之。今太子太保、威毅伯曾公国荃总制两江，南宗曾氏自江右邮寄吕《志》，请重梓以永其传。曾公属定安校订，盖自崇祯迄今二百五十余年，宗裔之袭代，祀典之增加，林墓、祠庙之兴替，祭田、户役之存没，皆阙焉无考。乃白曾公，橄桐城洪州同恩波赴嘉祥宗圣故里，与翰博曾君宪祜搜讨家乘、碑记，而山东抚帅宫保张公曜复橄济宁州牧蹇君念猷、嘉祥县令陈君宪襄其役。三月而往，七月而归，于是入国朝以来曾氏事实略备。而吕《志》所载曾子言行既多疏漏，其体例复沓无足取，乃悉变其例，属丹徒陈明经庆年依类编之，采诸吕《志》者什不及二、三。至于《世系》《邑里》，伪托臆撰，舛戾殊多，定安手加辩订，赝者纠之，漏者补之。书成，凡二十卷，又别为《曾子家语》十八篇。自光绪十六年二月属稿，十二月竣事，而曾公已于十月初二日薨逝，惜乎未观厥成也。

　　窃尝论之：人之通塞毁誉，命也；智愚善恶，亦命也。伊遂古之初，圣哲达人明通天地，制器立教之君子不知凡几，然其传于后者，代不过数人，或竟无一人焉。文字既兴，镌金刿石，操铅握椠，锲精神，耗岁月，以求著作之工者，又不知凡几，然其传于后者，代亦不过数人，人不过数篇。盖学之精疏，人也；传之久暂，天也。智愚善恶，人也；其智愚善恶之获传与否，命也。夫圣而至于孔子，蔑以加矣，其传于后也远矣。彼三千之徒，亲炙于圣人之门，亦云幸矣，而当时不能举其名字，况其后焉者乎？其能举其名字者，如七十子之徒，身通六艺，亦云达矣，而著述弗传于世，况其下焉者乎？夫孔门之贤，无逾颜子，其生也未述一经，独好学为尼父所称，世主遂用以配享孔庙。而闵子骞、伯牛、仲弓诸贤，著述无闻，徒以相从陈蔡，得与四科之目，后世奉为十哲。自隋以前，世主未有推崇曾子者也。唐开元中，始封曾子为郕伯，跻于十哲之次。宋大中祥符二年，晋为侯。咸淳三年，晋郕国公，与颜子、子思、孟子升为四配。元至顺元年，加号宗圣公，"宗圣"之名自此始。明世宗访曾子裔孙于江西，乃设五经博士于嘉祥，俾奉祭祀。我朝临雍之典，四氏裔皆得陪祀，赏赐优隆。宗圣之尊崇，于斯极矣！

夫曾子学行载于大、小《戴记》，备于《孝经》，分见于《论语》《孟子》，孔门弟子著述之富，未有盛于曾子者也。周之末祀，荀卿、庄周、尸佼、韩非之伦，其人类皆睥睨百代，讥孔讪孟，然其书多称曾、史，是当世未尝无闻也。汉则陆贾、韩婴、刘安、董仲舒、司马迁、桓宽、刘向、班固、王符、王充诸子，号为通儒，其书所引曾子事尤多，是后世未尝无述也。然必迟之，又久历千余年，乃得跻于十哲；又数百年，乃得升为四配；又数百年，其苗裔始授世官，与孔、颜、孟并称四氏，岂所谓通塞关乎数者耶？呜呼！后之君子，其学行不逮曾子远甚，或遇于时，为世尊重，则忻然以喜；或偶不遇，则侘傺咨嗟，怫然见于颜色，是岂曾子所谓弘毅、忠恕之道耶？《记》曰："道隆则从而隆，道污则从而污。"是故连城之璧耀光于卞和之门，千金之马增价于伯乐之市，其轻重贵贱世为之，于璧、马无所增损也。愿以告士之志曾子之所志、学曾子之所学者。

　　光绪十有六年，岁在庚寅冬十二月，东湖王定安撰于金陵寓庐。

宗圣志卷一

图像第一（上）

武梁石室，尝图古人。畴正樞纲，为孔素臣。绘其轶事，顽懦咸兴。纂《图像》上。

古者左图右史，读王延寿《鲁灵光殿赋》，历画邃古之初，帝王后妃、忠臣孝子，取其善可示后也。今所睹者，武梁祠、孝堂山刻石是其例也。图像，顾不重乎哉！

宗圣像

　　曾子，名参，字子舆，南武城人。唐总章元年，赠太子少保；太极元年，赠太子太保；开元二十七年，赠郕伯。宋大中祥符二年，赠瑕丘侯；政和元年，改武城侯；咸淳三年，封郕国公，与兖国复圣公颜回、沂国述圣公孔伋、邹国亚圣公孟轲并配享孔子庙廷，谓之"四配"。元至顺二年，加封郕国宗圣公。明嘉靖九年，改称宗圣曾子。

东配述圣子思子像

東配述聖子思子像

　　孔伋，字子思，孔子之孙。咸淳三年，封沂国公，配享孔子。元至顺元年，加封沂国述圣公。明嘉靖元年，改称述圣子思子。

　　《孟子外书》："曾子学于孔子，子思学于曾子。"

西配亚圣孟子像

孟轲，字子舆，邹人。宋元丰七年，舆颜子配享孔庙，封邹国公。越一百八十余年，为咸淳三年，曾子、子思子始列四配。元至顺元年，加封邹国亚圣公。明嘉靖元年，改称亚圣孟子。

韩愈曰："孟轲师子思，子思之学盖出曾子。"

东庑阳肤像

阳肤，事见《论语》。包咸以为曾子弟子。

西庑乐正子春像

乐正子春，事见大、小《戴记》。郑玄以为曾子弟子。

东庑公明仪像

公明仪，事见《礼记》。郑玄、孔颖达皆以为曾子弟子。

西庑沈犹行像

沈犹行，事见《孟子》。赵岐以为曾子弟子。

东庑公明高像

公明高，事见《孟子》。赵岐以为曾子弟子。

西庑单居离像

单居离，事见《大戴礼》。卢辩以为曾子弟子。

东庑公明宣像

公明宣，事见《说苑》。刘向谓其学于曾子。

西庑公孟子高像

西庑公孟子高像

公孟子高，事见《说苑》。或以为即公明高也。

东庑孟仪像

東庑孟儀像

孟仪，事见《说苑》。或以为即公明仪也。

西庑子襄像

子襄，事见《孟子》。赵岐以为曾子弟子。

莱芜侯章服像

莱芜侯章服像

　　曾点，曾子之父。唐玄宗开元二十七年，赠宿伯。宋真宗大中祥符二年，封莱芜侯。

东庑曾元像

曾元，事见《礼记》《孟子》《荀子》。郑玄曰："曾元，曾参子。"

西庑曾华像

曾华，事见《大戴礼》。或曰：华，即曾申之字也。

东庑曾申像

曾申，事见《礼记》。郑玄曰："曾申，曾参之子。"或曰：申字子西，与曾西为一人也。

西庑曾西像

曾西，事见《孟子》。赵岐曰："曾西，曾子之孙。"或曰：西，即曾申之字也。

宗圣志卷二

图像第一（下）

　　猗嗟曾子，质孝通神。高官而悲，薄禄斯欣。岂为身荣，但知逮亲。圣道大矣，乃以鲁成。纂《图像》下。

授受孝经图

《孝经援神契》：孔子作《孝经》既成，使七十二弟子向北辰磬①折而立，使曾子抱《河》《洛》事北向。孔子簪缥笔，衣绛单衣，向北而拜，告备于天。天起白雾摩地，赤虹自上下化为黄玉，长三尺，上有刻文。孔子跪受而读之曰："宝文出，刘季握，卯金刀，在轸北，字禾子，天下服。"

---

① "磬"，原作"罄"，据《孝经纬·孝经援神契》改。参见赵在翰辑《七纬》，清嘉庆十四年（1809）刻本。

耘瓜受杖图

《说苑》：曾子耘瓜而误斩其根。曾晳怒，援大杖击之。曾子仆地，有顷苏，蹶然而起。

臂痛堕薪图

圖薪墮痛臂

《孝子传》：乐正子春者，曾子门人也，来候参。参采薪在野，母啮右指，旋顷走归，曰："参负薪，右臂痛，薪堕地。"母曰："客来，无所使，故啮指呼女耳。"参乃悲然。

雨雪躬耕图

《琴操》：曾子尝耕泰山之下，遭天霖泽，雨雪寒冻，旬月不得归，思其父母，乃作《梁山之操》。

胜母还轫图

《淮南子》：曾子立孝，不过胜母之间。

《刘子》：里名胜母，曾子还轫。以其名害义也。

投杼图

《战国策》：曾子处费，费人有与曾子同名族而杀人，人告曾子母，母织自若。有顷焉，人又曰："曾参杀人。"其母尚织自若也。顷之，一人又告之。其母惧，投杼逾垣而走。

孝事后母图

《孔子家语》：曾参志存孝道。后母遇之无恩，而供养不衰。及其妻蒸梨不熟，因出之，终身不娶。

思母吐鱼图

《孝子传》：曾参食生鱼，甚美，因吐之。人问其故，参曰："母在之日，不知生鱼味；今我美，吐之。"终身不食。

将彻请与图

《孟子》：曾子养曾晢，必有酒肉，将彻，必请所与，问有余，必曰有。

吏禄娱亲图

　　《韩诗外传》：曾子曰："椎牛而祭，不知鸡豚逮亲存也。吾尝仕齐为吏，禄不过钟釜，尚忻忻而喜，非以为多也，乐其逮亲存也。"

执亲丧图

《礼记》：曾子谓子思曰："伋，吾执亲之丧也，水浆不入于口者七日。"

尊官悲泣图

《韩诗外传》：曾子曰："亲殁之后，得尊官焉，堂高九仞，榱题三围①，转毂百乘，犹北向②而涕泣者，非为贱也，悲不逮吾亲也。"

———————

① "围"，原作"圜"，据《韩诗外传》卷七改。
② "向"，《韩诗外传》卷七作"乡"。

齐郊赠言图

《荀子》：曾子行，晏子从于郊，曰："婴闻之，君子赠人以言，庶人赠人以财。婴贫无财，请假于君子，赠吾子以言。"

武城避寇图

《孟子》：曾子居武城，有越寇，或曰："寇至，盍去诸？"曰："无寓人于我室，毁伤其薪木。"寇退，则曰："修我墙屋，我将反。"寇退，曾子反。

捕彘示信图

　　《韩非子》：曾子之妻之市，其子随之而泣，其母曰："女还，顾反为女杀彘。"适市来，曾子欲捕彘杀之，妻止之曰："特与婴儿戏耳！"曾子曰："婴儿非与戏也。今子欺之，是教子欺也。母①欺子，而不信其母，非以成教也。"遂烹彘也。

————————

①　"母"，原作"父"，据《韩非子》卷四《外储说左上第三十二》改。

易箦图

圖箦易

《礼记》：曾子寝疾，病。乐正子春坐于床下，曾元、曾申坐于足。童子曰："华而睆，大夫之箦与？"子春曰："止！"曾子闻之，瞿然曰："呼。"曰："华而睆，大夫之箦与？"曾子曰："然。斯季孙之赐也，我未之能易也。元起易箦。"曾元曰："夫子之病革矣，不可以变。幸而至于旦，请敬易之。"曾子曰："尔之爱我也不如彼。君子之爱人也以德，细人之爱人也以姑息。吾何求哉？吾得正而毙焉，斯已矣。"举扶而易之，反席未安而殁。

宗圣林墓图

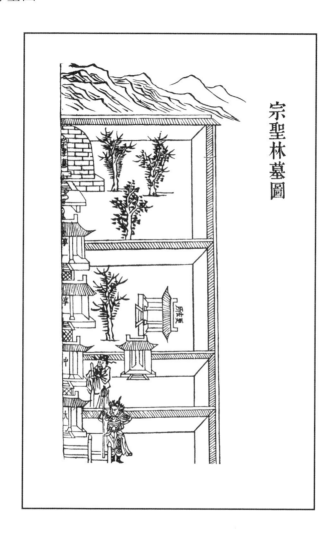

宗圣庙图

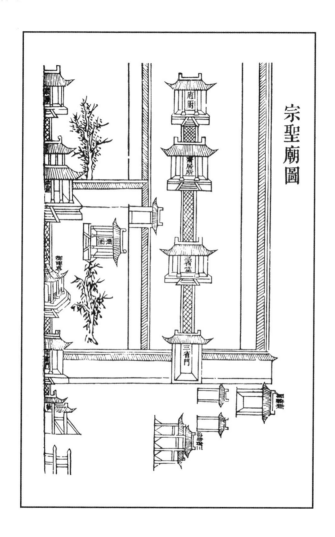

宗聖廟圖

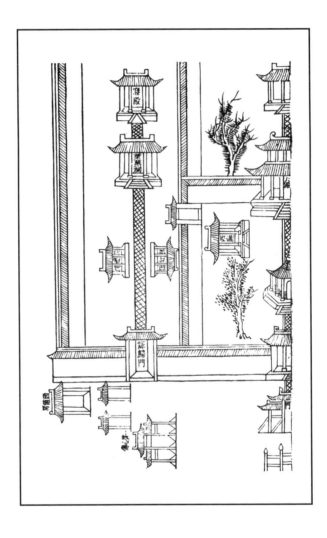

赐第家庙合图

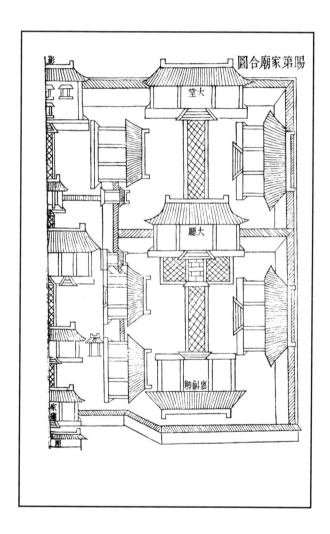

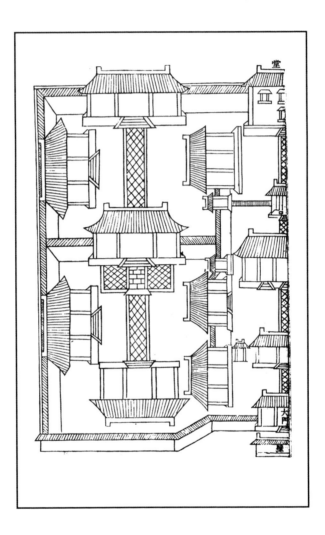

曾氏家庙图

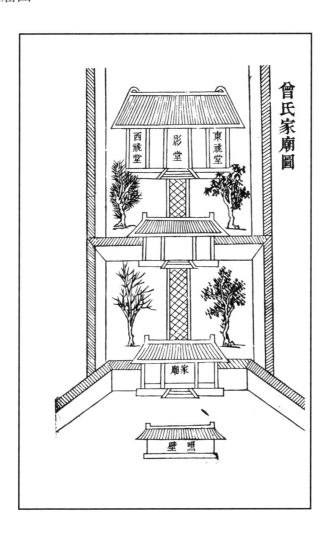

书院旧图

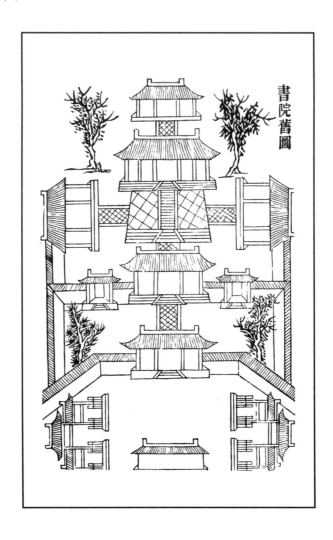

大学书院图

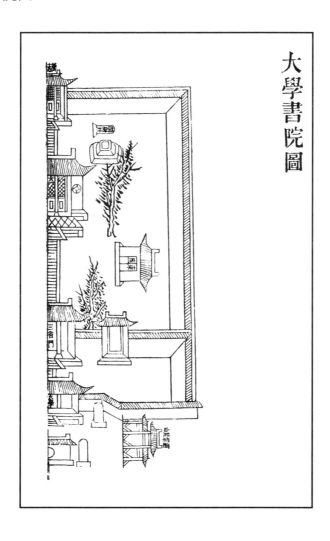

武城遗址图

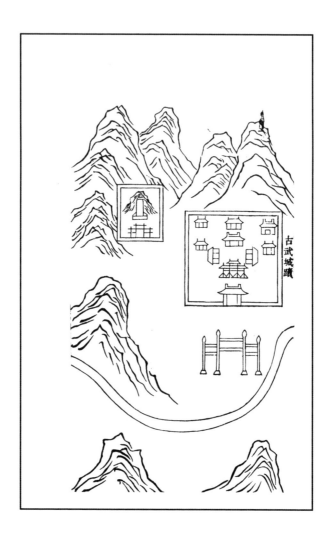

祭器图

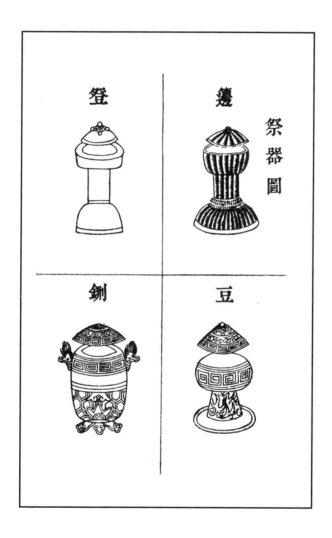

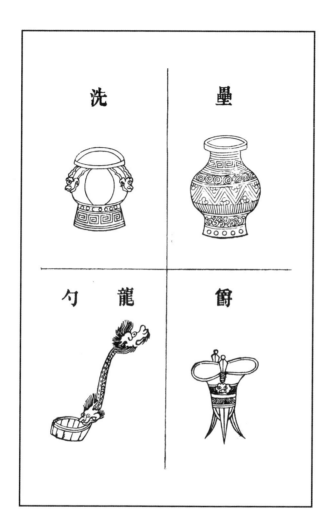

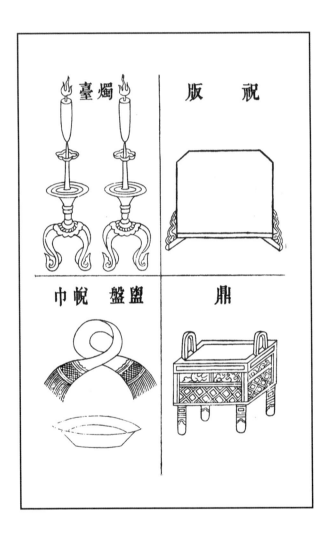

正殿陈设图

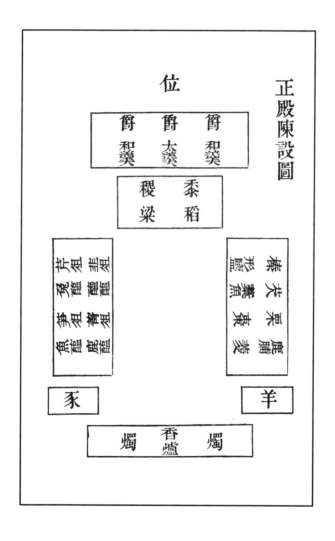

两配陈设图

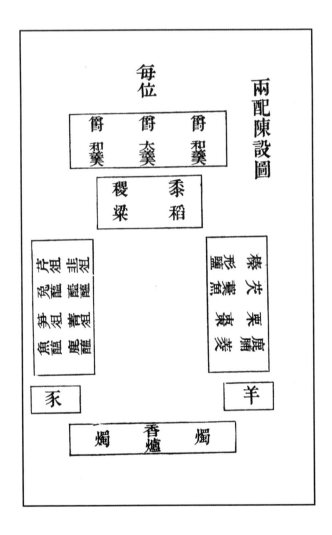

两庑陈设图

宗圣志卷三

传记第二

尼山执艺，七十二贤。阐扬至孝，肇自史迁。裒集诸子，缀为长编。搜逸表微，一贯斯传。纂《传记》。

《史记·仲尼弟子列传》：曾参，南武城人，字子舆。少孔子四十六岁。孔子以为能通孝道，故授之业。作《孝经》。死于鲁。

《汉书·艺文志》：《孝经》者，孔子为曾子陈孝道也。

《孔子家语·七十二弟子解》：曾参，南武城人，字子舆。少孔子四十六岁。志存孝道，故孔子因之以作《孝经》。齐尝聘，欲以为卿而不就，曰："吾父母老，食人之禄，则忧人之事，吾不忍远亲而为人役。"

参后母遇之无恩，而供养不衰。及其妻以梨蒸不熟，因出之。人曰："非七出也。"参曰："梨蒸，小物耳。吾欲使熟，而不用吾命，况大事乎？"遂出之，终身不娶妻。其子元请焉，告其子曰："高宗以后妻杀其子孝己，尹吉甫以后妻放伯奇。吾上不及高宗，中不比吉甫，庸知其得免于非乎？"

《高士传》：曾参，字子舆，南武城人也。不仕而游，居于卫，缊袍无表，颜色肿哙，手足胼胝，三日不举火，十年不制衣，正冠而缨绝，捉襟而肘见，纳履而踵决。曳继而歌，天子不得臣，诸侯不得友。鲁哀公贤之，致邑焉，参辞不受，曰："吾闻受人者常畏人，与人者常骄人。纵君不我骄，我岂无畏乎？"终不受。后卒于鲁。

《隋书·经籍志》：《曾参传》一卷。今佚。

宋·苏辙《古史·孔子弟子列传》：曾参，字子舆，南武城人也，少孔子四十六岁。

事亲孝，故孔子为之作《孝经》。其养曾晳，必有酒肉，将彻，必问所与。问有余，必曰有。曾晳嗜羊枣，参终身不食羊枣。锄瓜而伤其根，父挞之，几死而不怨。然孔子非其不避也。

齐人聘之，将以为卿。参曰："食人之禄则忧人之事，吾不忍远亲而为人役。"辞之。

尝称曰："吾闻诸夫子，人未有自致者也，必也亲丧乎？"故其执亲之丧，水浆不入口者七日。

曾子为行甚笃，立志甚厉，其言曰："士不可以不弘毅，任重而道远。仁以为己任，不亦重乎？死而后已，不亦远乎？"又曰："可以托六尺之孤，可以寄百里之命，临大节而不可夺者，君子人欤？君子人也。"谓子襄曰："子好勇乎？吾尝闻大勇于夫子矣，自反而不缩，虽褐宽博，吾不惴焉；自反而缩，虽千万人，吾往矣。"

尝与客立于门侧，其徒趋而出，曾子曰："尔将何之？"曰："吾父死，将出哭于巷。"曰："反，哭于尔次。"曾子北面而吊之。季孙之母死，哀公吊焉，曾子与子贡亦吊，阍弗内也。二子入其厩而修容。子贡先入，阍曰："向者已告矣。"曾子后，阍辟之，涉内霤，卿大夫皆辟位，公降一等而揖之。

曾子有疾，孟敬子问之。曾子曰："鸟之将死，其鸣也哀；人之将死，其言也善。君子所贵于道者三：动容貌，斯远暴慢矣；正颜色，斯近信矣；出辞气，斯远鄙倍矣。笾豆之事，则有司存。"其既病也，童子执烛而侍，曰："华而睆，大夫之箦欤？"乐正子春曰："止！"曾子闻之，瞿^①然曰："呼。"曰："华而睆，大夫之箦欤？"曾子曰："然。斯季孙之赐也，我未之能易也。元起易箦。"曾元曰："夫子之病革矣，不可以变。幸而至于旦，请起^②易之。"曾子曰："尔之爱我也不如彼。君子之爱人也以德，细人之爱人也以姑息。吾何求哉？吾得正而毙焉，斯已矣。"举扶而易之，反席未安而没。

曾子之妻以梨蒸不熟而出，人或非之。曾子曰："梨蒸，小物也，而犹不用命，况大事乎？"盖以微罪出，不欲斥言之也。既而终身不娶，谓元曰："高宗之杀孝己，尹吉甫之放伯奇，皆后妻故也。吾不及古人，知得免于非乎？"

孔子之孙子思学于曾子，而孟子学于子思。二子之立志行义，大放曾子，数称其言云。

苏子曰：道有不可以名言者，古之圣人命之曰一，寄

---

① "瞿"，《礼记·檀弓》作"瞿"。
② "起"，《礼记·檀弓》、苏辙《古史·孔子弟子列传》作"敬"。

之曰中。舜之禅禹，曰："人心惟危，道心惟微。惟精惟一，允执厥中。"圣人之欲以道相诏者，至于一与中，尽矣。昔者，孔子与诸弟子言，无所不至，然而未尝及此也。盖尝与子贡言之矣，曰："赐也，汝以予为多学而识之者欤？"曰："然！非欤？"曰："非也。予一以贯之。"虽与子贡言之，而孔子之言之也难，而子贡之受之也未信。至于曾子不然，孔子曰："参乎！吾道一以贯之。"曾子曰："唯。"曾子出，门人问，曾子曰："夫子之道，忠恕而已矣。"盖孔子之告之也不疑，而曾子之受之也不惑，则与子贡异矣。然曾子以一为忠恕，则知门人之不足告也夫。及孔子既没，曾子传之子思，子思因其说而广之，曰："喜怒哀乐之未发谓之中，发而皆中节谓之和。中者，天下之大本也；和者，天下之达道也。致中和，天地位焉，万物育焉。"子思之说既出，而天下始知一与中之在是矣。然子思以授孟子，孟子又推之以为性善之论。性善之论出，而一与中始枝矣。呜呼！孔子之所以不告诸弟子者，盖为是欤！

宋·曾肇《补曾参传》：参字子舆，南武城人。父点，字皙。尝侍孔子，孔子曰："言尔志。"蒇曰："春服既成，冠者五六人，童子六七人，浴乎沂，风乎舞雩，咏而归。"孔子喟然叹曰："吾与点也。"然其志嘐嘐然，曰古之人，古之人，夷考其行而不掩焉。

参与父俱事孔子，参少孔子四十六岁。孔子尝谓曰："参乎！吾道一以贯之。”参曰："唯。"子出，门人问曰："何谓也？"参曰："夫子之道，忠恕而已矣。"性孝，孔子语之孝，盖千余言。又尝问礼于孔子，往复酬对亦数千言。然号迟钝，故谓之曰"参也鲁"。孔子没，子游、子夏、子张以有若似圣人，欲以所事孔子事之。强参，曰："不可，江汉以濯之，秋阳以暴之，皜皜乎不可尚已！"

参尝曰："晋楚之富，不可及也。彼以其富，我以吾仁；彼以其爵，我以吾义，吾何慊乎哉？"又曰："吾日三省吾身：为人谋而不忠乎？与朋友交而不信乎？传不习乎？"

有疾，召门弟子曰："启予足，启予手！《诗》云：‘战战兢兢，如临深渊，如履薄冰。’而今而后，吾知免夫，小子！"孟敬子问之，参曰："鸟之将死，其鸣也哀；人之将死，其言也善。君子所贵乎道者三，笾豆之事，则有司存。"既病，乐正子春坐床下，子元、申坐于足，童子隅坐而执烛。童子曰："华而睆，大夫之箦欤？"参曰："然。斯季孙之赐也，我未之能易也。元起易箦。"曰："夫子之病革矣，不可以变。幸而至于旦，请敬易之。"参曰："尔之爱我也不如彼。君子之爱人也以德，细人之爱人也以姑息。吾何求哉？吾得正而毙焉，斯已矣！"举扶而易之，反席未安而没。

于朋友责善尤切。数子夏于西河之上："使西河之民疑汝于夫子，其罪一；丧尔亲，使民未有闻，其罪二；丧尔子，丧尔明，其罪三。"子夏投其杖而拜，曰："吾过矣。"

初，参养蒇必有酒肉，将彻，必请所与。问有余，必曰有。葳死，元养参如参养葳，然将彻不请所与，问有余，曰亡矣，将以复进也。君子谓参养志，元养口体，事亲若参可也。元子西，或人以比于子路，西蹴然不敢当。以比管仲，艴然不悦，其自任之重如此。

肇尝读司马迁《史记》，病其传曾子事特略，因采摭经传，掇其大者，著于谱。曾子修身、事亲、严师、笃友，至死不乱。其言雅，见于书，为万世法，然于孝爱尤至也，故后世言孝必称曾子。

国朝·熊赐履《学统·正统》：曾子名参，字子舆，鲁南武城人，鄫国之后也。夏禹出自轩辕氏，其孙少康封其次子曲烈于鄫，子孙因其封国为氏，遂为鄫姓。历夏、商、周，世次无考。鲁襄公时，邾人、莒人灭鄫，世子巫公奔鲁，因叹曰："国既灭矣，邑亦宜除。"遂去邑而为曾氏，则曾氏之始祖也。巫公生夭，夭生阜，阜生点。点以周敬王十五年，即鲁定公五①年，生曾子于鲁，少孔子四十六岁。

曾子资禀笃实，天性至孝。十四岁，尝出薪于野，有客至，母以手扼其臂，曾子心动，弃薪驰归，问母："无恙乎？"母曰："有客至，故扼臂以呼汝尔。"耕泰山下，雨雪旬日，不得归，思父母，作《梁山之歌》。往郑，至胜母里，还车不入，恶其名也。

十七岁，以父命从学孔子于楚，孔子曰："参也鲁。"曾

---

① "五"，原作"三"。周敬王十五年，即公元前 505 年，为鲁定公五年。

子见孔子，未尝不问安亲之道。在楚心动，归问其母，母曰："思之啮指。"孔子闻之，曰："参之至诚，精感万里。"曾子曰："吾日三省吾身：为人谋而不忠乎？与朋友交而不信乎？传不习乎？"

十八岁，从孔子于卫。孔子称颜回有君子之道四，史鰌有君子之道三。曾子曰："参尝闻夫子之三言，而未之能行也。夫子见人之一善而忘其百非，是夫子之易事也；见人之善，若己有之，是夫子之不争也；闻善必躬行之，然后导之，是夫子之能劳也。学夫子之三言而未能行，是以自知终不及二子也。"曾子曰："入是国也，言信乎群臣，则留可也；忠信行乎群臣，则仕可也；泽加于百姓，则安可也。"孔子曰："参之言，可谓善安身矣。"

二十二岁，从孔子自卫反鲁。时季康子朝服以缟，曾子问于孔子曰："礼乎？"孔子曰："诸侯皮弁告朔，然服之以视朝，若此礼者也。"曾子敝衣而耕于鲁，鲁君闻之而致邑焉，曾子固辞不受。曾子曰："吾闻受人施者常畏人，与人者常骄人。纵君不我骄也，吾岂能勿畏乎？吾与其富而畏人，不若贫而无屈。"孔子闻之，曰："参之言，足以全其节矣。"曾子养亲，必有酒肉，将彻，必请所与。问有余，必曰有，人以为养志。曾子尝耘瓜，误断其根，父晳怒，杖击其背，曾子仆地，有顷乃苏，欣然而起，进曰："大人用力教参，得无疾乎？"退援琴而歌，欲父知其平也。孔子闻之，谓门弟子曰："参来，勿内也。"曾子使人请于孔子，孔子曰："女不闻乎？昔舜事瞽瞍，欲使之，未尝不在侧；索而杀之，未尝可得。小杖则受，大杖则走，故瞽瞍不犯不父之罪，舜不失烝烝之孝。今参委身以待暴怒，而陷父于不义，安得为孝乎？"曾子闻之，谢过曰："参罪大矣。"曾子问冠、昏、丧、祭、吉、凶、变礼，孔子并详告之，语具《戴记》。曾子问王言，孔子曰："昔者明王内修七教，外行三至。七教修，然后可以守；三至行，然后可以征。故曰内修七教而上不劳，外行三至而财不费，此之谓明王之道也。"语具《家语》。子贡谓卫将军文子曰："满而不盈，实而若虚，过之如不及；博无不学，其貌恭，其德敦；其于人也①，无所不信；其骄大人也，常以浩浩，是曾参之行也。"孔子称之曰："孝，德之始也；弟，德之序也；信，德之厚也；忠，德之正也。参，中乎四德者也。"

二十四岁，是年颜子卒于鲁。其明年，曾子追思颜子曰："以能问于不能，以多问于寡，有若无，实若虚，犯而不校，昔者吾友尝从事于斯矣。"

二十六岁，孔子呼而告之曰："参乎！吾道一以贯之。"曾子曰："唯。"孔子出，门人问曰："何谓也？"曾子曰："夫子之道，忠恕而已矣。"孔子以《大学》授曾子，曾子首述孔子之言，为经一章，以明《大学》之道。其道有三纲，曰明德、新民、止至善；有八条，曰格物、致知、诚意、正心、修身、齐家、治国、平天下，而归本于修身，盖修身即明德也。又以

① "其于人也"，《孔子家语·弟子行》作"其言于人也"。

己意为传十章以分释之，举内圣外王、本末始终之义悉备焉。语具《大学》。孔子又以曾子能通孝道，授之以《孝经》。一日，曾子侍侧，孔子谓之曰："参，先王有至德要道，以顺天下，民用和睦，上下无怨，女知之乎？"曾子避席曰："参不敏，何足以知之？"孔子曰："夫孝，德之本也，教之所由生也。复坐，吾语女。"语具《孝经》。孔子尝曰"吾志在《春秋》，行在《孝经》，《春秋》属商，《孝经》属参"云。时齐欲聘曾子为卿，曾子不就，曰："吾父母老，食人之禄，则忧人之事，故不忍远亲而为人役。"曾子曰："狎甚则相简，庄甚则不亲，是故君子之狎足以交欢，其庄足以成礼。"孔子闻之曰；"二三子识之，孰谓参也不知礼乎！"

二十七岁，鲁哀公十六年也，是年孔子卒，曾子心丧三年。

三十岁，心丧三年毕。子夏、子游、子张以有若似圣人，欲以所事孔子事之。强曾子，曾子曰："不可，江汉以濯之，秋阳以暴之，皜皜乎不可尚已。"

曾子曰："先王所以治天下者五：贵德，贵贵，贵老，敬长，慈幼。贵德，为其近于圣也；贵贵，为其近于君也；贵老，为其近于亲也；敬长，为其近于兄也；慈幼，为其近于弟也。"

曾子曰："晏子可谓知礼也已。"有若曰："晏子一狐裘三十年，遣车一乘，及墓而反。国君七个，遣车七乘；大夫五个，遣车五乘，晏子焉知礼？"曾子曰："国无道，君子耻盈礼焉。国奢则示之以俭，国俭则示之以礼。"

三十一岁，父晳卒。曾子执亲之丧，水浆不入口者七日。葬父晳于南武山，曾子攀枢车，引輴者为之止。或问曾子曰："夫既遣而包其余，犹既食而裹其余欤？君子既食则裹其余乎？"曾子曰："吾子不见大飨乎？夫大飨，既飨，卷三牲之俎归于宾馆。父母而宾客之，所以为哀也。子不见大飨乎？"读赗，曾子曰："非古也，是再告也。"曾子每读《丧礼》，泣下沾襟。以父嗜羊枣，遂不忍食之，睹物思亲也。

三十八岁，居武城，有越寇。或曰："寇至，盍去诸？"曰："无寓人于我室，毁伤其薪木。寇退，则曰：修我墙屋，我将反。"寇退，曾子反。左右曰："待先生如此其忠且敬也，寇至则先去以为民望，寇退则反，殆于不可。"沈犹行曰："是非汝所知也。昔沈犹有负刍之祸，从先生者七十人，未有与焉。"

鲁人攻鄪，曾子辞于鄪君曰："请出，寇罢而后复来，毋使狗豕入吾舍。"鄪君曰："寡人之于先生也厚矣，人无不闻。今鲁人攻我而先生去，我安能守先生之舍也？"曾子不答而出。及鲁攻鄪，数之罪十，而曾子所诤者九。鲁师罢，鄪君复修曾子舍而迎之。

门弟子问于曾子曰："夫士何如则可谓达矣？"曾子曰："不能则学，疑则问，欲行则比贤，虽有险道，循行则达矣。今之弟子，病下人，不知事贤，耻不知而又不问，欲作则其智不足，是以惑暗，终其世而已矣，是谓穷民也。"

曾子妻，以梨蒸不熟而出之，人曰："非七出也。"答曰："梨蒸，小物尔，而不用吾命，况大事乎？"遂出之，终身不娶。子元请焉，曾子告之曰："高宗以后妻杀孝己，吉甫以后妻放伯奇。吾上不及高宗，中不比吉甫，容①知其得免于非乎？"遂终身不娶。

子申问曰："哭父母有常声乎？"曾子曰："中道婴儿失其母焉，何常声之有？"

四十岁，去鲁适卫。其居卫也，缊袍无表，三日不举火，十年不制衣。正冠而缨绝，捉襟而肘见，纳履而踵决。曳縰②而歌《商颂》，声满天地，若出金石。天子不得臣，诸侯不得友。

曾子曰："士不可以不弘毅，任重而道远。仁以为己任，不亦重乎？死而后已，不亦远乎？"

又曰："可以托六尺之孤，可以寄百里之命，临大节而不可夺也，君子人与？君子人也。"

五十岁，时齐聘以相，楚迎以令尹，晋迎以上卿，曾子皆不应命。尝曰："往而不可还者亲也，至而不可加者年也，是故孝子欲养而亲不逮也。椎牛而祭墓，不如鸡豚之逮亲存也。吾尝仕齐为吏，禄不过钟釜，尚欣欣而喜者，非为多也，乐其逮亲也；亲没之后，吾尝南游于楚，得尊官焉，犹北乡而泣

① "容"，《孔子家语·七十二弟子解》作"庸"。
② "縰"，原误作"蹝"，据《庄子·让王》改。

者，非为贱也，悲不逮吾亲也。故家贫亲老，不择官而仕。若夫信其志，约其亲，非孝也。"

曾子曰："孝有三：大孝尊亲，其次弗辱，其下能养。"公明仪曰："夫子可以为孝乎？"曾子曰："是何言与！是何言与！君子之所谓孝者，先意承志，谕父母于道。参直养者，安能为孝乎？"曾子曰："身者，父母之遗体也。行父母之遗体，敢不敬乎？居处不庄，非孝也；事君不忠，非孝也；莅官不敬，非孝也；朋友不信，非孝也；战阵无勇，非孝也。五者不遂，灾及于亲，敢不敬乎？君子所谓孝也者，国人称愿然，曰：'幸哉，有子如此！'所谓孝也已。众之本教曰孝，其行曰养。养可能也，敬为难；敬可能也，安为难；安可能也，卒为难。父母既没，慎行其身，不遗父母恶名，可谓能终矣。仁者，仁此者也；礼者，履此者也；义者，宜此者也；信者，信此者也；强者，强此者也。乐自顺此生，刑自反此作。"

又曰："孝子之养老也，乐其心，不违其志，乐其耳目，安其寝处，以其饮食忠养之，孝子之身终。是故父母之所爱亦爱之，父母之所敬亦敬之，至于犬马尽然，而况于人乎？"

又曰："小孝用力，中孝用劳，大孝不匮。思慈爱忘劳，可谓用力矣；尊仁安义，可谓用劳矣；博施备物，可谓不匮矣。父母爱之，喜而弗忘；父母恶之，惧而无怨；父母有过，谏而不逆。父母既没，必求仁者之粟以祀之。此之谓礼终。"

六十岁，谓子夏曰："吾与尔事夫子于洙泗之间，退而老于西河之上。"

七十岁，卫人吴起来从学，顷之，起母死不归。曾子薄之，遂与起绝。

曾子有疾，召门弟子曰："启予足，启予手!《诗》云：'战战兢兢，如临深渊，如履薄冰。'而今而后，吾知免夫，小子!"孟敬子问疾，曾子曰："鸟之将死，其鸣也哀；人之将死，其言也善。君子所贵乎道者三：动容貌，斯远暴慢矣；正颜色，斯近信矣；出辞气，斯远鄙倍矣。笾豆之事，则有司存。"疾革，乐正子春坐于床下，子元、申坐于足，童子隅坐而执烛。童子曰："华而睆，大夫之箦与?"子春曰："止!"曾子闻之，瞿然曰："然。斯季孙之赐也，我未之能易也。元起易箦。"元曰："夫子之病革矣，不可以变。幸而至于旦，请敬易之。"曾子曰："尔之爱我也不如彼。君子之爱人也以德，细人之爱人也以姑息。吾何求哉？吾得正而毙焉，斯已矣!"举扶而易之，反席未安而没。时周考王五年，即鲁悼公三十二年，而卫敬公十五年也。葬嘉祥县南四十里南武山，有庙。

子曰元、曰申、曰华，孙曰西，皆贤。

唐赠郕伯，宋封郕国公，元赠宗圣公。明嘉靖中，改称宗圣曾子，赐子孙世袭博士一员。

张伯行《道统录》：曾子名参，少孔子四十六岁。父皙，圣门狂者也，于道能见大意，为孔子所与，然行有①不掩。参最晚出，年十六，孔子在楚，皙命之楚受学焉。性颇鲁，而循循于反躬日省，将之以弘毅，卒能唯一贯为圣学宗，故曰"参也鲁"，竟以鲁得之。迨夫子自卫反鲁，喟然于明王之道，参敬以请，子具告之，内修七教，外行三至。凡王朝家国之礼，经常权变之宜，靡不反覆穷问焉。至语②明王之至德要道，顺天下，约之孝，具告以天子、诸侯、大夫、士、庶人之孝，而推之孝治天下，严父以配天，参故以仁为己任焉。夫子知其欲达也，呼而告之曰："吾道一以贯之。"即应之曰："唯。"盖敏于化也。伯鱼先孔子二岁卒，时孔门弟子成德著名者甚众，而孔子独遣伋事曾子，卒以闻道。故参之传独得其宗。其言曰：君子爱日以学，及时以行，日旦就业，夕而自省。博学而约③守之，微言而笃行之；行必先人，言必后人，终身守此悒悒。行无求数有名，事无求数有成。不绝小，不殄微，行自微也，终身守此勿勿。君子见利思辱，见恶思诟，嗜欲思耻，忿怒思患，终身守此战战。言必有主，行必有法，亲人必有方。其淳至如此，学士先生难之。其貌恭，其德敦，其言于人也无不信。孔子曰："孝，德之始也；弟，德之序也；忠，德之正也；信，德之厚也。参也，中是四德矣。"其传《大学》，以诚意为本，而约之毋自欺。学问、自修、恂栗、威仪，德润身以极于

---

① "有"，《道统录·曾子》作"时"。清同治间福州《正谊堂全书》本。
② "语"，《道统录·曾子》作"遇"。清同治间福州《正谊堂全书》本。
③ "约"，《大戴礼记·曾子立事》作"羼"。

盛德至善，而齐家、治国、平天下。举省括于慎独、亲爱、贱恶、畏敬、哀矜，防其辟也。忿懥、恐惧、好乐、忧患，防其危也。好人之所恶，恶人之所好，絜其平于矩，惧其过而拂人之性也。故曰"君子有大道，必忠信以得之"。忠信者，诚也，毋自欺也，是内圣外王一以贯之之道也。

曾子少至孝，能竭力养父，志事亲，常一夕五起，视衣之厚薄、枕之高卑。及父卒，事母，一呼吸通于亲。尝出薪，客至，母以手扼臂，参即驰至，问曰："臂何恙乎？"母曰："今者客至，扼臂以呼汝耳。"曾子从孔子在楚而心动，辞归，问母，曰："思汝啮指。"孔子闻之，曰："参之至诚也，精感万里。"曾子志存孝道，齐尝聘为卿而不就，曰："吾父母老矣，吾闻食人之禄则忧人之事，吾不忍远亲而为人役也。"后二亲既没，读《丧礼》必泣下沾襟，曰："往而不可返者亲也，故椎牛而祭，不如鸡豚之逮亲存也。"初为吏，禄不及三釜而心乐，非以为多也，乐其逮亲也；亲没，仕而得重禄，北面涕泣，非为贱也，悲不逮亲也。其言曰：大孝尊亲，其次不辱，其下能养。烹、熟、膻、香，尝而荐之，非孝也，养也。养可能也，敬为难；敬可能也，安为难；安可能也，卒为难。居处不庄，非孝也；事君不忠，非孝也；莅官不敬，非孝也；朋友不信，非孝也；战阵无勇，非孝也。慎行其身，不遗父母恶名，可谓能终矣。故君子一举足，一出言，不敢忘父母，不敢以父母之遗体行殆。仁者，仁此者也；礼者，履此者也；义者，宜其者也；忠者，中此者也；信者，信此者也；强者，强此者也。乐自顺此生，刑自反此作。故孝，致之而塞乎天地，溥之而横乎四海，施之后世而无朝夕。要皆一贯之道也。

始家贫食力，敝衣躬耕，日不举火，而歌声若出金石。鲁君闻而致邑，辞不受，曰："吾闻受人者常畏人，与人者常骄人。纵君有赐，不吾骄也，吾岂能无畏乎哉？"后，道既尊而诸侯交宾，曾子以仁义为富贵，不答也。

出其偶，子元请再娶，曾子曰："殷高宗，圣君也，以后妻杀孝己；尹吉甫，良臣也，以后妻放伯奇。吾不及高宗、吉甫，庸能免于非乎？"终不娶。及寝疾，谓曾元曰："夫华多实少者，天也；言多行少者，人也。飞鸟以山为卑而层巢其上，鱼鳖以渊为浅而穿穴其内，卒所以得者，饵也。君子苟无以利害身，则辱何由至乎？言不远身，言之至也；行不远身，行之至也。君子尊其所闻，则高明矣；行其所知，则广大矣。与君子游，苾乎如入兰芷之室，久而不闻则与之化矣；与小人游，忕乎如入鲍鱼之肆，久而不闻亦与之化矣。官怠于宦成，病加于少愈，祸生于懈惰，孝衰于妻子。"殁之夕，乐正子春坐床下，曾元、曾西坐于足，童子隅坐而执烛。童子曰："华而皖，大夫之箦与？"曾子曰："然。斯季孙之赐也，我未之能易也。"曾元曰："夫子之病革矣，不可以变。幸而至于旦，请敬易之。"曾子曰："尔之爱我也不如彼。君子之爱人也以德，小人之爱人也以姑息。吾何求哉？吾得正而毙焉，斯已矣！"举扶而易之，反席未安而卒。

曾子之徒著名者，有阳肤、子襄、沈犹行、公明高、单居离之伦，而乐正子春、公明宣最深。

李锴《尚史·孔子弟子传》：曾参，南武城人，字子舆，少孔子四十六岁。《史记》。曾子孝于父母，每读《丧礼》，泣下沾襟。尝一夕五起，视衣之厚薄、枕之高卑。《尸子》。曾子之事父母也，谕之以小杖则受，谕之以大杖则走，恐亏其体，非孝子之道也。《孟子》。按，此《兼明书》引《孟子》语。曾晳使曾子，过期而不至。人见曾晳曰："无乃畏耶？"曾晳曰："彼虽畏，我存，夫安敢畏？"《吕氏春秋》。曾子出薪于野，有客至而欲去。母曰："愿留，参方到。"即扼其臂。曾子臂立痛，即驰至，问母。母曰："今者客来，吾扼臂以呼汝耳。"《论衡》。孔子以为能通孝道，故授之业。作《孝经》。《史记》。曾子曰："孝子之养老也，乐其心，不违其志。乐其耳目，安其寝处，以其饮食忠养之。孝子之身终，终身也者，非终父母之身也，终其身也。是故父母之所爱亦爱之，父母之所敬亦敬之。至于犬马尽然，而况于人乎？"又曰："孝有三：大孝尊亲，其次弗辱，其下能养。"又曰："身也者，父母之遗体也。行父母之遗体，敢不敬乎？居处不庄，非孝也；事君不忠，非孝也；莅官不敬，非孝也；朋友不信，非孝也；战陈无勇，非孝也。五者不遂，灾及其亲，敢不敬乎？"又曰："亨、孰、膻、芗，尝而荐之，非孝也。君子之所谓孝也者，国人称愿然，曰：'幸哉，有子如此！'所谓孝也已。众之本教曰孝，其行曰养。养可能也，敬为难；敬可能也，安为难；安可能也，卒为难。父母既没，慎行其身，不遗父母恶名，可谓能终矣。"又曰："树木以时伐焉，禽兽以时杀焉。夫子曰：'断一树，杀一兽，不以时，非孝也。'"又曰："孝有三：小孝用力，中孝用劳，大孝不匮。思慈爱忘劳，可谓用力矣；尊仁安义，可谓用劳矣；博施备物，可谓不匮矣。父母爱之，喜而不忘；父母恶之，惧而无怨；父母有过，谏而不逆；父母既没，必求仁者之粟以祀之。此之谓礼终。"《礼记·祭义》。仲宪即原宪。言于曾子曰："夏后氏用明器，示民无知也。殷人用祭器，示民有知也。周人兼用之，示民疑也。"曾子曰："其不然乎！其不然乎！夫明器，鬼器也；祭器，人器也。夫古之人胡为而死其亲乎？"《礼记·檀弓》。曾子仕于莒，得粟三秉。方是之时，曾子重其禄而轻其身。亲没之后，齐迎以相，楚迎以令尹，晋迎以上卿，方是之时，曾子重其身而轻其禄。《韩诗外传》。曾子妻蒸梨不熟，去之。人问曰："妇有七出，不蒸亦预乎？"曰："吾闻之也，绝交令可友，弃妻令可嫁也。梨蒸不熟而已，何问其故乎？"《白虎通》。曾子寝疾，病。乐正子春坐于床下，曾元、曾申坐于足，童子隅坐而执烛。童子曰："华而睆，大夫之箦与？"子春曰："止！"曾子闻之，瞿然曰："呼。"曰："华而睆，大夫之箦与？"曾子曰："然。斯季孙之赐也，我未之能易也。元起易箦。"曾元曰："夫子之病革矣，不可以变。幸而至于旦，请敬易之。"曾子曰："尔之爱我也不如彼。君子之爱人也以德，细人之爱人也以姑息。吾何求哉？吾得正而毙焉，斯已矣！"举扶而易之，反席未安而没。《礼记·檀弓》。曾子尝曰："入其国也，言信于群臣，则留可也；行忠于卿大夫，则仕可也；泽施于百姓，则富可也。"孔子曰:"参可谓善安身矣。"又曰:"狎甚则相简,庄甚则不亲,是故君子之狎足以交欢,其庄足以成礼。"孔子闻之,曰:"孰谓参也不知礼乎!"孔子曰:"回有君子之道四焉:强于行义,弱于受谏,怵于待禄,慎于治身。史鰌有君子之道三焉:不仕而敬上,不祀而敬鬼,直己而屈于人。"曾子侍,曰:"参昔闻夫子之三言,而未之能行也。见人之一善而忘其百非,是夫子之易事也;见人有善,若己有之,是夫子之不争也;闻善必躬行之,然后导之,是夫子之能劳也。学夫子之三言而未之能行,是以自知终不及二子也。"《孔子家语》。子夏尝过曾子,曾子曰:"入,食。"子夏曰:"不为费乎?"曾子曰:"君子有三费,饮食不在其中;君子有三乐,钟鼓琴瑟不在其中。"子夏曰:"敢问三乐?"曾子曰:"有亲可畏,有君可事,有子可遗,一乐也;有亲可谏,有君可去,有子可怒,二乐也;有君可喻,有友可助,三乐也。""敢问三费?"曾子曰:"少而学,长而忘,一费也;事君有功而轻负之,二费也;有好友而中绝之,三费也。"子夏曰:"善哉!"《韩诗外传》。

《阙里志》:曾子名参,鲁南武城人,鄫国之后也。禹孙少康封其次子曲烈于鄫。当鲁襄公时,邾人、莒人灭鄫,鄫世子巫奔鲁,去邑而为"曾"氏。巫凡数传而生点,点生参。年十六,孔子在楚,点命参之楚受学焉。

《曲阜县志·圣迹》:宗圣曾子,其先为鄫子之后,莒人灭鄫,遂去其鄫字之旁以为氏。曾子字子舆,曾点之子。父命适楚从孔子学。一十九岁,闻一贯之传。孝于父母,昏定晨省,调寒温，适轻重，勉之于糜粥之间，行之于衽席之上，德美于后世。上食，必有酒肉，将彻，必请所与。问有余，必曰有。小杖则受，大杖则走。齐聘为卿，以亲老辞。尝读《丧礼》，泣下沾襟。一夕五起，视其母衣之厚薄、枕之高卑。其从夫子之在楚也，以心动而辞归，问其母，母曰："思尔，故啮指。"孔子曰："曾参之孝，精感万里。"孔子因曾子志存孝道，作《孝经》。曾子又述圣经，作《大学》。卒于鲁。

子三人：元、申、华，孙：西，皆著闻。

韩愈曰："孟轲师子思，子思之学，盖出曾子。自孔子没，群弟子莫不有书，独孟轲氏之传得其宗。"故元人称曾子为宗圣焉。

曾子居鲁高门外，枭不入郭，见《水经注》。其南即沂水，舞雩为曾子父风浴咏归处，今其故址尚可考也。

《济宁州志·曾子世家》：曾子名参，字子舆，舆，汉《白水碑》作"舆"，宋本《家语》同。王引之《〈春秋〉名字解诂》曰："参，读为骖。《秦风·小戎》笺云：'骖，两騑也。'桓三年《左传正义》云：'初驾马者，以二马夹辕而已。又驾一马，与两服为骖，故谓之骖。'《说文》云：'骖，驾三马也。驷，一乘也。'总举一乘则谓之驷，指其騑马则谓之骖。《诗》称'两骖如舞'，二马皆称骖。《礼记》称'脱骖一马'，亦称骖。名骖，字子舆者，驾马所以引车也"。南武城人。其先出于夏，禹孙少康封其次子曲烈于鄫，子爵。历商、周，世守其业。五十传至时泰。《武城族谱·姓源》云：曲烈生炫忠，炫忠生坤仁，坤仁生录，录生浩源，浩源生富材，富材生焜，焜生伯基，伯基生锐，锐生汪，汪生志梁，志梁生煌，煌生相奎，相奎生世鉴，世鉴生政治，政治生模，模生瑞焕，瑞焕生垠，垠生锦容，锦容生洪，洪生桂茂，桂茂生熙，熙生培元，培元生钲，钲生允漆，允漆生杞，杞生燁熹，燁熹生垻和，垻和生成锐，成锐生一清，一清生椿，椿生炯，炯生垣，垣生销，销生福波，福波生时荣，时荣生炳，炳生均作，均作生铃，铃生浤仁，浤仁生一松，一松生炤，炤生墅，墅生镇玉，镇玉生湦，湦生祥溥，祥溥生炷，炷生方埕，方埕生宇銮，宇銮生沛恩，沛恩生朴，朴生世美，世美生时泰。**鲁襄公六年，莒灭鄫，世子巫奔鲁，以曾为氏。**案，古人字简，曾之从邑作鄫，不先于曾，故去邑为曾之说不可据依。**三桓家臣曾夭、曾阜，其后也。**《族谱·姓源》以巫、夭、阜、葴为四世相系。又有晋崔琳奏云："巫一子夭，夭一子阜，阜子葴。葴，狂者也，有尧舜气象。"按，夭、阜并见《左传》。《通志·世族略》云"巫生阜，阜生皙"，又与崔异，是皆不可据。况"有尧舜气象"乃程子语，岂崔已言之乎？今从《宗圣志·世家篇》。**巫数传，生先贤葴，**《春秋名字解诂》曰："《说文》《玉篇》《广韵》俱无葴字，惟《集韵》有此字，音多忝切。"案，《说文》："黬，虽皙而黑也。古人名黬，字子皙。"黬与葴同音，则当作葴。《论语》作"點"，《说文》："點，小黑也"。黬与點，古同声通用。**字子皙。少孔子六岁，为孔子高弟，与琴张、牧皮同称狂者。尝与季路、冉有、公西华侍孔子言志，孔子与之。慨礼教不行，欲修之，孔子善之。**《家语》。**唐赠宿伯，宋封莱芜侯，明加封公，配享启圣王殿，寻改称先贤曾氏。**

以鲁定公五年生宗圣，珠衡犀角，朱彝尊《经义考》引《论语摘辅象》。**少孔子四十六岁。年十六，孔子在楚，父命之楚受学。**《宗圣志》。**孔子以为能通孝道，故授之业。作《孝经》。**《史记》。**其言行详《论语》、《孟子》、大小戴《礼记》，而诸子杂说**

亦往往传其轶事。孔门之徒三千，曾子独得其宗。曾子传子思，子思传孟子。孔子而下登圣域者四，自颜子外，皆出曾氏之门。与弟子论述立身孝行之要，天地万物之理，作《曾子》十八篇，王应麟《〈汉书·艺文志〉考证》。载《汉书·艺文志》。至隋、唐，有二卷。宋晁公武所校唐本仅十篇，皆见于《大戴记》，《郡斋读书志》。盖后人取《戴记》充之，非本书也。本朱子。唐赠太子少保、太子太保，又赠郕伯；宋封瑕丘侯，改武城侯，加封郕国公；元封郕国宗圣公；明改称宗圣曾子。子三：元、申、华。

　　定安案，"宗圣"古无定称。孔子之裔在汉封褒成侯，三国魏为宗圣侯，是以"宗圣"称孔裔矣。唐立宗圣观，祀文始真人尹喜，陈叔达撰《大唐宗圣观记》，大抵以老子为圣，尹喜为宗圣也。《元史·文宗纪》：至顺元年七月，加封曾子为郕国宗圣公。《明史·礼志》：世宗嘉靖九年，改称宗圣曾子。考明王一夔《元丰类稿序》："曾巩字子固，鲁国复圣公之裔。远祖迁吾江西之南丰。"长洲顾东严本。是序作于成化六年，岂曾子固亦尝称复圣，同于颜子耶？抑或顾本之误耶？然自唐迄宋，皆尊颜子为亚圣，封兖国公。元至顺中，进封颜子为复圣公，孟子遂为亚圣。四配之称，又何尝有一定乎？

宗圣志卷四

世系第三

神禹之裔，建国于鄫。讫周而灭，去邑为曾。莱芜嘐嘐，鄫国兢兢。历二千载，俎豆钦承。纂《世系》。

《元和姓纂·五十七》：夏少康封少子曲烈于鄫，春秋时为莒所灭。鄫太子巫仕鲁，去邑为曾氏。见《世本》。巫生阜，阜生参，字子舆，《通志》作"阜生晢"。父子并为仲尼弟子。生元、申。裔孙伟，后汉尚书令。

宋《欧阳修文集》：维曾氏始出于鄫，鄫为姒姓之国，微不知其始封。春秋之际，莒灭鄫，而子孙散亡，其在鲁者自别为曾氏。盖自鄫远出于禹，历商、周，千有余岁，常微不显。及为曾氏，而点、参、元、西，始有闻于后世，而其后又晦。

《通志·氏族略》：曾氏，亦作鄫，亦作缯，姒姓，子爵，今沂州承县东八十里故鄫城是也。夏少康封其少子曲烈于鄫。襄公六年，莒灭之，鄫太子巫仕鲁，去邑为曾氏。见《世本》。巫生阜，阜生晢，晢生参，参字子舆，父子并为仲尼弟子。参生元、申。裔孙伟，后汉尚书，望出鲁国。

宋·王应麟《姓氏急就篇·自注》：曾氏出于鄫，姒姓。莒灭鄫，子孙在鲁者别为曾氏。蒇、参、元、西，始有闻。

《左传》有夭、阜。后汉尚书令：伟。

明·吕氏《宗圣志》：曾子之先出自夏禹。禹治水有功，受舜禅而有天下。生子启，启生仲康，仲康生帝相，帝相生少康。少康次子曲烈始封于鄫，子爵。历夏、商、周，世次无考。鲁僖公十有四年，即周襄王六年也，鄫始见于《春秋》。鲁襄公六年，邾人、莒人灭鄫，鄫世子巫奔鲁，去邑为曾氏，子孙始以曾为姓。三桓家臣曾夭、曾阜，其后也。巫凡数传生蒇，蒇生参。参生于周敬王十五年丙申冬，即鲁定公五年。

右曾氏得姓之由。

曾氏世系表

吕氏旧图起黄帝、大禹、少康，似太荒远，非《尚书》首《尧典》之意。兹从莱芜侯旁行斜上，复缀代次、事实于后，庶阅者瞭然。

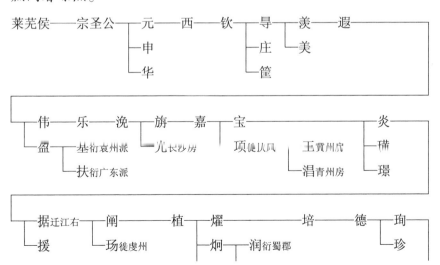

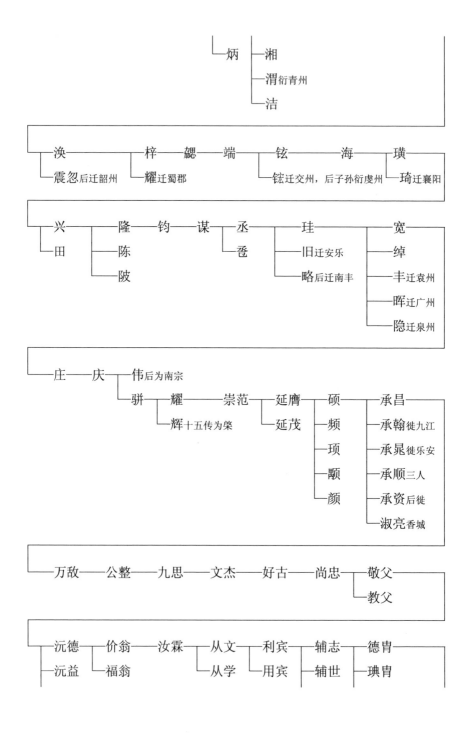

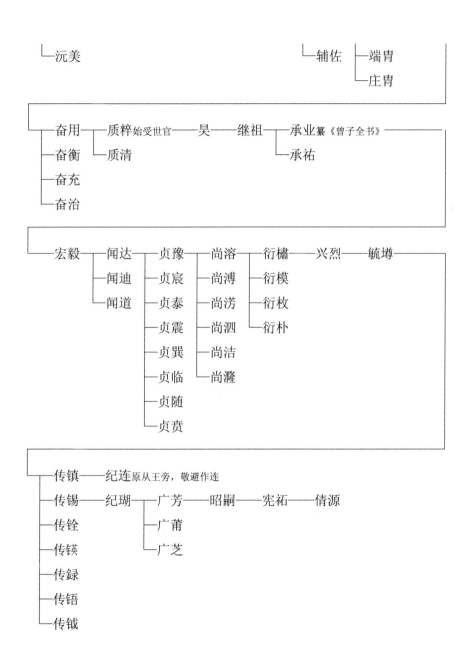

└沅美　　　　　　　　　　　　　　└辅佐┬端胄
　　　　　　　　　　　　　　　　　　└庄胄

┬奋用──质粹始受世官──昊──继祖┬承业纂《曾子全书》──
├奋衡──质清　　　　　　　　　　└承祐
├奋充
└奋治

┬宏毅┬闻达┬贞豫┬尚溶┬衍櫠──兴烈──毓墇
　　├闻迪├贞宸├尚溥├衍模
　　└闻道├贞泰├尚涝├衍枚
　　　　　├贞震├尚泗└衍朴
　　　　　├贞巽├尚洁
　　　　　├贞临└尚濼
　　　　　├贞随
　　　　　└贞贾

┬传镇──纪连原从王旁，敬避作连
├传锡──纪瑚┬广芳──昭嗣──宪祐──倩源
├传铨　　　├广莆
├传镁　　　└广芝
├传録
├传锫
└传钺

莱芜侯

蒧，字皙。

《史记·仲尼弟子列传》：曾蒧《论语》作点。字皙。侍孔子，孔子曰："言尔志。"蒧曰："春服既成，冠者五六人，童子六七人，浴乎沂，风乎舞雩，咏而归。"孔子喟然叹曰："吾与蒧也！"

定安按，《武城曾氏族谱》旧以莱芜侯蒧为始祖。自宗圣公升配至圣殿，明正统二年加封莱芜侯为公，由两庑移配启圣王祠，而南武山专庙因遵定制，别祠莱芜公，自是谱以宗圣冠首。今仍依旧谱，始莱芜侯。

一代

宗圣公参，字子舆。宋咸淳三年，封郕国公。夫人公羊氏。子三：元、申、华。

二代

元，娶高阳氏。子：西。

《礼记·檀弓》郑玄注：曾元，曾参子。

《荀子·大略》：公行子之燕，遇元于涂，曰："燕君何如？"元曰："志卑。志卑者轻物，轻物者不求助。苟不求助，何能举？氐、羌之夷①也。不忧其系垒也，而忧其不焚也。利

---

① "夷"，《荀子·大略》作"虏"。

夫秋毫，害靡国家，几为知计哉！"

次申，字子西，娶颜氏。子二：耕、森。

《礼记·檀弓》郑玄注：曾申，曾参之子。

陆德明《经典释文·序录》：曾申字子西，曾参之子。子夏以《诗》传曾申。左丘明作传，以授曾申。按，《序录》多本刘向《别录》。

次华，娶上官氏。子：炳。

三代

西，娶左氏。子：钦。

《孟子·公孙丑》赵岐注：曾西，曾子之孙。

毛奇龄《四书剩言》：《经典·序录①》"曾申，字子西。子夏以《诗》传曾申。左丘明作《传》，以受曾申"，则是曾西即曾申，为曾子之子，非孙也。其以申字西者，或以申枝为西方之辰，如春秋楚斗宜申、公子申皆字子西可验。

江永《群经补义》：曾西即曾申，曾子之子，非曾子之孙。称"先子"者，谓父，非谓祖也。阎氏若璩《释地》亦同。

周炳中《四书典故辨正》：曾子二子：元、申，见《礼记·檀弓》。而《大戴礼》云"曾子疾病，曾元持首，曾华抱足"，华即申之字也。申既字华，不当又字子西。《曲礼》孔疏亦以曾西为曾子之孙，疑赵注为是。

---

① "录"，原作"余"，据《经典释文》改。

赵佑《四书温故录》：以楚斗宜申字子西、公子申字子西例之，申、西止为一人名、字近是。但必谓曾西是曾子子，非孙，则未见其确。何者？《孟子》第言"曾元养曾子"，《檀弓》所记"曾子寝疾，病，曾元、曾申坐于足"者，安见其非子、孙并侍？曾子以老寿终，自宜有孙也。

翟灏《四书考异》：《礼记·曲礼》注引曾子曰："吾先子之所畏。"《檀弓》："穆公之母卒，使人问于曾子。"时称曾申为曾子也。《史记》"吴起事曾子"，其曾子亦是曾申，记述曾子语独多，未必皆子舆子矣。

定安按，赵邠卿以曾西为曾子之孙，近儒或然之，或不然之。窃谓汉时有《世本》可按，似无舛误，然有可疑者。郑注《曲礼》"畏而爱之"，引"吾先子之所畏"，称为"曾子曰"。郑意盖以《孟子》之曾西，即《檀弓》之曾申，故依《檀弓》称为曾子。《释文》谓"曾申字子西"，似即依此。近儒第举古人名申字西者以为比例，而不知曾西为曾子之子、为曾子之孙，于汉说皆有可据。疑事毋质，姑录旧说，以备参考。

四代

钦，字子敬。娶谷梁氏，继娶周氏。子三：寻、庄、筐。

五代

导，字若得，平阳侯。娶卜氏，子：羡。继娶欧阳氏，子：美。

定安按，曾子生周敬王十五年，由敬王传九王，周始亡。终周之世，曾子不应仅传五代。周时固无封平阳侯之事，秦亦未闻。考《汉书·高惠功臣表》，平阳懿侯曹参以中涓从起沛上，汉六年十二月封，传十一世，至侯旷。是平阳侯在西汉传国最久，并未改封他姓。且导既封平阳侯矣，何至一代遽绝？谱疑误。

六代

羡，字学余，官徐州刺史。娶缪氏。子：遐。

七代

遐，字子盛，陕郡太守，移扬州刺史。娶言氏。子二：伟、盈。

定安按，《汉书百官表》：景帝二年，更名郡守为太守；武帝元封五年，初置部刺史。曾子之六、七代孙似尚在周世，不应居此官。《汉书·地理志》无陕郡，惟弘农郡有陕县，至唐始有陕州，从无称陕郡者。

八代

伟，汉尚书令。娶郏氏。子：乐。吕《志》、《族谱》、冯云鹓《曾子书》俱作"炜"，非。

次盈，官抚州长史。孙：基，衍派袁州；扶，衍派广东。

定安按，抚、袁皆唐州名，隶江南道。两汉但有豫章郡，隶扬州。

九代

乐，字舜韶，官山阴令，冯云鹓书作"汉阳县"。终封都乡侯。娶周氏。子：浼。

十代

浼，上谷太尉。娶伏氏。子二：旃、光。

定安按，"太尉"，应是"都尉"之讹。秦汉时太尉皆京秩，掌武事。高帝二年，太尉长安侯卢绾；十一年，周勃为太尉是也。《汉书·地理志》"上谷"注："宁，西部都尉治。"是汉时有上谷都尉之证。

十一代

旃，字伸劝，仕西汉中垒校尉，迁冀州太守。娶郐氏。冯云鹓书作"鄠氏"。子：嘉。

定安按，《后汉书·百官志》：武帝省中垒校尉，但置中候。是"中垒"乃武帝以前官。汉以州统郡，有某州刺史，无某州太守。考两汉《志》，西汉有冀县，隶天水郡；东汉冀县，隶凉州汉阳郡。

次光，后徙长沙，为长沙房。

十二代

嘉，官安县主簿。娶郑氏。子二：宝、项。《济宁州志》作"项"，非。

定安按，《汉志》无此县，地理诸书亦无此县。

十三代

宝，字惟善，汉武威太守，车骑侍郎。娶王氏，继娶欧阳氏。子三：炎、原从玉旁，今敬避。璜、璟。

定安按，"车骑侍郎"，疑误。《汉书·百官表》："郎掌守门户，出充车骑，有议郎、中郎、侍郎、郎中，皆无员。"如淳注："主车曰车郎，主户卫曰户郎。《汉仪注》郎中令主郎中，左右车将主左右车郎，左右户将主左右户郎。"据此，则车骑侍郎应作"车郎"。又，车骑将军为汉尊秩，其属官有车骑将军长史、车骑都尉、车骑将军市令、车骑将军掾，亦无车骑侍郎之职。

次项，徙扶风。长子玉，官御史大夫，刺冀州。后为冀州房。次子涓，旧《志》、冯云鹓书作"昌"。举文学博士，寓青州。后为青州房。

十四代

炎，官提举副使。娶鄢氏。子二：据、援。

定安按，提举之名自宋始，唐以上无此官。

十五代

据，汉关内侯。西汉末，耻事新莽，挈族渡江，隐于豫章庐陵郡之吉阳乡，即今江西吉安府庐陵县；复徙莺迁乡，属今永丰县境，为曾氏始迁江右之祖。娶陈夫人，继娶刘夫人。子二：阐、场。

定安按，宋欧阳修《与曾巩论氏族书》："近世士大夫于氏族，尤不明其迁徙，世次多失其序，至于始封得姓，亦或不真。如足下所示，云曾元之曾孙乐为汉都乡侯，至四世孙据，遭王莽乱，始去都乡而家豫章。考于《史记》，皆不合。盖曾元去汉近三百年，自元至乐，似非曾孙，然亦当仕汉初，则据遭莽世失侯 ①，盖又二百年，疑亦非四世。以《诸侯年表》推之，虽大功德之侯，亦未有终前汉而国不绝者，亦无自高祖之世至平帝时，侯才四传者。宣帝时，分宗室赵顷王之子景封为都乡侯，则据之去国，亦不在莽世，而都乡已先别封宗室矣。又乐、据姓名，皆不见于《年表》，盖世次久远而难详如此。若曾氏出自鄫者，盖其支庶自别有为曾氏者尔，非鄫子之后皆姓曾也，盖今所谓鄫氏者是也。"考今谱，都乡侯乐是曾元八代孙，关内侯据为都乡侯五代孙，与《南丰族谱》小异，当是后人增改，亦恐未确。

十六代

阐，娶文氏。子：植。

次场，徙虔州。吕《志》作"处州"，《济宁州志》作"楚州"。兹从《族谱》。

定安按，虔，唐州名，隶江南道。东汉无此州。

十七代

植，娶李氏，子：燿。继娶萧氏，子二：炯、炳。

---

① "侯"下，欧阳修《与曾巩论氏族书》有"而徙"二字。见《文忠集》卷四十七，文渊阁《四库全书》本。

十八代

燿，谏议大夫，任福州刺史。娶胡氏，子：培。继娶文氏，子：城。

定安按，福，唐州名，隶江南道。东汉无此州。

次炯，徙乐平。至孙润、湘兄弟衍蜀郡，渭、洁兄弟衍青州。

定安按，乐平有三：东汉有乐平，侯国，隶兖州东郡；晋、北魏有乐平县，隶司州阳平郡，此山东乐平也。晋、北魏乐平郡，隶并州；隋乐平县，隶冀州太原郡，此山西乐平也。唐、宋乐平县，隶江南道饶州，即今之江西乐平也。谱未知所指。

次炳，后衍麻城。

定安按，麻城，隋县名，隶荆州永安郡；唐，隶淮南道黄州。

十九代

培，字本固。娶陈氏。子：德。

二十代

德，娶董氏。子二：珣、珍。

二十一代

珣，字贵文，三国时中郎将。娶朱氏。子二：涣、震忽。次珍，魏封平原侯。

定安按，《三国志·魏纪》："汉建安九年，袁谭惧，拔平原，走保南皮。十二月，曹公入平原，略定诸县。"是平原初属袁绍，曹操得之，尚隶于汉。建安十八年，汉封操为魏公，始建魏社稷。二十年，天子命魏公承制封拜诸侯守相，始置名号侯至五大夫，与旧列侯、关内侯凡六等，以赏军功。珍之封侯，似在此时。惟考《明帝纪》"黄初二年为齐公，三年为平原王"，是"平原"为明帝潜邸所在。如珍果封平原侯，似不能夺其所封而移之太子，至明帝践祚之后，魏臣尤不得僭封平原侯明矣。

二十二代

涣，封景阳侯。娶刘氏。子二：梓、吕《志》作"粹"，冯云鹓书作"梓"。曜。

定安按，地理诸书无景阳郡县名。

次震忽，后迁韶州。

定安按，韶，唐州名，隶岭南道。魏晋无此州。

二十三代

梓，字伯琦。娶丁氏。子：飔。

次曜，迁蜀郡。

二十四代

飔，镇南军司马。娶文氏。子：端。

定安按，唐始置军，隋以前尚无此制。《唐书·方镇表》："景云二年 ①，置朔方军节度使。乾元元年，置振武军节度使。"其后军名不可枚举。又，广德二年，改安南节度使为镇南大都护；大历元年，仍更镇南曰安南，是"镇南司马"确为唐官。又，《五代·职方考》镇南属吴，即洪州，则更在唐以后矣。

二十五代

端，字正翼。娶胡氏。子二：铉、铉。

---

① "景云二年"，《新唐书》卷六四《方镇表》作"开元九年"。

二十六代

铉，字道远，官大司马。娶萧氏。子：海。

次铉，字道始，梁车骑大将军，开国侯。迁交州。子孙衍虔州。

定安按，由魏至梁垂三百年，平原侯珍去铉才六代，世次似亦未合。

二十七代

海，一名炅，襄州录事参军。娶杨氏。子二：璜、琦。旧《志》误作"横"，冯云鹓书作"璜"。

定安按，襄州，唐隶山南道。

二十八代

璜，娶谢氏。子二：兴、田。

次琦，官黄门侍郎，家襄阳。

二十九代

兴，字兆发。娶张氏。子三：隆、陈、陂。

三十代

隆，字迪蕙。娶宋氏。子：钧。

三十一代

钧，字洪举，官给事中。娶王氏。子：谋。

三十二代

谋，字以忠。娶高氏。子二：丞、乔。

三十三代

丞，官司空，兼尚书令。徙庐陵吉阳上黎堡。娶何氏，继娶罗氏。子三：珪、旧、略。

三十四代

珪，字子玉。娶萧氏。子五：宽、绰、丰、晖、隐。

次旧，官至左仆射、同中书门下平章事，徙乐安云盖乡。后衍崇仁、泰和等处。

次略，官节度使，徙抚州西城。十传至巩，是为南丰曾氏。

三十五代

宽，娶何氏。子：庄。

次丰，迁袁州。

次晖，迁广州。

次隐，迁泉州，为公亮房。

三十六代

庄，宇子莅，官江州都押衙。旧《志》作"吉州"。娶萧氏。子：庆。

三十七代

庆，唐御史大夫。娶邹氏。子二：伟、误同八代祖名。骈。

三十八代

骈，御史大夫。旧《志》云"吉州都押衙"，今据谱删。娶王氏。子二：耀、辉。自骈二十二传为质粹，应诏至嘉祥，受世官，守宗圣庙林，是为东宗。

长房伟，官检校御史大夫。十四传为侍郎晞颜，徙龙潭，生雷顺、德裕、巽申。巽申裔芝兰徙湖南宁乡县，是为南宗。南宗建庙，祀莱芜公于长沙省垣。至国朝嘉庆间，湖南巡抚奏请予宁乡曾衍咏翰林院五经博士，主先贤曾氏庙祀于南楚，部议未准。此后世系惟录东宗。

定安按，吕《志》以伟为三十八代，耀为三十九代。然耀非伟子，伟已留为南宗。骈之二十二代孙质粹，至嘉祥受世官，自应祧伟而祖骈。今改正，以订旧《志》之误。

三十九代

耀，南唐宫检司，拜真州刺史。徙木塘源。娶刘氏。子：

崇范。

四十代

崇范，字则模，家藏九经子史，灶薪不属，读书自若。南唐贾匡皓荐为太子洗马，东宫使。娶刘氏。子二：延膺、延茂。

四十一代

延膺，宇膺修，荫授部驿使，兼资库使，升左班殿直，果州兵马都监。娶魏氏。子五：硕、频、顼、禺、颜。原从页旁，今敬避。

四十二代

硕，宇伟夫，淳化壬辰登第，官历黄州从事，南雄州军事判官，荣州观察判官，导江知县，朝奉郎，大理寺丞。娶江氏，继娶省氏。省，疑误。子六：承昌、承翰、承晁、承顺、承资、淑亮。

次频，官武昌监。

次顼，官县主簿。

次颙，进士，官筠州录事参军。

次颜，与颙同榜进士，判循州。谱硕在颜后，兹从旧《志》、《济宁州志》。

四十三代

承昌，字雍行。娶张氏。子：万敌。

次承翰，徙九江。

次承晁，徙乐安。

次淑亮，后徙香城。

四十四代

万敌，字惟仁。娶徐氏。子：公整。

四十五代

公整，字容庄。娶罗氏。子：九思。

四十六代

九思，字成义，又字得之。娶罗氏。子：文杰。

四十七代

文杰，字卓庵。娶李氏。子：好古。

四十八代

好古，字信前。《族谱》因初袭翰博，字误犯此讳，反改好古为"浩古"，冯云鹓书因之，与"信前"义不贯。兹仍之。娶刘氏。子：尚忠。旧《志》、《济宁州志》均作"尚忠"。谱因下代有"尚"派，易尚忠为"上忠"，冯云鹓书因之，非。兹正之。

四十九代

尚忠，字省己，好学力行，孝友著于郡邑。娶张氏。子二：敬父、教父。

五十代

敬父，字存诚，邑庠生，事亲以孝闻。娶江氏。子三：沇德、沇益、沇美。

五十一代

沇德，字旋吉，府庠生。娶黄氏。子二：价翁、福翁。

次沇益，九传至才英，以依族叔质粹至山东，其裔世居南武山始祖林庙左近。今考四氏学，称为南武山房。

五十二代

价翁，以字行，讳琢，邑庠生。娶姚氏。子：汝霖。

五十三代

汝霖，字雨苍。娶宋氏。子二：从文、从学。上一字误同四十代祖讳，因改崇为"从"。

五十四代

从文，字益雅。娶罗氏。子二：利宾、《济宁州志》误作"滨"。用宾。

五十五代

利宾，字翼甫，邑庠生，性孝友，好施与，乡邦称之。娶钟氏。子三：辅世、辅佐（并蚤卒）、辅志。

五十六代

辅志，字思修，邑庠生。娶张氏。子四：德胄、琪胄、端胄、庄胄。

五十七代

德胄，字好懿，邑庠生。娶彭氏。子四：奋衡、奋充（充，邑庠生，与兄衡并早卒）、奋用、奋治。

五十八代

奋用，字志行，邑庠生，贯通经史，性好施，有高祖风。娶金氏。子二：质粹、质清。

五十九代

质粹，号南武，原字好古，因同四十八代祖讳，改。生长永丰，修德念祖。嘉靖丙戌，阖族共推来南武山祭宗圣庙墓。卜书大吏，请居守，格议，南归。据马孟桢《曾氏家庙碑记》。嘉靖十二年，吏部侍郎顾鼎臣奏准，徙居嘉祥，受世官，奉祀。殁，祀崇德祠。娶杨氏。一子：昊。原名昱。

定安按，《明史·儒林·曾质粹传》："正德间，山东佥事钱铉，访得曾子后一人于嘉祥山中，未几而殁。嘉靖十二年，以学士顾鼎臣言，诏求嫡嗣。于是江西抚按以质粹名闻，命回嘉祥，以衣巾奉祀。十八年，授翰林院五经博士，子孙世袭。"是为武城曾氏置翰博之始。

次质清，邑庠生，乡饮大宾。

六十代

昊，字钦一，应袭翰林院五经博士，先父卒。娶徐氏，守节抚孤。子：继祖。

六十一代

继祖，字绳之，貤封修职郎，翰林院五经博士。少病目，兼以父祖连丧，未即请袭。时永丰龙潭族人衮，以应贡到京，乘机夺袭。给事中刘不息、李盛春，山东道御史刘光国等参奏，准继祖之子袭职。继祖事母孝，母卒，庐墓三年，奉旌孝子。《济宁州志》有传。祀庙内崇德祠。娶薛氏。子二：承业、承祐。

六十二代

承业，字振吾。万历二年，奉敕入四氏学习学。五年，十六岁袭翰林院五经博士。主鬯五十二年，百废具举。又请直指姚思仁创《宗圣志》，自辑《曾子全书》三卷，著录《四库》。祀庙内崇德祠，娶杨氏，继娶孔氏。子一：宏毅。

次承祐，恩贡生，考授河南通许县教谕。

六十三代

宏毅，字泰东。崇祯元年八月，袭翰林院五经博士。时有会稽生员曾益，控部冒争，袭职。宏毅具奏，礼部尚书黄士俊劾益"人更四代，时阅百年，忽起而争为不应"等情，益惭阻而退，自后无复争者。宏毅负奇概，以胆略自雄。崇祯三年，陪祀归，过德州，值流寇渡河，充斥临、济间。宏毅与战于四女寺前，身中流矢，犹活挟一贼，跃马抵里门，视之已死，掷于马前。后四年，嘉邑满家硐宫二麻子作乱，先后攻城。宏毅率邑人守御，得无恙，其义勇如此。后竟得痨瘵，三十一而卒。曾衍东《小豆棚》说。主鬯十四年。祀崇德祠。娶朱氏，鲁藩王女。副室陈氏。子三：闻达、闻迪、闻道。

六十四代

闻达，字象舆。崇祯十四年八月，袭翰林院五经博士。顺治三年，改授内翰林国史院五经博士。十四年，诏隶翰林院，如旧制。主鬯二十八年。娶颜氏。子八：贞豫、贞宸、贞泰、贞震、贞巽（俱奉祀生）、贞临、贞随（四氏学增生）、贞贲。

次闻迪，恩贡生，考授州同，任福建福宁直隶州州同。

次闻道，恩贡生，考授州同。

六十五代

贞豫，字麞埜。工诗，采入《济宁州志》。康熙七年三月，袭翰林院五经博士。主鬯二十三年。娶宋氏。子六：尚溶、尚溥、尚涝、尚泗、尚洁、尚濂。

六十六代

尚溶，字汇伯。康熙二十九年十二月，袭翰林院五经博士。五十二年，入贺万寿，赐宴礼部。主鬯四十年，娶孔氏，继娶程氏。子四：衍模（未娶早卒）、衍㭪、衍枚、衍朴。朴，出嗣堂弟尚润。

六十七代

衍㭪，字雍若。敦行积学，著有《近圣居诗集》二卷。雍正八①年，袭翰林院五经博士。主鬯九年，百废具举。祀崇德祠。娶刘氏，子一：兴烈。

六十八代

兴烈，字起祚。工诗，著有《墨轩吟稿》。见《州志·艺文》。乾隆四年四②月，袭翰林院五经博士。十五年八月，同衍圣公

---

① "八"，原作"二"，据曾毓塼《武城家乘》卷二改。

② "四"，原作"五"，据《高宗纯皇帝实录》卷九〇"乾隆四年四月庚辰"条改。

驰驿入贺万寿，赐宴礼部。主鬯二十二年。祀崇德祠。娶路氏，继娶张氏，续娶赵氏。子：毓壿。

六十九代

毓壿，字注瀛。乾隆二十六年 ①，袭翰林院五经博士。修《武城家乘》十卷。凡庙林、书院、家庙粘补最勤，纪事碑版亦多，俾后有可查考。宗子功德，承业翰博后，此为再见。著《家诫》一篇，采入《济宁州志》；又著《训后要言略》，刻石嵌书院壁。主鬯近五十年。祀崇德祠。娶仲氏，子三：传镇、传锡、传铨。侧室夏氏，子：传镆、传録、传铻、传钺。

七十代

传镇，字巨山。嘉庆元年 ②，袭翰林院五经博士。娶田氏。子一：纪连。原从王旁，敬避作连。

次传锡，恩贡生，考授直隶州州判。

① 按，曾毓壿之父曾兴烈于乾隆二十五年病故，因曾毓壿年仅十岁，未能考试，当年十二月，衍圣公孔昭焕题请曾毓壿承袭五经博士。此谓"二十六年"，乃题袭五经博士之年。其正式袭职，时在乾隆三十五年五月。见《高宗纯皇帝实录》卷八五八"乾隆三十五年五月丁丑"条，署礼部尚书素尔讷：《题为曾毓壿承袭五经博士请旨事》(乾隆三十五年五月初八日)，中国历史第一档案馆藏内阁礼科题本，档案号：02-01-005-022989-0038。

② 按，据《高宗纯皇帝实录》卷一四九二"乾隆六十年十二月戊寅"条，乾隆六十年十二月初一日，诏令曾传镇袭翰林院五经博士。此谓"嘉庆元年"，当为其实际袭职之年。

七十一代

纪连，字仲鲁。袭翰林院五经博士。因事革职，不准其后承袭。族人推传镇仲弟传锡之子纪瑚主祀。

纪瑚，字六华。著有《萌麓诗草》《南游纪略》《家乘约编序》。四氏学廪生，嘉庆癸酉拔贡生。经衍圣公会同礼部具题，承袭翰林院五经博士。旋请修庙林，募修宗圣书院，以劳瘁卒。祀崇德祠。娶杨氏，继娶张氏。子三：广芳、广莆、广芝。芝，四氏学优廪生。

七十二代

广芳，字汝陟。应袭翰林院五经博士，早卒。聘史氏，闻丧投缳母家，奉旌贞烈。以广莆长子昭嗣承祧。

次广莆，字荫园。自广芳逝后，悬袭数十年。族人以广莆是昭嗣本生父，呈请衍圣公札，代翰博之任，咨部注册。理林庙事，以勤劳闻。同治四年，论修城练团功，奖五品衔、四品顶戴，邑人以"保障宗邦"榜其第。

七十三代

昭嗣，字纂庭，四氏学生员。未及袭，卒。娶刘氏，苦节抚孤，事夫本生母史氏极孝。子一：宪祐。

七十四代

宪祐，字奉远，又字石斋。光绪十二年八月，由衍圣公保送礼部考试，吏部给札，承袭翰林院五经博士。因案革职，部议准其子庆源接袭。子未及岁，族长仍推摄理祀事。娶刘氏。子一：庆源。庆字同三十七代祖讳，以"倩"字代。

七十五代

倩源，字养泉。例袭翰林院五经博士。

前翰博曾宪祐曰：旧例，曾氏庙前崇德祠祀主鬯之贤者。其已祀者，曰始封翰博五十九代质粹，曰六十一代继祖，曰六十二代承业，曰六十七代衍槚。今宪祐与南武山诸生传杰、传钰、纪纲、纪钤、纪锠等议，续增六十三代宏毅、六十九代毓塼、七十一代纪瑚及广莆四主于中。公论以为允，拟具牒立案云。

宪祐又曰：吾族旧名派曰"宏、闻、贞、尚、衍、兴、毓、传、继、广、昭、宪、庆、繁、祥"十五字，新名派曰"令、德、维、垂、佑、钦、绍、念、显、扬"十字，皆先后由衍圣公领取，世世遵循者也。溯自六十三代，始请派字，故系"宏"为名。自六十三代始，较孔、孟氏"宏"派晏两代，递至"祥"字，则七十七代矣。旧派"尚"字，犯四十九代祖讳，初重请派，未之敢易，而易四十九代祖"尚"为"上"，知礼者以为不合。故"继"字犯六十一代祖讳，即以"纪"字代。而"庆"字犯三十七代祖讳，拟代以"倩"字，因"倩"与"庆"音相近，古人"长倩""曼倩"，皆训男子美称。至新派"德"字犯二十代祖讳，"钦"字犯四代祖讳，将来可用"特"字、"亲"字代之也。今太子太保、两江制府、一等威毅伯沅浦族高祖，橄桐城洪州丞恩波跋涉来嘉，采辑宗圣事迹，因书此，请附《世系》后，俾吾南宗、东宗咸知支派云。时在光绪十六年五月。

附

武城家乘·显宦 ①

十四代

玉，汉御史大夫。

十八代

万，汉镇南将军。讨南夷，开拓南康之境，封南康逸士。

十九代

游，汉御史大夫。

三十七代

元裕，唐招讨使。

---

① "显宦"，曾毓塈《武城家乘》卷二作"显达"。

三十九代

辉，吴散骑常侍、镇南节度、银青光禄大夫、国子监祭酒兼御史中丞。

四十代

洙，南唐五原防御使。

四十一代

澄，宋吉州团练。

四十三代

公伊，宋进士，提举湖北洛平茶盐事。

四十四代

朝阳，庆历间进士，为石首令，改忠州从事，教民文学。有《文集》二十卷。

匪阳，朝阳弟。庆历间举进士，为龙南令。以上二人，并载《旁裔门》。

载阳，举进士，赠将仕郎。

淮，宋嘉祐癸卯进士，历秘书省著作郎，袭庆军节度使，赠刑部尚书。子四：弼、棣、开、几，并显于宋。绍兴间，奉旨建“五世名臣”坊于赣郡。

弼，崇宁癸未进士，官至朝奉大夫，提举京西南路学事。

四十五代

锐，礼部尚书。

钺，崇宁五年举进士。事父母至孝，庐墓，有芝竹连理、宝剑之瑞。

迪，楸长子，宋太常寺奉礼。

四十六代

元忠，朝阳孙，大观间登第，官广州教授。所著有《春秋论语解》《周易解》等书。

庠，大观中三举进士第，官衡州常宁县，迁秘书省著作佐郎致仕。

度，政和壬辰登第，通直郎，武冈军，官司法参军。

四十七代

集，官朝奉大夫，广西宪察。朱子称其"学有家法""尊贤尚德"。

彦明，宣和甲辰登第，为名宦。

四十八代

蔚，嘉泰间两举进士，授陕州教授。

四十九代

涣，淳熙癸卯、己酉两举进士，绍熙庚戌登第，入史馆，历官大理少卿。

五十一代

晞颜，国学进士，历御史、兵部侍郎。

晞禹，元至正辛卯进士。

志淳，前宾州儒学正。延祐间，族中推择，主领永丰武城书院教事。

五十二代

德裕，晞颜子，荫授静江路录事判官，历任翰林直学士。

雷顺，泰定甲子举人，任万载县尹，吉州路提举。

巽申，由进士官儒学提举，除翰林院国史编修。

五十三代

如圭，官太平路儒学教授。

用先，明洪武壬子科举人，吉安教授。

五十四代

厷，惠州推官。

五十五代

原道，潮州知府。

五十八代

如琳，弘治甲子举人、乙丑进士，任陕西道监察御史。

国朝

六十五代

世荣，广西博白县丞。

六十六代

之传，举人，任福建安溪县知县。

之经，岁贡，任广丰县训导。

尚增，乾隆丁巳恩科进士，由庶常改县令，升湖南郴州直隶州知州。

逢圣，刑部江南司郎中。

宏绪，江南两淮盐务兵备道。

六十七代

曰瑛，逢圣长子，福建台湾府知府。

曰理，逢圣次子，乾隆戊午副榜，历任浙江按察使司。

曰珏，逢圣三子，广西万全县知县。

曰环，宏绪长子，广西全州州同。

曰瑞，宏绪次子，四川顺庆府通判。

曰琇，宏绪三子，江南苏州府同知。

六十九代

毓秀，乾隆己丑武进士，任浙江衢州守备。

又：

武城家乘·恩裔

承祐，字自天，明袭博士承业之弟。崇祯三年，上幸太学，录四氏子孙在庠者，各恩一人，照举贡叙用，承祐与焉。任河南通许县教谕。

宏仕，字峰东，承祐子，奉祀生员。顺治九年，太学陪祀，恩录入监，叙用。

闻道，字心维，博士宏毅三子，四氏学生员。顺治九年，太学陪祀，恩录入监，叙用。

闻迪，字景舆，博士宏毅次子，奉祀生员。康熙八年，太学陪祀，恩录入监，准贡。康熙二十八年，任福建福宁州州同。

闻进，字绍舆，宏仕之子，四氏学生员。康熙八年，太学陪祀，恩录入监，准贡。康熙二十五年，任湖广云梦县知县。

贞震，字省庵，博士闻达三子，奉祀生员。康熙二十三年，幸阙里陪祀，恩贡。考授州同。

尚溥，字广渊，博士贞豫次子，奉祀生员。康熙二十三年，幸阙里陪祀，恩贡。雍正八年，任广西全州州同，升广东连平州知州。

尚淇，字卫滨，贞蒙之子，四氏学生员。雍正二年，太学陪祀，恩贡。考授县丞。

衍枢，字紫垣，尚溥之子，四氏学生员。雍正二年，太学陪祀，恩贡。考授县丞。

尚淳，字凝池，贞亮之子，闻道之孙，四氏学生员。乾隆三年，太学陪祀，恩贡。

尚渭，宇映华，贞益之子，闻进之孙，四氏学生员。乾隆三年，太学陪祀，恩贡。考充英武殿校对，选授山西大同县县丞。

又：

武城家乘·亲支①

贞蒙，康熙壬辰年贡，任齐东县训导。

尚治，雍正壬子科举人，由国子监学录、助教升户部河南司主事，储济仓监督。

衍相，乾隆庚寅年贡。

---

① “亲支”，曾毓塿《武城家乘》卷二作“本支”。

衍楚，乾隆庚子年贡。

衍东，举人，官江夏知县。博学多才，著《武城图考》《小豆棚》（说部）。

贞任，乾隆丁卯年贡，任长清县训导。

恒德，乾隆壬申恩科举人，由国子监学正、助教升刑部主事员外郎中，记名御史。辛丑春，授湖北郧阳府知府。按，《林墓题名碑记》谓：“恒德，福建惠安县人”。

毓光，郧守之子，由修书馆议叙州同，选补贵州布政司经历。

　　定安按，《武城家乘》所录，不知所本，姑仍其旧，其复者删。

宗圣志卷五

邑里第四

武城之名，南东攸分。为嘉为费，聚讼纷纭。奚所折衷，王制是遵。纂《邑里》。

　　圣贤之道，充塞天地，虽九州八埏，读其说者皆亲若乡井，其里邑不关重轻也。然《论语》有《乡党》篇，《世本》有《居篇》，此其前规矣。《史记》谓曾子"南武城人"，《孟子》载"曾子居武城"，自明以来，考证渐详。要之，以今嘉祥为近是。

　　吕氏·旧《志》：南武城，在南武山之东南，春秋时言子为宰处。至今基址尚在，乡音呼"阿城"。

　　《山东通志》：费县西南八十里，有南武山，即曾子葬父处，亦名曾子山。山麓有子游祠，其旁为石门山，武城遗址在焉。

　　《兖州府志》："曾子故里"石坊一座，在嘉祥、金乡南北道之西。

　　《沂州府志》：思圣乡，在费县东南六十里曾子山下，"曾子居武城"即此。

　　旧《志》：曾子山，在滕县东一百二十里，山上有晒书台，相传曾子尝读书于此。《山东通志》同。

《兖州府志》：曾子故宅，在鲁城高门外。鲁城，今曲阜县也。《水经注》云："昔曾子居此，枭不入境。"《通志》《曲阜县志》同。

旧《志》：曾子井，在江苏徐州府城北九里山。

《嘉祥县志》：曾子琴堂，一名琴台。在嘉祥县治东萌山之阳，相传曾子鼓琴处。金太和七年，有人于此掘得古琴。苏思忠慕之，为筑堂，石砌极工。嘉靖九年，知县王时佐取石为泮宫桥，其堂遂毁。旁有甘泉，清冽异他所。案，甘泉古井，今尚存。堂基经山水冲刷，今相呼为"琴堂坑"。

《兖州府志》：耘瓜台，在南武山之东，峗山之西，即曾子耘瓜处也。其台有二，高仞许，南北相峙，南者约五亩，北者约三亩。《嘉祥县志》同。

《嘉祥县志》：曾子书院，在嘉祥县南武山之阳，相传为曾子读书处，亦名"弦歌书院"，创废不可考。元时，吴氏墓碑尚有"东至曾子书院"之文。万历间，移建城内萌山之阳。

《沂州府志》：郯城县西北七十里磨山，世传曾子授徒于此。

《山东通志》：舞雩台，在曲阜县城南门外。有雩坛，高三丈。相传曾晢"风乎舞雩"，即此地。后人建"咏归亭"其上。一在滋阳县城东沂河南。《兖州府志》、《曲阜县志》同。

旧《志》：咏归亭，在嘉邑城南，今废。

旧《志》：石虾蟆，状如伏虎，今在宗圣故里吴氏园中。

乡人相传以为曾家物，恐亦先茔中苍麟白羊类耳。

右古迹。

明·王雅量《曾子费人考实》：迁《史》作《仲尼弟子列传》，于"曾参"下著曰"南武城人"，于"澹台灭明"下著曰"武城人"，而缺一"南"字，遂启后人以"南武城"与"武城"为二邑。而吉安永丰曾氏之后，因索嘉祥县有南武山者而立庙家焉，案，曾子立庙，实在永丰曾氏未还嘉祥之前。不知费县西南关阳之武城即南武城也。于"曾参"下著一"南"字者，以左冯翊有西武城，清河郡有东武城，而费之武城在泰山之南，故别之曰"南武城"。杜预曰："泰山郡南武城县，即费关阳地也。"汉晋相仍，原不少"南"字。然迁《史》于"澹台灭明"不著"南"字者，因此二传相连省文耳，非谓曾参与灭明两处人也。盖表灭明之里，亦可以称南武城人，称曾子而省文，亦直曰"曾子居武城"而已。语出《孟子》，确然明白，童子皆知。圣贤故地，人所艳谈，率相假借，不特曾参之武城。迁《史》著有"南"字者，可以南武山夺之，即灭明不著"南"字者，亦得以纷纷武城之名窃之矣。余请先将费县关阳之武城，确系灭明所居之武城、子游所宰之武城，而后辨其即曾子所居之武城可乎！

按《左传·哀公八年》："吴伐我，子泄率师。"子泄者，公山不狃，鲁人也。"故道险，从武城。初，武城人或有因于吴竟田焉，拘鄫人之沤菅者，曰：'何故使吾水滋？'及吴师至，拘者导之，以伐武城，克之。王犯尝为武城宰，澹台子羽之父好焉，国人惧。懿子谓景伯：‘若之何？’对曰：‘吴师来，斯与之战，何患焉？且召之而至，又何求焉？’吴师克东阳而进，舍于五梧。明日，舍于蚕室。明日，舍于庚宗，遂次于泗上。”夫吴伐鲁，而子泄故导之由险地，欲其崎岖难进，而鲁知所备也。今关阳以南，层峦叠嶂，险莫甚焉。此其证一。所称鄫人者，沂州境鄫城也，与关阳接壤，故熟知险道。此其证二。《传》称“吴师克东阳而进，舍于五梧”等处，不可考矣。东阳村在关阳北二十里，又八十里则泗水县，正泗上也，此其证三。《传》称“王犯尝为武城宰，澹台子羽之父好焉”，以此知澹台灭明其父即居武城，世为关阳之武城人无疑；而子游所宰者确系关阳之武城，亦无疑矣。此其证四。

曰：“然则何以证曾子所居之武城，即关阳之武城？”按，曾子，鄫之后也。莒人灭鄫，后人遂去其“鄫”字之旁为氏焉。今鄫城既在沂州境，去关阳不过八十里，曾子自鄫城而徙居之，亦甚便也。此其证一。后汉王符《论侈葬》曰：“毕鄗之陵，周公非不忠；南城之墓，曾子非不孝。”而唐章怀太子去春秋未远，当时古迹必有存者，其所著书，大率门客所考，必有亲见其迹而非漫称者。此其证二。又按，《史记》秦武王三年，欲以甘茂伐宜阳，甘茂托讽以对曰：“昔曾参处费，费有杀人者与曾参同名，有人三告其母曾参杀人，其母投杼而走。”如曰曾子居武城为宾师之地耳，非其家也，胡以其母皆在而且织？此其证三。或曰：曾子至孝，为宾师而必将其母。

乃《曾子·杂篇》载:"鲁人攻费,人责其罪。曾子谓费君曰:'请出避,姑无使狗豕入吾宅也。'费君曰:'寡人之为先生厚矣,今寡人见攻,而先生去之,安能为先生宅也?'曾子不答而出。及鲁攻费,责费之罪者十,而曾子所陈者九。费人后修曾子之舍而复迎之。"夫所居不曰"馆"而曰"宅",则武城果寄迹之地耶?既称"居武城",又曰"居费",则史迁所谓"武城人"者,其为费之武城无疑矣。夫武城可以混窃,而古今以"费"名者无二地,费不可混矣。此其证四。

或曰:"曾氏之庙立于嘉祥,岂无据耶?"曰:"嘉祥①古为大泽,《禹贡》曰;'大野既潴。'即此地。汉武帝时,河决泄其潴水,历汉魏以来皆未成邑。考之《春秋》,止闻鲁人'西狩于大野,获麟焉',未闻至于南武城也。尤可据者,'武城,鲁下邑',今嘉祥虽属之鲁郡,然兖州以西,在春秋为任地,非鲁之下邑也。"

或曰:"鲁方百里者五,嘉祥非初封之鲁,或战国之鲁,是亦鲁下邑也。"曰:"不然。孟子居邹,季任为任处守,即战国之时,任自任也,岂得称鲁下邑耶?大抵圣贤世远,难于考据,后之好事者,偶得于地理之讹传,姓氏之仿佛,辄欲援古哲之芳躅,侈梓里之光辉。而当事者意主以地方之先觉,作高山之仰止,义举可从,不必深考。但史书何以传信,而圣贤在

---

① "岂无据耶曰嘉祥"七字,原脱,据道光《济宁直隶州志》卷八《人物志·曾子世家》补。

天之灵，倘亦未安。"如据余考，曾点之墓明在南城，今关阳父老犹指云"曾子山"焉，然而杳不可问矣。澹台双姓，姓所同也，而处处有之，悉为子羽，以真为伪，以伪为真，真伪混淆，何止古人之里谱哉！量闻见瘠驳，未能上下载籍，订讹正赝，勒一家言。惟是世居费邑，侧附曾子之里闬，得于故老之传闻、诸书之考订久矣。作为《曾子居武城辨》，以俟修列传、议秩祀者，当有取焉。

噫！此考曾子之地也。量少读《孝经》，窃怪宋仁宗表章《四书》，不及于此，何不并附《大学》为曾氏一书？谨议，以俟司世教者。《山东通志》《沂州府志》并同。

顾炎武《日知录》：《史记·仲尼弟子列传》："曾参，南武城人。澹台灭明，武城人。"同一武城，而曾子独加"南"字。南武城故城在今费县西南八十里石门山下。《正义》曰："《地理志》定襄有武城，清河有武城，故此云南武城。"《春秋·襄公十九年》"城武城"，杜氏注云："泰山南武城县。"然《汉书》泰山郡无南武城，而有南成①县，属东海郡。《续志》作南城，属泰山郡，至晋始为南武城。钱氏曰：《晋志》虽称南武城，而《羊祜传》仍作南城。"此后人之所以疑也。

宋程大昌《澹台祠友教堂记》曰："武城有四：左冯翊、泰山、清河、定襄，皆以名县。而清河特曰东武城者，原注：

---

① "成"，原作"城"，据《汉书》卷二八《地理志》、顾炎武《日知录》卷三一《曾子南武城人》改。

《史记·平原君传》："封于东武城"。以其与定襄皆隶赵，且定襄在西故也。若子游之所宰，其实鲁邑，而东武城者，鲁之北也。故汉儒又加'南'以别之。"史迁之传曾参曰"南武城人"者，创加也。《子羽传》次曾子，省文但曰武城。而《水经注》引京相璠曰："今泰山南武城县，有澹台子羽冢，县人也。"可以见武城即为南武城也。

《孟子》云："曾子居武城，有越寇，或曰：'寇至，盍去诸？'曰：'无寓人于我室，毁伤其薪木。'"《新序》则云："鲁人攻鄪，原注：即"费"字。曾子辞于费君曰：'请出，寇罢而后复来，毋使狗豕入吾舍。'"原注：仁山金氏言《曾子书》有此事，作"鲁人攻鄪"。《战国策》甘茂亦言"曾子处费"，则曾子所居之武城，费邑也。雷氏曰："或以曾子居武城即是南武城，是祖宗丘墓之乡，一旦寇至，竟可委而去之。此实大误。"哀公八年《传》："吴伐我，子泄率，故道险，从武城。"又曰："吴师克东阳而进，舍于五梧。"《续汉志》"南城有东阳城"，引此为证。原注：今费县西南七十里关阳镇。又可以见南城之即为武城也。

南城之名见于《史记》，齐威王曰："吾臣有檀子者，使守南城，则楚人不敢为寇。东取泗上，十二诸侯皆来朝。"《汉书》但作"南成①"，孝武封城阳共王子贞为"南城侯"。而后汉王符《潜夫论》云："鄗毕之山，南城之冢。"章怀大子注：

① "成"，原作"城"，据《汉书》卷二八《地理志》、顾炎武《日知录》卷三一《曾子南武城人》改。

"南城，曾子父所葬，在今沂州费县西南。"此又南成①之即南②城而在费之证也。原注：《晋书》南武城县属泰山郡，费县属琅琊郡。

成化中，或言嘉祥之南武山有曾子墓，有渔者陷入其穴，得石碣而封志之。原注：疑周世未有石碣，科斗古文亦非今人所识。钱氏曰："嘉祥，汉任城县地。南武山，当因武氏所居得名。渔者所见，殆即武氏石室也。"

嘉靖十二年，吏部侍郎顾鼎臣奏求曾氏后，得裔孙质粹于吉安之永丰，迁居嘉祥。孙氏曰：《大戴礼·卫将军文子篇》注云："曾参，南武城人。澹台灭明，东武城人。"其为两地判然。东武城亦单称武城，《左传》《论语》《孟子》所言皆是，在今费县。南武城自在嘉祥县，于曲阜为西南，与费县之在曲阜东北者不同，故加"南"以别之。十八年，授翰林院五经博士，世袭。夫曹县之冉堌，为秦相穰侯魏冉之冢，原注：《史记》："穰侯卒于陶，因葬焉。"《水经注·济水》："又径秦相魏冉冢东南。"而近人之撰志者以为仲弓。如此之类，盖难以尽信也。

阎若璩《四书释地》：曾子居武城，即《仲尼弟子列传》之南武城，鲁边邑也，在今费县西南八十里石门山下。吴未灭，与吴为邻。吴既灭，与越邻。越王勾践尝徙治琅琊，起馆台，又尝与鲁泗东地方百里，此岂待浮海入寇而后至武城耶？讲议为是说者，总缘朱子《集注》不详及地理耳。然考鲁哀公十二年，只公于黄池，越亦曾遣舟师浮海入淮以邀之，由吴之壤隔绝也。今越既并吴，而鲁之间可以惟兵横行，寇之兴也，

---

① "成"，原作"城"，据顾炎武《日知录》卷三一《曾子南武城人》改。

② "南"，原作"武"，据顾炎武《日知录》卷三一《曾子南武城人》改。

何尝之有？余因又悟《春秋》四书"谷"，而一书"小谷"者，别于"谷"也，明其为管仲之邑也。《史记》加"南"于武城上者，别于鲁之北有东武城也，明曾子之为费邑人也，古人于地理无所苟而已。曹之升《四书撦余说略》同，不更录。

周柄中《四书典故辨正》：《史记·仲尼弟子列传》："曾参，南武城人。澹台灭明，武城人。"后人遂疑鲁有两武城，而谓子羽为今费县之武城，曾子则别一武城，在今之嘉祥县。愚按嘉祥有南武山，上有阿城，亦名南武城。后人因南武山之城，遂附会为曾子所居，此大谬也。《新序》云"鲁人攻鄪，曾子辞于鄪君"，《战国策》亦言"曾子处鄪"，是曾子所居即鄪县之南城，非有二地。而《史记》云"南武城"者，因清河有东武城，在鲁之北，故加"南"以别之，据汉人之称耳。武城，《汉志》作南成①，《后汉》志作南城，至晋始为南武城。今故城在费县西南九十里，属兖州府。

又云，《汉志》："越王勾践尝治琅琊，起馆台。"考春秋时琅琊，为今山东沂州府。鲁费在沂州府费西南七十里，武城在县西南九十里。哀公八年，吴伐鲁，从武城。初，武城人或有因于吴境田焉，拘鄪人之沤菅者，曰："何故使吾水滋？"及吴师至，拘者导之，以伐武城。观此，则沂州之地久已为吴之错壤。越灭吴而有其地，且徙治琅琊，则与武城密迩，阎潜

---

① "成"，原作"城"，据《汉书》卷二八《地理志》、周柄中《四书典故辨正》卷十六《曾子居武城有越寇》改。

丘谓"吴未灭与吴邻，吴即灭与越邻"是也。或云："越寇季氏，非寇鲁。"此并无所据。《左传》哀公二十一年，越人始来。二十三年，叔青如越，越诸鞅来报聘。二十四年，公如越。二十五年，公至自越。二十六年，叔孙舒师师会越人，纳卫侯。二十七年，越使后庸来聘。是年八月，公如越，越又尝与鲁泗东地方百里。以此观之，越自灭吴后，与鲁修好，未尝加兵。而哀公尝欲以越伐鲁，而去三桓。武城近费，季氏之私邑在焉，说者因谓"越寇季氏，非寇鲁"，亦臆度之言耳。

俞正燮《癸巳类稿·书武城家乘后》：《续汉书·郡国志》云："南城有东阳城。"案《左氏春秋传·哀公八年》："吴师从武城克东阳。"则春秋时武城，确是东汉南城。《史记·仲尼弟子列传》云："曾子，南武城人。"《后汉书·王符传·侈葬篇》云："南城之冢。曾子非不孝，以为爱父，扬名显亲，无取于车马。"是汉人亲见其墓制，不肯浮侈。章怀太子《注》云："南城山，曾子父所葬，在今沂州费县西南。"至唐犹存也。《春秋·襄公十九年》："城武城。"杜预注云："泰山南武城县。"是自晋县名之，晋又复武城名也。《仲尼弟子列传》又云："澹台子羽，武城人。"蒙上南武城言之。《水经注》引京相璠云，"今泰山南武城县，有澹台子羽冢，县人也。"则子游所宰，及曾子、澹台子羽为春秋武城、汉南城、晋南武城、今费县人无疑。

知春秋武城必在今费者，即以曾氏事证之。《史记》既云："曾子，南武城人。"《战国策》则云："昔曾子处费，同姓名

者杀人，曾子之母织自若。"《孟子》云："曾子居武城，有越
寇。"《说苑·尊贤》则云："鲁人攻鄪，曾子辞于鄪君。"盖越
兵假鲁伐三家者。《檀弓》云："季孙卒，曾皙倚门而歌。"以
曾皙在鄪，故附会其事。又云"曾子之席华而睆"，曰："季孙
之所赐也。"曾子父母及身终始皆在费，然则可因曾子证南武
城在费，而后人反以武城改曾子于嘉祥，其为谬也甚矣。

《武城家乘》云；"明宪宗成化初年，山东守臣上言：嘉祥
县南武山西南，元寨山之东麓，有渔者陷穴中，得石碣，篆曰
'武城曾某之墓'。未及圹，不敢动，鸣于有司，因即瘗碑而为
之茔。"兹事学者重议之，碑又瘗，曾氏修谱者，偶见《史记》
言"曾子，南武城人"，遂谓嘉祥即南武城，又妄与人争，是
其识之愚也。曾子或以他故，远葬今嘉祥，亦事之所有。必
惑乱武城，颠倒是非，则古书具在，适取败之道也。《山东
通志·古迹志》云："嘉祥县南武城，在县南四十里。"《嘉祥
志》云："南武山，县南四十五里，即古南武城。山南有宗
圣庙墓。"又云："南武城，子游宰处，一名阿城。"阿、武 ①
声近。《武城家乘》云："南武山，俗音呼阿山。"《兖州府志》
云："宗圣墓，在嘉祥县南四十里，南武山之西。"《济宁直隶
州志》："南武城，在嘉祥县南四十里。"《嘉祥县志》云："县
有澹台山、澹台河、曾子耘瓜台。"凡此怪名，皆成化后臆造。
今嘉祥城东门立数石，表之云"武城古邑"，又云"言子为宰

---

① "武"，原作"城"，据俞正燮《癸巳类稿》卷十四改。

邑"，又曰"曾子故里"，又曰"澹台子故里"，又曰"黔娄故里"。鬼神有知，徒为先贤所恶。巨野、嘉祥两县志《沿革论》，至谓费无武城。《巨野志》且云："《史记》所言曾皙南武城人，子羽武城人，太史公自鼓舞其笔，不为实据。"《武城家乘》至云："旧言曾子葬父于费县境内。宗圣志在《孝经》，岂忍委先灵于远地？"其言可谓憨谬。

　　详检各书，足证武城为嘉祥者，止有一篇。《嘉祥志·艺文》有济宁路教授赵思祖作《鲁秋胡庙记》："庙①在嘉祥县南五十里。盖考《列国志》，秋胡子，鲁南武城人。"至元元年，主簿夏清祷雨此庙，赵为清子兴作记刻石。志不载年月。按之《职官表》，夏主簿元至元八年任，岂得元年至庙祷雨？赵则《济宁直隶州志·职官》有元教授赵衡正，云"见《嘉祥志》"，检《嘉祥志》，无之。《州志》云：赵至元时任，列元贞前，是先至元，距元末百年，《县志》有知县倭什布《辨秋胡庙说》，谓之"明教授"。反复求之皆不合，作伪者以为托于元时，则嘉祥为南武城，非成化后人妄说，而所引《列国志》，则是衍义鄙书。《澧州志》有鲁家坪，鲁姓繁衍，皆秋胡之后，谓秋胡姓鲁，其说亦无据。按《乐府诗集》引《西京杂记》云："鲁人秋胡。"又云："妻赴沂水而死。"是秋胡正是个费县东乡人。沂水不得至今嘉祥。不学过小，而造伪以乱真，则妨先贤。

---

① "庙"，原脱，据俞正燮《癸巳类稿》卷十四补。

且以袭嘉祥博士故，而忽诋毁费县祖墓，又强徙武城于嘉祥，则是自著其伪，此与《建立伏氏博士始末》书中伏墓考证，用心颇同。闻其言者反唇，览其书者掩卷，心不悦而口隐忍之，安得一有力者，告以曾氏博士不必在武城，伏氏博士不必庐墓，则先贤之真迹出，而博士禄位亦无恙，免使懦辞伪刻流布远迩，为儒裔之玷。

《阙里志》：魏王肃曰："鲁邑有两武城，故称'南'以别之。"《索隐》曰："当时更有北武城，故言南。"《兖州府志》曰："今费县西南八十里有南城山，其阿有武城古迹，武城寺断碑尚存。春秋时曾子居武城即此。"又《说苑》曰："鲁人攻费，曾子辞于费君曰：'请出，姑毋使狗豕入吾舍。'"又《战国策》甘茂之言曰："曾子居费。"又后汉《王符传》："曾子葬父南城山。"唐章怀太子《注》云："南城，即今费县西南。"合此观之，则曾子固费人也。

然《兖州府志》又曰："今嘉祥县南四十五里有南武山，山南有曾子墓，山东南三里许有南武城，即子游为宰处。后改为阿城，遗址尚存。"又《嘉祥县志》曰："南武城，即今本县遂山社地也。"又《嘉祥县志》马应龙曰："按武城有南北，北属东昌府，南即今嘉祥县，故南武山、澹台山与澹台河俱在嘉祥境内，则嘉祥为南武城益明矣。"合此观之，则曾子嘉祥人也。未知孰是，两存之。

《曲阜县志·阙疑》：前史谓曾子居武城，顾炎武谓即今费县，费人王雅量有辨更详。自明成化中，山东守臣上言："嘉祥县南武山西南，元寨山之东麓穴中，得悬棺，碣曰'曾参之墓'。"遂以曾子为今嘉祥人，盖以南武山为南武城也。

　　潘相《曲阜县志》：曾子为南武城人，永丰曾氏以为即今嘉祥县。而王雅量辨之，谓即今之费县。余谓曾子居于斯，终于斯，洙泗宅里，曾子盖终古凭依焉。故敬述圣迹，继吾夫子云。

　　《嘉祥县·方舆志·论》：或问曰："子谓嘉祥古兖州之域，鲁之南武城耶？旧《志》何以直系之徐州也？"余应之曰："此泥《禹贡》'大野既潴'之文耳。"曰："然则嘉祥非大野分地乎？"曰："然"。"然则何以非徐也？"曰："以《周礼》与《春秋》知之。《周礼·职方氏》掌天下之图，辨九州之国①。河东之兖，则岱山、大野、河、济、潍、卢。《疏》曰：'周②之兖，于《禹贡》侵青、徐之地。'则大野何以非鲁也？《春秋·隐公五年》：'公矢鱼于棠。'棠，今之鱼台也，不在嘉祥南乎？鲁何以越嘉祥而有鱼台也？故曰'嘉祥古兖州之域，鲁之南武城'也。以为徐州者，但知《禹贡》之兖，不知周之兖也。""然则，何以为南武城乎？"曰："武城之为鲁邑也，《传》有之矣。曾子之生，子游之宰，皆是邑焉。""然则《通志》曷为系之费？今东昌之属，又曰武城，何以称焉？"曰："费在春秋为季氏私邑，但闻为费，不闻为武城也。汉始分费为南城、

---

① "图"，原作"国"；"国"，原作"域"，据《周礼·夏官司马》改。
② "周"，原作"今"，据《周礼·夏官司马》改。

武阳二县，并属东海，晋始改南城为武城，与武阳并属琅琊，是费之为武城始于晋，非始于春秋之鲁也。东昌之武城，在春秋属齐，为平原食邑，至汉始有东武城之号，是东昌之武城始于汉，非始于春秋之鲁也。以此考之，则曾子之生与子游之宰，同为春秋之南武城也，又曷疑乎？"曰："子恶乎知之？"曰："《通志》具载，彼第弗深考，自为矛盾耳。"请述之，以质诸元览者。

仁和赵佑《四书温故录》：《史记》，曾子南武城人，澹台子羽武城人。同言武城，而上独别之以"南"，明是两地。曾子居武城，自即今费县之武城，为子游、子羽邑，而非即南武城为曾子本邑者。若其本邑也，则家室在焉，即云为师，亦徒党里塾之常，所谓乡先生矣。一旦寇难之来，方效死徙，无出乡相守望、扶持之义，而徒以舍去鸣高，岂系人情？嘉祥今于曲阜为西南，与巨野县皆古大野地，曾子祠墓存焉。质诸传记，或离或合。要鲁有两武城，武城地险多事，故见经屡；南武城，没不见经。而曾子自为南武城人，非武城人。

《济宁州志》：案《汉书》泰山郡无南武城，而有南城县，至晋始为南武城。《水经注》引京相璠曰："今泰山南武城有澹台子羽冢。"而《后汉志》云："南城，有东阳城。"即《左传·哀公八年》"吴师克东阳而进"之名。合之王符《潜夫论》及章怀太子《注》，皆南城为南武城。近江南王鎏著《四书地里考》，曰："今按嘉祥在东武城之南，则宜为南武城。"此亦可为嘉祥为南武城之证。

张鹏翮《**兖州府志**》：案《费志·武城考》其说与王雅量略同，不更录。辨论武城虽详，然今费县止有曾皙墓，并无曾子墓。今嘉祥县既有曾子墓可据，古人尽有父子异地而葬者，何必纷纷耶？《传》云："有其举之，莫可废也。"从之而已。

右邑里辨证。

定安按，武城之为费县，为嘉祥，前人辨之详矣。而《兖志》数语，最为通论。兹悉采录诸家说于右，殿以《兖志》，庶来者知所折衷焉。

述作第五

颜氏庶几，沕穆无闻。孰谓参鲁，乃荷斯文。《孝经》《大学》，万祀所尊。《大戴》十篇，坠绪若存。衍其遗说，百家纷纷。纂《述作》。

自孔于殁，群弟子各以所闻成一家言，其著者：《曾子》十八篇、《漆雕子》十三篇、《宓子》十六篇，而颜渊、闵子骞、冉伯牛、仲弓、有若、曾点、宰我、子贡、子游、子夏、冉有、季路、子张、子禽之伦，其言行散见于《礼记》《论语》。其后，孔子之孙有《子思》二十三篇，宓子弟子有《景子》三篇，子夏弟子有《李克》七篇，子思弟子有《孟子》十一篇，驲臂子弓弟子有《孙卿》三十三篇，而《世子》二十一篇，《芊子》十八篇，《公孙尼子》二十八篇，相传皆为七十子之门人所作，然其书多佚不传，今所存者《孟子》《孙卿》而已。曾子书亦徒袭其名，篇目列左。

《汉书·艺文志》：《曾子》十八篇。名参，孔子弟子。

《隋书·经籍志》：《曾子》二卷，目一卷。_{鲁国曾参撰。}又，《曾参传》一卷。

《唐书·艺文志》：《曾子》二卷。_{曾参。}

王应麟《汉艺文志考证》：《汉志·儒家》："《曾子》十八篇。"《隋》《唐志》："《曾子》二卷。"参与弟子公明仪、乐正子春、单居离、曾元、曾华之徒，论述立身孝行之要，天地万物之理，今十篇。自《修身》至《天圆》，皆见于《大戴礼》，于篇第为四十九至五十八，盖后人摭出为二卷。

《黄氏日钞·读曾子》：曾子之书，不知谁所依仿而为之，言虽杂而衍，然其不合于理者盖寡。若云"与父言，言畜子；与子言，言孝父；与兄言，言顺弟；与弟言，言承兄"，皆世俗委曲之语；而"良贾深藏如虚"，又近于老子之学，殊不类曾子弘毅气象。若乐正子春下堂伤足之事，"尊其所闻则高明，行其所知则光大"之说，亦皆粹会此书，亦有足观。特以"天圆地方"之说为非，而谓"天之所生上首。上首之谓圆，下首之谓方"，虽务博而未必然。

《文献通考》：《曾子》二卷。

《郡斋读书志》：《曾子》二卷。

晁公武曰：《曾子》二卷，鲁曾参撰。《汉·艺文志》："《曾子》十八篇。"《隋志》："《曾子》二卷，目一卷。"《唐志》："《曾子》二卷。"今世传《曾子》二卷，十篇本也，有题曰"传绍述本"，岂樊宗师与？视《隋》亡《目》一篇，考其书已见于《大戴礼》，汉有《礼经》七十篇，后氏、戴氏，《记》百三十一篇，七十子后学者所记。是时未有大、小《戴》之分，不知《曾子》在其中与否也？予从父詹事公尝病世之人莫不尊事《孟子》，而知子思《中庸》者盖寡，知读《曾子》者，盖未见其人也，是以文字回舛谬误，乃以家藏《曾子》与温公所藏《大戴》参校，颇为是正，而卢注遂行于曾子云。

《宋史·儒林传》：《曾子内外杂篇》七，刘清之编。

《小学绀珠》：刘清之子澄集录《曾子》七篇，《内篇》一、《外篇》《杂篇》各三。

朱子《书刘子澄所编曾子后》：世传《曾子》书，独取《大戴礼》十篇充之。刘清之子澄集其言行杂见《语》《孟》诸书者，为《曾子》七篇。曾子之为人，敦厚质实，而其学专以躬行为主，故其真积力久，而得以闻乎"一以贯之"之妙。然其所以自守而终身者，则固未尝离乎孝敬信让之规，而其制行立言，又专以轻富贵、守贫贱、不求人知①为大。是以从之游者，所闻虽或甚浅，亦不失为谨厚修洁之人，所记虽或甚疏，亦必有以切于日用躬行之实。

《子略》：《曾子》十篇。

高似孙曰：《曾子》者，曾子与其弟子公明仪、乐正

---

① "知"，原作"之"，据《晦庵先生朱文公文集》卷八十一改。

子春、单居离、曾元、曾华之徒，讲论孝行之道，天地事物之原，凡十篇。自《修身》至《天圆》，已见于《大戴礼》，篇为四十九、为五十八。他又杂见于《小戴礼》，略无少异，是固后人掇拾以为之者与？刘中垒父子秦①汉《七略》已不能致辨于斯，况他人乎！然董仲舒《对策》已引其书，有曰"尊其所闻则高明，行其所知则光大"，则是书固在董氏之先乎？又其言曰："君子爱日以学，及时以行，难者弗避，易者弗从，旦就业，夕自省，可谓守业矣。三十、四十无艺，则无艺矣；五十不以善闻，则无闻矣。"按，朱子注《论语》"后生可畏章"，亦引此二语。质诸"吾日三省吾身"，何其辞费耶？并载《文献通考》。

《书录解题》：《曾子注》二卷，杨简注。

陈振孙曰：《曾子》二卷，凡十篇，具《大戴礼》。后人从其中录出别行，慈湖杨简注。

《四库全书·子部》：《曾子》二卷，宋汪晫编。

《四库提要》：晫字处微，绩溪人。是书成于庆元、嘉泰间。咸淳十年，其孙梦斗与《子思子》同献于朝，得赠通直郎。考《汉志》载《曾子》十八篇，《隋志》有《曾子》二卷，目一卷，《唐志》亦载《曾子》二卷。晁公武《郡斋读书志》著录二卷，十篇，称即唐本。高似孙《子略》称其与《大戴礼》四十九篇、五十八篇及杂见《小戴

---

① "秦"，原作"奏"，据高似孙《子略》卷一改。

记》者无异，固后人掇拾以为之。陈振孙《书录解题》并称有慈湖杨简《注》。是宋时原有《曾子》行世，殆晫偶未见，故辑为此书。凡十二篇，《仲尼闲居》第一，《明明德》第二，《养老》第三，《周礼》第四，《有子问》第五，《丧服》第六，中阙第七、第八，《晋楚》第九，《守业》第十，《三省身》第十一，《忠恕》第十二。《明明德》独标云"内篇"，《养老》以下皆标"外篇"，而《仲尼闲居》不言内外，疑本有"内篇"字，而传写佚之也。其第一篇即《孝经》，而削去经名，别为标目，未免自我作古。第二篇即《大学》，考自宋以前有子思作《大学》之传，而无曾子作《大学》之说，归之曾子，已属疑似，又改其篇目，与前篇武断亦同。至外篇十篇，亦往往割裂经文，以就门目。如"曾子问师行必以迁庙主行乎"至"老聃云"，孔《疏》曰："此一节论出师当取迁庙主，及币帛皮圭以行，庙无虚主之事。盖首问师行必以迁庙主，论其常也。师行无迁主，又筹其变也。"二问相承，义实相济，故孔《疏》通为一节。今割"古者师行无迁主"至"盖贵命也"入《周礼》篇，割"古者师行必以迁庙主行乎"至"老聃云"入《丧服》篇，文义殆为乖隔。若云以其文有涉丧服，是以分属，则《周礼》篇内又明载"三年之丧吊乎"数节，为例尤属不纯。然汉本久逸，唐本今亦未见，先贤之佚文绪论，颇可借此以考见，则过而从之，犹愈于过而废之矣。卷首冠以梦斗进《表》，称有晫《自序》。而此本佚之，仅有元汪泽民、俞希鲁、翟思忠，明朱文选《序》四篇，明詹潢《后序》一篇，皆合二书称之，盖晔本编为一部也。今以前代史志二子皆各自为书，故分著于录焉。

《四库简明目录》：宋汪晔编。《汉志》载《曾子》十八篇，《隋志》《唐志》皆作"二卷"，高似孙《子略》、陈振孙《书录题解》皆载有《曾子》，是宋时尚有传本。晔盖以其未备而重辑之，凡十二篇，其强立篇目，颇为杜撰。然宋代旧本已佚，存之尚具《曾子》之崖略也。

《四库存目》：《曾子全书》三卷，明曾承业编。

《存目》：承业为曾子六十二代孙，《序》称博士，盖袭职之宗子也。案宋汪晔尝辑《曾子》一卷，分十二篇，割裂补缀，已非唐以来之旧本。是编又分《主言》一篇为卷一，《修身》、《事父母》、《制言》（上中下）、《疾病》、《天圆》七篇为卷二，《本孝》《立孝》《大孝》三篇为卷三，与王应麟《玉海》所云"今十篇，自《修身》至《天圆》皆见于《大戴礼》"者，又多出《主言》一篇，而分合迥异。不知其何所依据，殆亦以意为之也。

《皇清经解》：《曾子注释》四卷，阮元撰。

按，《曾子》一书，《汉》《隋》《唐志》皆著录，惜佚而不传。阮氏以《大戴》所收《曾子》，另为注释，谓"《大戴》十篇皆冠以'曾子'者，戴氏取曾子之书入于《杂记》中，识之以别于他篇也"。严厚民称其能正诸家之得失，辨文字之异同，其于中、西天算考覈尤深，《天圆》

一篇更非他人所能及。盖不诬也。

《冯氏十三种》：《曾子书》八卷，冯云鹓编。

按，冯云鹓书先列《大戴礼》"曾子十篇"，后附秦汉以来诸书"曾子言行"，摭拾略具，未能备也。

《古微堂集》：《曾子章句》卷，魏源撰。

魏源《自序》：夫子殁，斯文未坠于地，则惟曾氏以至诚绍其宗，授子思、孟子，为万世极。《汉·艺文志》："《曾子》十八篇。"《隋》《唐志》及北宋《御览》咸有之，迄南宋而亡。今惟存《大戴礼》者十篇，各冠以曾子，与小戴《曾子问》皆夫子语者固殊。盖洙泗大义微言，武城毕生践履于是在。凡《孟子》"彼富我仁，彼爵我义"之文，董仲舒"尊闻行知，高明广大"之义，皆见其中。而小戴《祭义》，则全取《大孝》篇文，《事父母》篇"坐尸立斋"之云，则小戴删取大戴明证也。子思、乐正子门人述之，齐、鲁、秦、汉儒者罔不诵法称道之，挈小学、大学枢要，宜旦夕奉师保、临父母者也。奈何小戴去取不伦，而郑康成氏又不注《大戴礼》，既以此不列于经，又不获与《大学》《中庸》同表章，后世徒相沿纬书"行在《孝经》"语，以为真夫子授曾氏书。曾氏书顾若明若灭断简中，千载莫过问焉！

曾子得圣道，宗孝尽性。诚立孝，敬存诚，万伦万理，一反躬自省出之，初罔一言内乎深微，外乎宏侈，惟为己为人进退义利际，谆谆提撕而辟咡之，百世下如见其心焉。暨《天圆》篇原圣人制礼作乐之由，以明人性之最贵，日用而神化也，庸德则大经也，不越户庭，明天察地，体用、费隐贯于一，不遗不御也。少习孤经，懿好攸在，茫茫绝绪，问津不闻，讹而互诸，塞而榛诸，微言未窥，大义谁揭？不揣狂简，纲之纪之，仰钻既竭，告语如闻，而其轶时时见他说者，亦网罗而部汇之，为篇于其后。

呜呼！曾氏之以书传，非曾氏意也。曾子故以身教而不以言教者也，其志盖将以夏道之忠救周文之敝也。姬公制作之精意，瀄然以清，汤然以胓者，唯曾氏，唯得之。儒行缺，世教漓，视人生之初，几若茹毛饮血之不可复见于世。尝试与之陈尼峄之遗文，稽龟麟之旧册，则亦历历然若蒙诵之熟诸口也，皋比之习于耳也，忽忽乎若来若去之无戚于怀也。逃空谷者，闻足音而起；厌稻粱者，易以黍稷而或乐，则兹编之晚显于世也，其亦将天之有意于世乎？其亦未学之有幸于迷途乎？智小任重，言僭行窳，是以"战战兢兢，若履薄冰"云尔。

凡历代目录所载，《曾子》十三家，或称十八篇，或十二篇，或十篇。今存者，《大戴记·王言》《立事》《本孝》《立孝》《大孝》《事父母》《制言上》《制言中》《制言下》《疾病》《天圆》，凡十一篇。

定安按，《曾子》者，盖出古之儒家。述子舆氏受业孔门，讲明王道，故谓之《王言》；孔子既殁，曾子之道益尊，日与其门人公明仪、乐正子春、单居离之徒述圣业，明孝行，由《立事》《制言》推阐天地之体、阴阳之原，可谓切近而精微者矣。然其言曰"至礼不让而天下治，至赏不费而天下之士说，至乐无声而天下之民和"，颇混于老氏清静之旨。要之轻富贵、安贫贱、诚敬忠信，抑亦六经之亚也。

孔子曰："吾志在《春秋》，行在《孝经》。"三千之徒众矣，而以孝称者，闵子骞、曾子而已。孝之时义大矣哉，凡衍其说者，皆附于篇。

《孝经》古孔氏一篇，二十二章。师古曰："刘向云：古文字也。《庶人》章分为二也，《曾子敢问》章为三，又多一章，凡二十二章。"

《孝经》一篇，十八章。长孙氏、江氏、后氏、翼氏四家。

《长孙氏说》二篇，十八章 ①，汉长孙氏撰。

《江氏说》一篇，江翁撰。

《后氏说》一篇，后苍撰。

《杂传》四篇，翼奉撰。

《安昌侯说》一篇，张禹撰。

右《汉书·艺文志》所录《孝经》六家。

---

① "十八章"三字，《汉书·艺文志》无，疑因上"《孝经》一篇十八章"误衍。

　　班固曰："《孝经》者，孔子为曾子陈孝道也。夫孝，天之经，地之义，民之行也。举大者言，故曰《孝经》。汉兴，长孙氏、博士江翁、少府后苍、谏大夫翼奉、安昌侯张禹传之，各自名家。经文皆同，惟孔氏壁中古文为异。'父母生之，续莫大焉''故亲生之膝下'，诸家说多不安处，古文字读皆异"。师古曰："桓谭《新论》云：'古《孝经》千八百七十二字，今异者四百余字。'"

　　《古文孝经传》一卷，汉孔安国撰。梁末亡逸，今疑非古本。

　　《孝经注》一卷，郑玄撰。梁有马融、郑众注《孝经》二卷，亡。

　　《孝经解》一卷，王肃撰。梁有魏散骑常侍苏林、吏部尚书何晏、光禄大夫刘邵、孙氏等注《孝经》各一卷，亡。

　　《孝经解赞》一卷，韦昭撰。

　　《孝经默注》一卷，徐整撰。

　　谢氏《集解孝经》一卷，谢万集。

　　荀氏《集议孝经》一卷，晋中书郎荀勖撰。亡。

　　袁氏《集议孝经》一卷，晋东阳太守袁敬仲集。梁有《孝经皇义》一卷，宋均撰；又有晋给事中杨泓①、处士虞槃佐、孙氏，东阳太守殷仲文，晋陵太守殷淑道，丹阳尹车胤，孔光各注《孝经》一卷；荀勖注《孝经》二卷；宋何承天、费沈，齐光禄大夫王玄载、国子博士明僧绍，梁②五经博士严植之、尚书功论郎曹思文、羽林监江系之、江逊等注《孝经》各一卷；释慧始注《孝经》一

---

① "泓"，原作"卧"，据《隋书·经籍志》改。

② "梁"，原脱，据《隋书·经籍志》补。

卷；陶弘景集注《孝经》一卷；诸葛循《孝经序》一卷。亡。

《孝经慧琳注》一卷，释慧琳撰。梁有晋穆帝时《晋孝经》一卷，武帝时《送聪明馆孝经讲》《义》各一卷，宋大明中《东宫讲》、齐永明三年《东宫讲》、齐永明中《诸王讲》及贺玚《讲》《议孝经义疏》各一卷，齐临沂令李玉之为始兴王讲《孝经义疏》二卷，亡。

《孝经义疏》十八卷，梁武帝撰。梁有皇太子讲《孝经》三卷，天监八年皇太子讲《孝经义》一卷，梁简文帝《孝经义疏》五卷，萧子显《孝经义疏》一卷，亡。

《孝经敬爱义》一卷，梁吏部尚书萧子显撰。

《孝经私记》四卷，无名先生撰。

赵氏《孝经义》一卷、赵氏《孝经义疏①》一卷，赵景韶撰。

皇氏《孝经义疏》三卷，皇侃撰。

周氏《孝经私记》二卷，周弘正撰。

《古②文孝经述义》五卷，刘炫撰。

《孝经讲疏》六卷，徐孝克撰。

《孝经义》一卷，梁扬州文学从事太史叔明撰。梁有《孝经玄》《孝经图》各一卷，《孝经孔子图》二卷，亡。

《国语孝经》一卷，魏侯伏侯可惜陵译。

　　右《隋书·经籍志》所录《孝经》十八家。

---

① "疏"，原作"迹"，据《隋书·经籍志》改。
② "古"，原作"千"，据《隋书·经籍志》改。

长孙无忌曰：《孝经》二十二章，孔安国为之传。至刘向典校经籍，以颜本比古文，除其繁惑，以十八章为定。郑众、马融，并为之注。又有郑氏注，相传或云郑玄，其立义与玄所注余书不同，故疑之。梁代，安国及郑氏二家，并立国学，而安国之本，亡于梁乱。陈及周、齐，唯传郑氏。至隋，秘书监王劭于京师访得《孔传》，送至河间刘炫。炫因序其得丧，述其义疏，讲于人间，渐闻朝廷，后遂著令，与郑并立。儒者喧喧，皆云炫自作之，非孔旧本，而秘府又先无其书。又云魏氏迁洛，未达华语，孝文帝命侯伏侯可悉陵，以夷语译《孝经》之旨，教于国人，谓之《国语孝经》。今取以附此篇之末。

《大明中皇太子讲义疏》一卷，何约之撰。

孙氏《孝经注》一卷，孙熙撰。

《今上孝经制旨》一卷，玄宗撰。

魏氏《孝经注》一卷，魏克已撰。

《演孝经》十二卷，张士儒撰。

《孝经瑞应图》一卷。

贾氏《孝经疏》五卷，贾公彦撰。

《越王孝经新义》十卷，任希古撰。

《御注孝经疏》二卷，元行冲撰。

《孝经注》一卷，尹知章撰。

《孝经义疏》，孔颖达撰。卷亡。

《孝经注》一卷，王元感撰。

《孝经指要》一卷，李嗣真撰。

《孝经义》，平贞眘撰。_{卷亡。}卷亡。

《广孝经》十卷，徐浩撰。_{浩称四明山人，乾元二年上，授校书郎。}

　　右《唐书·艺文志》所录《孝经》十五家。孔安国、王肃诸家已见《隋书·经籍志》。及《隋志》注曰"梁有，今亡"者，不录。

《孝经疏》一卷，苏彬撰。

《孝经正义》三卷，邢昺撰。

《古文孝经指解》一卷，又一卷，司马光撰。

《孝经传》一卷，赵克孝撰。

《孝经讲疏》一卷，任奉古撰。

《孝经讲义》一卷，张元老撰。

《古文孝经说》一卷，范祖禹撰。

《孝经传》一卷，吕惠卿撰。

《孝经新义》一部，_{卷亡。}吉观国撰。

《孝经解义》二卷，家滋撰。

《孝经详解》一卷，王文献撰。

《孝经全解》一卷，林椿龄撰。

《孝经解》一卷，沈处厚撰。

《孝经义》一卷，赵湘撰。

《孝经通义》三卷，张师①尹撰。

《孝经解》四卷，张九成撰。

《孝经刊误②》一卷，朱熹撰。

《孝经本旨》一卷，黄榦撰。

《孝经说》一卷，项安世撰。

《古孝经辑注》一卷，冯椅撰。

《古文孝经解》一卷。

《孝经说》三卷，袁甫撰。

《孝经同异》三卷，王行撰。

　　右《宋史·艺文志》所录《孝经》二十三家，已见隋、唐诸《志》者，不录。

《孝经新说》一卷，宋濂撰。

《孝经集善》一卷，孙蕡撰。

《孝经注解》一卷，孙吾与撰。

《孝经诫俗》一卷，方孝孺撰。

《孝经刊误》一卷，晏璧撰。

《孝经述解》，曹端撰。

《孝经集解》一卷，刘实撰。

《定次孝经今古文》一卷，薛瑄撰。

---

① “师”，原作“思”，据《宋史·艺文志》改。
② “误”，原作“解”，据《宋史·艺文志》改。

《孝经私钞》八卷，杨守陈撰。

《孝经集注》三卷，余本撰。

《孝经大义》一卷，王守仁撰。

《孝经解诂》一卷，陈深撰。

《孝经叙录》一卷，归有光撰。

《孝经疏义》一卷，李材撰。

《孝经外传》一卷、《孝经引证》二卷，杨起元撰。

《孝经迩言》九卷、《孝经集灵》一卷，虞淳熙撰。

《孝经注解》一卷，胡时化撰。

《重定孝经列传》七卷，吴扻谦撰。

《孝经质疑》一卷、《集解》一卷，朱鸿撰。

《孝经汇注》三卷，王元祚撰。

《孝经小学详解》八卷，陈仁锡撰。

《孝经集传》二卷，黄道周撰。

《孝经集传》二卷，何楷撰。

《孝经衍义》六卷，张有誉撰。

《孝经疏义》一卷，江旭奇撰。

《孝经贯注》二十卷、《孝经存余》三卷。《孝经考异》一卷、《孝经对问》三卷，瞿罕撰。

《孝经本义》二卷、《孝经大全》二十八卷、《或问》三卷，吕维祺撰。

　　右《明史·艺文志》所录《孝经》二十七家。

《御注孝经》一卷，顺治十三年撰。

《御纂孝经集注》一卷，雍正五年撰。

《孝经问》一卷，毛奇龄撰。

　　　右国朝《四库全书》著录者三部。

《孝经注义》一卷，魏裔介撰。

《孝经集解》一卷，蒋永修撰。

《读孝经》四卷，应是撰。

《孝经类解》十八卷，吴之骡撰。

《孝经正文》一卷、《内传》一卷、《外传》三卷，李之素撰。

《孝经详说》二卷，冉觐祖撰。

《孝经注》一卷，朱轼撰。

《孝经》三卷，《管窥》一卷，吴隆元撰。

《孝经集解》一卷，张星徽撰。

《孝经章句》一卷，任启运撰。

《孝经通义》一卷，华玉淳撰。

《孝经本义》一卷，姜本锡撰。

《孝经通释》十卷，曹庭栋撰。

　　　右国朝《四库全书》存目者十三家。

《孝经援神契》。

《孝经钩命诀》。

《孝经中契》。

《孝经左契》。

《孝经右契》。

《孝经威嬉拒》。

《孝经内事图》。

右明孙瑴《古微书》所录《孝经纬》七部。

贲居子曰："《孝经》之成也，使曾子抱以属天，此其有禁秘之语，宜集为纬者有之。今所传《援神契》《钩命诀》，又率与《诗》三纬等之《杂纬》，则纬之亡佚已多矣。"

凡历代目录所载《孝经》一百五家，今文十八章，孔壁古文二十二章，又纬书七部。

定安按，《孝经》者，盖出鲁孔氏。孔子既叙六经，指意差别，恐斯文离散，故作《孝经》以总会之，明其枝流虽分，本萌于孝者也。曾子能通孝道，故孔子授之业，世遂以为曾子之书矣。或曰：曾氏门人为之。王应麟《困学纪闻》、晁公武《郡斋读书志》、曾力行《注孝经古本答问》，皆言孔子与曾子言孝道，曾氏门人录之为书。

自濂洛之学兴，《大学》始为专经，以为曾子受之孔子者也。唐以前《艺文》无闻焉。

　　吕氏《大学》一卷，吕大临撰。

　　《喻氏大学解》一卷，喻樗撰。

　　《六家大学解义》一卷，司马光撰。

　　《大学章句》《或问》二卷，朱熹撰。

　　张氏《大学说》一卷，张九成撰。

　　《大学广义》一卷，司马光撰。

　　陈氏《大学说》十①一卷，陈尧道撰。

　　《大学衍义》四十三②卷，真德秀撰。

　　《大学讲义》三卷，谢兴甫撰。

　　　　右《宋史·艺文志》所录《大学》九家。

　　《大学疑义》一卷，丁玑撰。

　　《古本大学注》一卷，王守仁撰。

　　《大学指归》一卷，魏校撰。

　　《大学亿》一卷，王③道撰。

　　《大学千④虑》一卷，穆⑤孔晖撰。

　　《大学通考》一卷，又《质言》一卷，顾宪成撰。

----

① "十"，原脱，据《宋史·艺文志》补。

② "三"，原作"二"，据《宋史·艺文志》改。

③ "王"下，原衍"遵"字，据《明史·艺文志》删。

④ "千"，原作"十"，据《明史·艺文志》改。

⑤ "穆"，原作"程"，据《明史·艺文志》改。

右《明史·艺文志》所录《大学》六家。

《大学翼真》七卷，胡渭撰。

《大学古本说》一卷，李光地撰。

《大学证文》四卷，毛奇龄撰。

右国朝《四库全书》所录《大学》三家。

《大学知本图说》一卷、《大学问》一卷，毛奇龄撰。

《大学传注》一卷，李塨撰。

《大学讲义》一卷，杨名时撰。

《考定石经大学经传解》一卷，邱嘉穗撰。

《大学本文》一卷、《大学古本》一卷、《大学困学录》一卷，王澍撰。

《大学偶言》一卷，张文麓撰。

《古文大学解》二卷，刘淳骥撰。

右国朝《四库存目·大学》七家。

朱子《大学章句序》：《曲礼》《少仪》《内则》《弟子职》诸篇，固小学之支流余裔，而此篇则小学之成功，以著大学之明法，外有以极其规模之大，而内有以尽其节目之详者也。三千之徒，盖莫不得闻其说，而曾氏之传独得其宗，于是作为传义，以发其意。

《朱子全书·或问》：子谓正经盖孔子之言，而曾子述之，其下十章则曾子之意，而门人记之。何以知其然也？曰：“正经辞约而理备，言近而旨远，非圣人不能及也，然以其无他左验，且意其或出于先民之言，故疑之而不敢质。至于传文①，或引曾子之言，而又多与《中庸》《孟子》者合，则知其成于曾氏门人之手，而子思以授孟子无疑也。”

《大学发微·黎立武自序》：《大学》，曾子之书。一书之功，在于止善。止善之说，盖取诸《艮》。曾子固尝称《艮》，《象》曰：“君子思不出其位。”厥旨甚微，所谓一以贯之者也。

凡历代目录所载《大学》二十五家。其不载正史及《四库全书》者，不录。

　　定安案，《大学》者，盖出古之《礼经》，其述修齐治平之道详矣，而其要在于正心诚意，殆曾子所闻一贯之旨欤？然非程、朱氏表彰之，又安能彪炳若是乎！

---

① “文”，原作“义”，据朱熹《四书或问·大学或问》改。

宗圣志卷七

祀典第六（上）

武城褒赠，始唐高宗。迄于有明，称子黜公。于穆圣清，四配礼崇。综而甄之，歆享靡穷。纂《祀典》。

唐

《唐书·高宗本纪》：高宗总章元年二月丁巳，皇太子释奠于国学。四月乙卯，赠颜回为太子少师，曾参为太子少保。

《册府元龟》：总章元年三月，诏曰："皇太子弘近因释菜，齿胄上庠，祗事先师，驰心近侍，仰崇山而景行，眷曩哲以勤怀，显颜曾之特高，扬仁义之双美，《兖州府志》：太子弘请阙里树碑，表云："想仁孝于颜曾，弥深景慕。"此"仁义"，亦当作"仁孝"。请申褒赠，载甄芳烈。朕嘉其进德，冀以思齐，训诱之方，莫斯为尚。颜回可赠太子少师，曾参可赠太子少保。"

定安按，此孔子弟子赠官之始。《文献通考》谓总章元年颜回赠太子少师、曾参赠太子少保，并配享孔子庙。考开元八年以前，循贞观之制，配享惟颜子及左丘明以下二十二人。自汉以来，非祀七十二弟子，不及曾子。至是，并赠颜子、曾子官，立后来并配之案。马氏谓是时已并配享孔子庙，误也。

《唐书·礼乐志》：睿宗太极元年，加赠颜回太子太师，曾参太子太保，皆配享。

《文献通考》：玄宗开元八年，国子监司业李元瓘奏言："先圣孔宣父庙，以先师颜子配，则配像当坐。又四科弟子闵损等，并服膺儒术，亲承圣教，虽复列像庙堂，不参享祀。谨按祠令：左丘明、何休等二十二贤，犹沾与祀，岂有升堂入室之子，独不沾享祀之余？请春秋释奠，列在二十二贤之上。子夏既列十哲，当云二十一贤。七十子之像，文翁之壁尚不阙如，岂有国庠遂无图绘？请命有司图形于壁，兼为立赞，庶敦劝儒风，光崇圣烈。曾参独受经于夫子，望准二十二贤从享。"诏从之。

马氏端临曰：左丘明等二十二经师侑食，而高第弟子，除颜渊外反不得预。李元瓘虽恳恳言之，而仅能升十哲、曾子侪于二十二子之列。而七十二贤俱不沾享祀。盖拘于郑康成"释奠先师"之注，而以专门训诂为尽得圣道之传也。

定安按，《唐书·礼乐志》颜、曾于太极元年已并配享，不应开元八年李元瓘犹有此奏。秦惠田《五礼通考》谓《新唐书》似误。今两存之。

《唐六典·祠部注》：开元八年，敕列曾子十哲之次。

唐皮日休《文薮》：《请韩愈配飨太学书》："曾参之孝，感天地，动鬼神。自汉至隋，不过乎诸子。至于吾唐，乃旌入十哲。"

《旧唐书·礼乐志》：开元二十七年诏："自今以后，两京国子监，夫子皆南面坐，<small>昔祀周公南面，夫子西面。</small>十哲等东西列侍。天下诸州亦准此。且门人三千，见①称十哲，包夫众美，实越等夷。并宜褒赠，以宠贤明。其颜子既云亚圣，须优其秩，加赠兖公。闵子骞等九人，俱赠侯。诏曰：夫子格言，参也称鲁，虽居七十之数，不载四科之目。顷虽参于十哲，终未殊于等伦，<small>《旧唐书》"参"作"异"，"未"作"或"。从《通典》《通考》改。</small>久稽先旨，俾循旧位。庶乎礼得其序，人焉式瞻。宗洙泗之丕烈，重胶庠之雅范。"又赠曾参、颛孙师等六十七人皆为伯。

《唐书·礼乐志》：开元二十七年，诏赠诸弟子爵。赠曾参郕伯，曾点宿伯。

《阙里文献考》：诏曰："道可褒崇，岂限今古？追赠之典，旌德存焉。夫子十哲之外，曾参等六十七人，同升孔门，博习儒术。子之四教，尔实行之。亲授教言，式扬大义。是称达者，不其盛与！钦若古风，载崇玄圣。至于十哲，亦被宠章。

---

① "见"，原作"皆"，据《旧唐书·礼乐志》改。

而子舆之伦，未有称谓。宜亚四科之士，以疏五等之封。俾与先师，咸膺盛礼云。"

五代

《文献通考》：后唐明宗长兴三年，国子博士蔡同文奏："伏见每年春、秋二仲月上丁释奠于文宣王，以兖公颜子配坐，以闵子骞等为十哲排祭奠，其七十二贤图形四壁，面前皆无酒脯。请自今后，乞准本朝旧规，文宣王四壁诸英贤画像面前，请各设一豆、一爵祠飨。"中书帖太常礼院检讨礼例，分析申者。今礼院检《郊祀录》，释奠文宣王并中祠，例祭以少牢，其配座十哲，见行今释奠之礼。伏自丧乱以来，废祭四壁英贤。今准帖，为国子博士蔡同文所奏文宣王四壁诸英贤，各设一豆、一爵祀享。当司详《郊祀录》，文宣王从祀诸座，各笾二，实以粟、黄牛脯；豆二，实以葵菹、鹿醢；簠、簋各一，实以黍稷饭酒；爵一。礼文所设祭器，无一豆、一爵之仪者。奉敕：其文宣王庙四壁英贤，自此每释奠，宜准《郊祀录》，各陈脯、醢等物以祭。

定安按，据此文，知是时罢二十一先儒，改以曾子与七十一子图形四壁从祀，合十哲，为八十二人。

宋

《宋史·礼志》：宋太祖建隆元年，塑先圣、亚圣、十哲

像，画七十二贤及先儒二十一人像于东西庑之木壁，太祖亲撰
《先圣》《亚圣赞》，十哲以下命文臣分赞之。

　　定安按，唐以曾子位于十哲之次，后唐改图四壁，犹
在堂上也。至是新建两庑，画七十二子，曾子虽无改祀明
文，而《文献通考》载朱子之言曰："孔子居中，颜、孟
东坐西向，七十二子排两庑，东庑三十六人了却，方自西
头排起，当初如此。自升曾子于殿上，下面蹉一位，次序
都乱了。"据此，则初有两庑时，曾子在其中无疑。孟子
配享在神宗元丰七年，更越二十六年，为政和癸巳，《五
礼新仪》成，曾子始升十哲。郁于庑下者，殆一百五十余
年云。

《宋史·礼志》：真宗大中祥符二年五月乙卯，诏追封十哲
为公，七十二弟子为侯，先儒为伯。

《文献通考》：大中祥符二年，诏追封孔子弟子郕伯曾参瑕
丘侯，宿伯曾点莱芜侯。

《玉海》：大中祥符二年五月乙卯朔，诏追封曾参瑕丘侯。
诏曰："四科巨贤，并超五等；七十达者，俱赠列侯。"令中书
门下及两制馆阁分撰《赞》以闻。

《文献通考》：神宗熙宁八年，判国子监常秩等言："本监
宣圣神像旧用冕服九旒，七十二贤、二十一先儒并用朝服。检
《唐会要》，开元中尊孔子为文宣王，内出王者衮冕之服以衣

之。详此，则孔子之冕宜用天子之制十二旒。孔子既用冕旒，则七十二贤、二十一先儒各用本爵冕服。其兖国公颜子等皆以本朝郡国县封爵。缘古今礼制不一，难以追用周之冕服，宜如旧制，依官品衣服。今文宣王冕用九旒，颜子以下各依郡国县公、侯、伯正一品至正四品冠服制度，庶合礼令。"从之。

《文献通考》：徽宗崇宁三年，太常寺奏言："国朝祀仪：诸坛祠祭，正位居中南面，配位在正位之东南西向。若两位亦为一列，以北为上，其从祀之位又在其后。今国子监颜子、孟子配享之位，即与闵子骞等从祀之位同作一列，虽坐次少上，而在文宣王帐座之后，于配食之礼未正。请改正颜子而下从享位次，为图颁示天下。"从之。

吕氏《宗圣志》：崇宁五年，考正文宣王冕十二旒、服九章。瑕丘侯曾子，依《五礼新仪》，合用七旒、七章。莱芜侯曾点冕服同。

《文献通考》：政和元年六月二十七日，太常寺奉诏："孔子高弟子所封侯爵，与宣圣名同，失弟子尊师之礼。今乞以瑕丘侯曾参改封为武城侯。"从之。

定安按，《淳熙类编》"增封曾子武城侯"一条下载朱文公云"不知是何年月"，文公盖偶未考。旧《志》载此事于政和六年，甚误。

《宋史·礼志》：政和三年，诏以兖国公颜回、邹国公孟轲、舒王王安石配享殿上，瑯琊公闵损、东平公冉耕、下邳公冉雍、临淄公宰予、黎阳公端木赐并西向，彭城公冉求、河内公仲由、丹阳公言偃、河东公卜商、武城侯曾参并东向。

　　洪迈《容斋随笔》：自唐以来，以孔子高弟颜渊至子夏为十哲，故坐祀于堂上。其后，升颜子配享，进曾子于堂，居子夏之次，以补其阙。

　　王应麟《小学绀珠》注：颜子配享，升曾子为十哲。曾子配享，升子张为十哲。

　　《宋史·度宗纪》：咸淳三年春正月戊申，帝诣太学谒孔子，行舍菜礼，以颜渊、曾参、孔伋、孟轲配享。

　　《宋史·礼志》：咸淳三年，诏封曾参郕国公，配享先圣，居正位之东面，西向北上，为配位。

　　《阙里文献考》：咸淳三年，封曾子为郕国公，诏曰："惟孔子独称颜回好学，固非三千之徒所同也，而其学不传。得圣传者，独曾子。曾子传子思，子思传孟轲。忠恕两语，深契一贯之旨；《中庸》一书，丕阐前世之蕴，而孔子之道益著。向非颜、曾、思、孟相继衍①绎，著书垂训，中更管、商、杨、墨、佛、老，几何其不遂泯哉！今大成惟颜、孟侑食，曾、思

――――――

① "衍"，清孔继汾《阙里文献考》卷十四作"演"。

不预①，尚为缺典。先皇帝迹道统之传，自伏羲以来，著十三赞，孔子而下，颜、曾、思、孟昭然具在，非以遗我后人乎？其②令礼官、学官议，可升曾、思配享。"三年二月，升曾子，封郕国公。

　　顾炎武《日知录》：周、程、张、朱五子之从祀，定于理宗淳祐元年。颜、曾、思、孟之配，定于度宗咸淳三年。自此之后，国无异论，士无异习。历元至明，先王之统亡，而先王之道存，二宗之功大矣。

金

《金史·礼志》：章宗承安二年宋宁宗庆元三年。春丁，上亲祀，以亲王摄亚、终献，皇族陪祀，文武群臣助奠。上亲为赞文，旧封公者升国公，侯者为国侯，郕国以下皆封侯。

　　定安按，宋大中祥符初，郕伯以下已封侯，此北朝封先贤儒公、侯之始。旧《志》谓金大定十四年，国子监起大成殿圣像，以郕国公像九旒、九章，封爵、章数皆误。

元

《元史·成宗本纪》：成宗大德十年，定乐名、乐章。《元

---

① "预"，原作"与"，据孔继汾《阙里文献考》卷十四改。
② "其"，原作"可"，据孔继汾《阙里文献考》卷十四改。

史·乐志》："郕国宗圣公酌献，奏《成安之曲》：_{南吕宫。}'心传忠恕，一以贯之。爰述《大学》，万世训彝。惠我光明，尊闻行知。继圣迪后，是享是宜。'"

定安按，旧《志》称武宗所颁乐章，非也。

《元史·仁宗本纪》：延祐三年秋七月，诏春秋释奠先圣，以颜子、曾子、子思、孟子配享。

许约曰："自唐祀夫子，配以颜子，至宋升孟子与颜子并配，然当时未知道统之传也。自伊洛之学兴，性理之说明，始以颜、曾、思、孟并列于夫子之左，_{曾子、子思配享，后于孟子一百八十余年。}盖得夫子之传者，颜、曾、子思也；得曾、思之传者，孟子也。故江南诸路学庙皆以四子并配，以子张居七十二子之首，自两庑升于十哲，补曾子之阙，此当因而不当革者也。今京师学庙与河北诸路学庙，并循亡金之制，左颜右孟，与夫子并居南面，有是理哉？孟子学于子思，子思学于曾子，是知孟子乃曾子门人之弟子，曾子乃孟子师之师也。今屈曾子于从祀之中，降子思子于廊庙之末，_{据此，则曾子、子思子在北朝并未升祀堂上。}师之师不过一笾一豆，门人弟子牲牢币帛，一与先圣等，又岂有是理哉？况今天下一家，岂容南北之礼各异！或谓：学校所以明人伦，路、点皆父也，回、参皆子也，子先父食，于理安乎？窃以为不然。庙学乃国家通祀，犹朝廷之礼也。父为庶僚，子为宰执，各以其德与勋也。如遇朝会，殿廷班列，则父虽尊安能超于子之上哉？盖抑私亲而昭公道，尊道统以崇正学，乃所以明人伦也。如今序传道之配，使颜、曾、思、孟并列于夫子之左，虚其右隅，以避古者神位之方，自两庑升子张于十哲，以补曾子之阙，不惟先儒师弟之礼不废，使南北无二制、天下无异礼，亦可以见我朝明道统、得礼之中，足以垂世无穷矣。"

《元史·文宗本纪》：至顺元年七月戊申，加封曾子郕国宗圣公。

《元史·祭祀志》：至顺三年，加封郕国宗圣公，制曰："朕维孔子之道，曾氏独得其宗，盖本于诚身而已也。观其始于三省之功，卒闻一贯之妙，是以友于颜渊而无愧，授之思孟而不湮者与？朕仰慕休风，景行先哲，爰因旧爵，崇以新称。于戏！圣神继天立极以来，道统之传远矣！国家化民成俗之效，《大学》之书具焉，其相予之修齐，兹式彰于褒显。可加封郕国宗圣公。"①

---

① 按，检《元史·祭祀志》，未见此记载。吕兆祥《宗圣志》卷四《追崇志》载有此文，惟"至顺三年"作"至顺二年"，与此处所记有异。王氏所云"元史祭祀志"，疑误。

　　危素《尼山大成殿四公配享记》略曰："度宗咸淳三年，增升曾子、子思。我朝延祐二年，仁宗皇帝在位，崇学右文。御史中丞赵世延始言南北祭祀不宜有异，当升曾、思如典故，制曰'可'。先是四公列坐两旁，礼部以为翼承道统，述明圣经，作则万世，以立人极，论德定名，列次配侑，东坐西向，于礼为称。至顺二年，进封颜为复圣公，曾为宗圣公，思为述圣公，孟为亚圣公，仍命词臣为制书。一代之典，可谓备矣。"

　　定安按，此事《本纪》作元年，《祭祀志》作三年①，此又称二年，未知孰是。

明

《明史·礼志》：太祖洪武十五年，颁释奠仪节②。

《明会典·释奠仪》：

一斋戒。

一省牲。

四配位③。每位羊一、豕一、登一、铏一、笾豆各十、簠

---

① 按，《元史·祭祀志》作"至顺元年"，王氏按语所云"三年"，亦因上引文献出处错讹致误。

② "节"，《明史·礼志》作"注"。

③ 按，《明会典》卷九十一《群祀一·先师孔子》载《洪武二十六年释奠仪》，"四配位"上有"一陈设"三字，疑脱。

篘各一、爵三、帛一、筐一。口①。

一正祭。典仪唱"舞生就位，执事官各司其事，分献官、陪祀官各就位"，赞引引献官至盥洗所，赞诣盥洗位，搢笏。出笏，引至拜位。赞就位，典仪唱"迎神，奏乐"，乐止。赞四拜，通赞、陪祭官同。典仪唱"行初献礼，奏乐"，执事官捧帛、爵诣各神位前。赞引导遣官赞诣大成至圣文宣王神位前，赞搢笏，赞献，执帛事以帛进，奠讫。执事以爵进，赞引赞献爵。出笏，赞诣读祝位，乐暂止。跪。传赞众官皆跪。赞读祝，读祝官取祝，跪于献官左。读讫，赞俯伏，兴，平身。

赞诣兖国复圣公神位前，搢笏。献爵。出笏。

诣郕国宗圣公神位前、沂国述圣公神位前、邹国亚圣公神位前。仪并同前。

一②祝文。维洪武某年岁次某月朔某日，皇帝某遣某官某致祭于大成至圣文宣王："惟王德配天地，道冠古今，删述六经，垂宪万世。谨以牲帛醴齐，粢盛庶品，祗奉旧章，式陈明荐。以兖国复圣公、郕国宗圣公、沂国述圣公、邹国亚圣公配。尚享！"

章潢《图书编》：天下各布政使司府州县学释奠仪节：各布政司及府州县长官一员，行三献礼。或提调官及儒学教授等官，行一献礼。诣至圣先师孔子神位前，初献。赞引唱

---

① "口"，原文以此为分隔符，以免与下"一正祭"之"一"相混淆。今仍其旧，以保持原本面貌。

② "一"下，衍"一"字，据《明会典》卷九十一删。

"诣复圣颜子神位前"，引献官至圣位前，唱"跪，搢笏"，献官搢笏。捧帛者跪于献官右，进帛于献官。献官接帛，赞引唱"奠帛"，献官以帛授接帛者，奠于神位案上。执爵者跪于献官右，进爵于献官。献官接爵，赞引唱"献爵"，献官献爵，以爵授接爵者，奠于神位前。赞引唱"出笏"，献官出笏。赞引唱"俯伏，兴，平身"。赞引唱"诣宗圣曾子神位前"，仪同复圣。

《图书编》：月朔释菜仪：其日清晨，执事者各司其事，分献官各官分列于大成门内，监生排班，候献官至。通赞唱"排班"，献官以下各就位。通赞唱："班齐"，鞠躬，拜，兴，拜，兴，平身。引赞诣献官前，唱"诣盥洗所"，献官盥手。帨手讫，引赞唱"诣酒樽所"，司樽者举幂。酌酒讫，引赞唱"诣至圣先师孔子神位前"，跪，献爵，俯伏，兴，平身。执事者行事并同。引赞唱诣复圣颜子神位前、宗圣曾子神位前、述圣子思子神位前、亚圣孟子神位前。仪并同。

《济宁州志》：孝宗正德元年，山东巡抚赵璜、巡按李玑奏准照弘治四年例，春秋次丁，有司永远致祭曾子专庙。

《明史·礼志》：世宗嘉靖九年，礼部会诸臣议："人以圣人为至，圣人以孔子为至。宋真宗称孔子为至圣，其意已备。今宜于孔子神位题至圣先师孔子，去其王号及大成、文宣之称。其四配称复圣颜子、宗圣曾子、述圣子思子、亚圣孟子。"悉如议行。

王圻《续通考》：嘉靖九年，厘正祀典，撤去塑像，四配神位木主各高一尺五寸，阔三寸二分，厚五分。座高四寸，长六寸，厚二寸八分。

定安按，毁易木主，当时惟山东未奉诏，至今像祀如故。

《武城族谱》：嘉靖九年，改封郕国宗圣公为宗圣曾子。制曰："朕少读子书，长行其道，无非仰往古以佐治也。自昔以来，达而在上，三代传列圣洪模；舍之则藏，六经仰前贤雅范。溯渊源于泗水，绵道脉于武城。《大学》篇章，载百世治平之要；《孝经》问答，具万民感化之机。省身严于日三，慎其独也；传道捷于唯一，妙乃贯之。故超赐非也而有余，即并颜庶乎而无愧。精英自乾坤钟毓，赫然为含灵秉曜之宗；神爽与日月光辉，炜矣称神明普照之圣。兹尊为宗圣曾子，钦承荣封，以昭师表。"

《武城家乘》：熹宗天启四年春三月甲寅，帝临雍释奠。先期诏太子太保、袭封衍圣公孔允植分奠曾子，遣中书舍人杨中极行取孔、颜、曾、孟四氏五经博士族人陪祀。宗圣六十二代孙承业率族人曾继荣、生员曾承祐应诏赴都。各博士并赐冠带，胸背云鹭六云缎衣一袭，青罗祭服一套；各族人各纻丝衣一套；生员准入恩贡，宴于礼部。时以上患鼻衄，改期举行，以礼遣归。明年赴召，恩赉备至。未几，承业病故。

《**武城家乘**①》：庄烈帝崇祯三年正月二十日，释奠太学。先期诏少保、尚书大学士李标②，分奠宗圣曾子，遣中书舍人梁招孟行取四氏博士、族人陪祀。博士曾宏毅率恩贡曾承祐、族人曾继荣赴召，荷宴赐如前。

《**武城家乘**》：十四年八月，临雍释奠。先期诏太子太傅、袭封衍圣公孔允植分奠宗圣曾子，遣行人司鲁近暹行取四氏博士赴京陪祀。时宏毅病故，衍圣公咨送宗圣六十四代孙曾闻达承袭博士与祭，荷宴赏如例。

---

①　按，检《武城家乘》，仅云："庄烈帝崇祯二年幸学释奠，行取陪祀。"吕兆祥《宗圣志》卷三《追崇志·祀典》记载较《武城家乘》为详，与此文稍有异同。王氏所云"武城家乘"，疑误。

②　"标"下，原衍"芬"字，据《明史·宰辅年表》《明史·李标传》删。按，吕兆祥《宗圣志》卷三亦作"李标"。

宗圣志卷八

祀典第六（下）

国朝

《大清会典·礼部事例》：太宗文皇帝崇德元年，遣官致祭于孔子庙，以颜子、曾子、子思子、孟子配享。

《会典·礼部事例》：世祖章皇帝顺治二年，定每月初一日，圣庙行释菜礼，设酒芹枣栗，祭酒于先师位及四配位前，三献；十哲两庑位前，以监丞、博士等官分献。次诣启圣祠行礼，分献官亦随行礼。十五日，司业上香行礼，与朔日同。

《会典·礼部事例》：顺治九年，视学释奠先师孔子。前期于大内致斋，四配、十哲、两庑各遣官分献。王以下，公以上，文官三品、武官二品、翰詹官七品以上暨国子监官，咸斋戒陪祭。

旧《志》：顺治八年九月，遣行人司王天眷行取宗圣六十四代孙曾闻达、族人曾宏仕、曾闻道赴京陪祀。因驾未莅学，命各回里守祀。至九年举行，太子太保、袭封衍圣公孔兴燮分奠曾子，遣行人司张九徵行取六十四代孙、内翰林国史院五经博士曾闻达，族人二名，生员曾闻道，奉祀生曾宏仕赴京陪祀，赐六云缎衣一袭，族人各缎衣一套，宴于礼部。

《**武城家乘**》：圣祖仁皇帝康熙八年四月，行释奠礼，幸太学。遣行人司陈调元行取宗圣六十五代孙曾贞豫、族人二名、奉祀生曾闻迪、生员曾闻进赴京陪祀，赐六云缎衣一袭，族人各赐六云缎衣一袭，准贡入监，宴于礼部。

旧《**志**》：康熙二十三年，议准躬诣阙里致祭，配位、十哲、两庑、启圣祠均遣官分献，扈从王公大臣官员照例陪祀，地方官文官知府、武官副将以上，衍圣公及各氏子孙现有官职者，咸陪祀。十一月十七日，幸阙里，祭先师，命翰林院学士常书分献宗圣曾子位，各氏博士陪祀，各赐书三部，蟒袍褂一套。曾氏陪祀观礼族人，奉祀生贞震、尚溥等，准并为恩贡。

《**会典·礼部事例**》：世宗宪皇帝雍正二年，议准大成殿四配、十一哲每位一案，两庑二位共一案；崇圣祠四配异案，两庑二位共案，其两庑内有单位者，仍独设一案。

《**会典·礼部事例**》：雍正四年，议准视学释奠仪，载在《会典》。惟春秋二祭均遣大学士行礼，向未载有亲诣仪注，今特旨亲诣行礼，为尊师重道之旷典。谨拟陈设牺牲、笾豆，仍照春秋丁祭礼仪，请照雍正二年视学释奠，行二跪六拜礼，立献帛爵，一次一读文，不饮福受胙；四配位前，遣尚书四人分献；十一哲及两庑从祀位前，遣侍郎四人各分献。并载入《会典》，永远遵行。

《**武城家乘**》：雍正八年，衍圣公咨送宗圣六十七代孙衍榑赴部考试，承袭五经博士。是年，遣官行取衍圣公及各博士、族人赴京。三月乙亥朔，诣学，雍正元年，改"幸"为"诣"。行释奠。礼毕，召见衍圣公及各博士，宴赉如故事。曾氏族人，生员尚淇、衍枢俱准作恩贡。

《会典·礼部事例》：高宗纯皇帝乾隆元年，议准圣庙脯醢宜丰，鹿脯、鹿醢，加增鹿二；正位及四配、崇圣祠正位，仍用兔醢；十一哲、两庑，崇圣祠配位、两庑，易兔醢为醓醢，加增豕二。

《武城家乘》：乾隆三年，临雍，先期召取衍圣公率各氏博士、族人陪祀观礼，荷宴赐如例。曾氏族人，生员尚淳、尚渭，俱准作恩贡。

《会典·礼部事例》：乾隆四年，奏准阙里十一哲位前祭器无铏，应同；升配、有子位前，均增造铏一；四配应设二铏，从前只有铏一，应行增制。

《会典·礼部事例》：乾隆十三年，奏准圣驾至曲阜亲祭先师，其四配、十二哲、两庑并崇圣祠致祭，请于扈从之尚书、侍郎、内阁学士内奏遣，如有不敷，请照康熙二十三年之例，于各衙门三品以下堂官内奏遣。

《武城家乘》：乾隆十三年二月二十五日，驾诣阙里释奠，钦取各氏博士、族人陪祀观礼，曾博士兴烈率族人衍塘、应榶应诏。礼成，蒙召入行宫，赐座茶宴，观御乐，又于诗礼堂颁《日知荟说》《朱子全书》《唐宋文淳》各一部。余如例。

《武城家乘》：乾隆二十一年三月，驾诣阙里释奠，召取各氏博士、族人陪祀观礼。宴赐如故事。

《武城家乘》：乾隆三十六年三月，驾诣阙里释奠，召取各氏博士、族人陪祀观礼。宴赐如故事。

《武城家乘》：乾隆四十一年、四十九年，诣阙里释奠；五十五年，诣阙里，均诏取衍圣公率各氏博士、族人陪祀观礼，荷恩赉有差。

《衍圣公府档册》：仁宗睿皇帝嘉庆三年二月十三日，临雍，诏取衍圣公及各氏博士、族人赴京陪祀观礼。曾氏承袭五经博士传镇，率恩监生传锡、附生毓陞及廪生衍伟，廪生克诚，监生毓堡，奉祀生兴淇、兴琛、兴泳、衍兰、传铨八人与焉。荷宴赉有差，并准传锡、毓陞作恩贡，衍伟、克诚作贡生，毓堡掣得吏目，奉祀生等俱作监生。

《衍圣公府档册》：宣宗成皇帝道光三年二月十三日，临雍，诏取衍圣公及各氏博士、族人赴京陪祀观礼。时曾氏博士率附生继丰、广芬及贡生克诚，廪生兴楷，监生可权，奉祀生兴诗、兴槎、毓哲、俊秀、兴德、纪理应诏，荷宴赉如例。准继丰、克诚作恩贡，兴楷作贡生，兴诗等俱作监生。

《衍圣公府档册》：文宗显皇帝咸丰三年二月初八日，临雍，诏取衍圣公及各氏五经博士、族人陪祀观礼。时曾氏应袭翰博广芳故，衍圣公咨部注册，以广莆代理，率附生传信、毓芝及俊秀、传金、纪瑾、纪顺、毓鉴、传珍、昭吉、纪正、传陞八人应诏，荷宴赉如例。准传信、毓芝均作恩贡生，传金等均作监生。

《大清通礼》：春秋释奠先师孔子之礼。

大成殿内，至圣先师正位南向，复圣颜子、述圣子思子东位西向，宗圣曾子、亚圣孟子西位东向，两序先贤东西向，两庑先贤、先儒东西向。

岁以春秋仲月上丁，遣官将事；特行崇礼，则皇帝亲诣行礼。

先二日，执事官视牲。先一日，视割牲，如仪。将事前夕，具器，陈先师位前：牛一、羊一、豕一、登一、铏二、簠二、簋二、笾十、豆十、炉一、灯二；四配位前：各羊一、豕一、铏二、簠二、簋二、笾八、豆八、炉一、灯二；凡帛，正位、四配异篚。余十二哲位前，先贤、先儒案前，各陈设如仪。陈设毕，太常寺博士引礼部侍郎一人，周省斋盛及笾、豆、登、铏之实，辨行礼位。

其日五鼓，皇帝御祭服，乘礼舆出宫。驾将至，太常寺赞礼郎豫引四配、两序、两庑分献官十人于大成门西侧门外序立，鸿胪寺官豫引陪祀王公于左右门外序立，候驾入。皇帝入大成门中门，升阶，进殿中门，至拜位前，北向立。赞礼郎引分献官东西各五人于甬道左右，鸿胪寺官引陪祀王公升东西阶，引百官于庭中左右，均就拜位，北面序立。赞引奏“就位”，皇帝就位立；典仪赞“迎神”，司乐赞“举《迎神乐》，奏《昭平之章》”，皇帝诣先师香案前，上炷香三，上瓣香毕，皇帝复位。赞礼郎引正殿分献官进至四配、十二位哲前，两庑分献官各诣先贤、先儒位前，上香毕，复位。乐止。典仪赞“奠帛爵，行初献礼”，司乐赞“举初献乐，奏《宣平之章》”，司帛、司爵各一人，以次诣先师位前，司帛跪献篚，奠于案，三叩，兴。司爵献爵，奠于垫中，皆退。左右司帛奉篚，司爵奉爵，进至四配、十二哲位前；两庑司帛、司爵各诣先贤、先儒位前，奠帛献爵如仪。毕，皆退，复位。司祝至祝案前，跪，三叩，奉祝版跪案左。乐暂止。赞引奏"跪"，皇帝跪，群臣皆跪。赞"读祝"，司祝读祝辞，曰："维某年月日皇帝御名致祭于至圣先师孔子曰：惟师德配天地，道冠古今，删述六经，垂宪万世。兹当仲春/秋，祗奉旧章，谨以牲帛酒果致祭，配以复圣颜子、宗圣曾子、述圣子思子、亚圣孟子。尚飨！"读毕，兴。奉祝版跪，安先师位前篚内，三叩，兴，退。乐作。赞引奏"拜，兴"，皇帝率群臣行三拜礼，兴。乐止。典仪赞"行亚献礼"，司乐赞"举亚献乐，奏《秩平之章》"，乐作。司爵奉爵诣先师位前，恭献于左。四配、十二哲、两庑，随分献如初。乐止。典仪赞"行终献礼"，司乐赞"举终献乐，奏《叙平之章》"，乐作。司爵奉爵诣先师位前，恭献于右。四配、十二哲、两庑，均随分献如亚献仪。舞《文德之舞》，退。典仪赞"彻馔"，司乐赞"举彻馔乐，奏《懿平之章》"，乐作。彻毕，乐止。典仪赞"送神"，司乐赞"举送神乐，奏《德平之章》"，乐作。赞引奏"跪，拜，兴"，皇帝率群臣行二跪六拜礼，兴。奏"暂止乐"，典仪赞"奉祝帛馔送燎"，司祝、司帛诣先师位前，咸叩三叩，司祝奉祝，司帛奉篚，兴；司香跪奉香，司爵跪奉馔，兴；以次由中道出，恭送燎所。皇帝转立拜位东旁，西向，竢祝帛过，皇帝复位立。四配、十二哲、两庑香帛馔均送燎所。群臣退，乐作。赞引奏

"礼成"，暨对引官恭导皇帝仍由大成门中门出，升舆，乐止。皇帝还宫。

右春秋释奠礼。

每岁遣官释奠于先师，承祭官、分献官暨陪祀官，均致斋二日。豫期视牲、视割牲，皆如前仪。

先一日，太常寺官具祝版送内阁，恭书"皇帝遣某官某致祭"，受而供诸殿内祝案，行礼如仪。祭日，陈设牲帛器数、省斋如仪。司香、司帛、司爵，大成殿正位、配位以国子监监丞、助教、学正、学录等官充；两序、两庑，以国子生充。

昧爽，承祭宫、分献官入，就位立。典仪赞"迎神"，司乐赞"举迎神乐，奏《昭平之章》"，乐作。赞礼郎引承祭官入殿左门，赞"诣先师香案前"，赞"跪"，承祭官跪，行一跪礼，兴。赞"上香"，司帛跪奉香，承祭官上炷香三，上瓣香，跪，行一叩礼，兴。以次诣四配位前，跪、上香仪同。赞"复位"，引承祭官退，降阶，复位。初迎神时，两序、两庑分献官分诣十二哲位前、先贤先儒位前，跪，上香，退，复位，如前仪。赞礼郎赞"跪，叩，兴"，承祭官、分献官暨陪祀官行三跪九叩礼，兴。乐止。典仪赞"奠帛爵，行初献礼，奏《宣平之章》，舞羽籥之舞"，乐作。赞礼郎引承祭官升阶，赞"诣先师位前"，跪，奠帛，献爵，如前仪。赞礼郎引承祭官就读祝位，跪，司祝跪读祝，如仪。赞礼郎引承祭官以次诣四配位前，跪，奠爵，献爵，兴，退，降阶，复位，仪同。两序、两庑分献官分诣十二哲、先贤先儒位前，奠帛，献爵，复位，仪同。乐止。

亚献，奏《秩平之章》。乐作。赞礼郎引承祭官升阶，赞"谒先师位前"及"四配位前"，奠爵于左，如初。两序、两庑随分献毕，均复位。乐止。

终献，奏《叙平之章》。乐作。引承祭官升阶，奠爵于右，如亚献仪。两序、两庑随分献毕，均复位。乐止。典仪赞"饮福受胙"。礼毕，典仪赞"彻馔，奏《懿平之章》"，乐作。彻毕，乐止。赞"送神，奏《德平之章》"，典仪赞"奉祝帛馔送燎"，承祭官诣燎所，视燎毕，出。陪祀各官皆退。

右遣官释奠仪。

皇帝临雍讲学，亲释奠于京师之礼。既诹吉，先二日，皇帝乃斋。王、贝勒、贝子、公，文三品、武二品以上官，翰林院、詹事府四品以下、七品以上，国子监官、衍圣公及五经博士陪祀至京者咸致斋。视牲，割牲。至日夜分，陈设、省斋、辨行礼位，皆与上丁礼同。

皇帝入殿中门，就位。陪祀王公百官，均就拜位序立。典仪赞"迎神"，礼毕，典仪赞"行释奠礼"，司帛跪进篚，皇帝受篚，拱举，授司帛接以兴，奉诣先师位前，跪献于案，退。司爵跪进爵，皇帝受爵，拱举，授司爵接以兴，奉诣先师位前，奠于正中，退。赞礼郎引正殿分献官升东西阶，入殿左、右门，诣四配、十二哲位前，奠帛，献爵如仪。出，降，复位。引两庑分献官诣先贤、先儒位前，奠帛，献爵，出，复位，均如仪。乐止。典仪赞"送神"，礼毕。典仪赞"奉帛送燎"，毕，赞引奏"礼成"。皇帝出殿中门，降中阶，至大成门外，入次更衣。乐止。皇帝出次升舆，诣彝伦堂讲书。毕，还宫。

右讲学释菜仪。

月朔释菜之礼。正献，国子监祭酒；两序、两庑，以所属监丞、博士、助教、学正、学录分献；司香、司爵、引赞、通赞，以肄业诸生执事。

其日夙兴，国子监典簿启殿门及东、西庑门，率庙户洁扫内外，展神幄，拂拭神案。每案陈菜枣栗各一豆，炉一，灯二。设案一，于殿内之东，陈香盘七，尊一，每位爵一。又设案于东、西两庑之南，各陈香盘三，尊一，每位爵一。凡尊，实酒幂勺具。司香、司爵，立于案旁。设洗于阶下之东。通赞二人立于殿内东西楹，二人立于殿外东西阶上，皆公服。

质明，祭酒率属朝服，诸生吉服，集于持敬门内，引赞引由大成门左侧门入，及庭内，通赞赞"就位"，咸就位，北面立。祭酒、司业为一班，师儒以位序，诸生以齿序，咸列于后。通赞赞"跪，叩，兴"，祭酒以下行三跪九叩礼，兴。赞"行释菜礼"，引赞引祭酒诣阶东，盥手，升东阶，入殿左门，诣先师位前。司香奉香盘从。引赞赞"跪"，祭酒跪。通赞赞"上香"，司香跪奉香，祭酒三上香，兴，退，诣尊案前，视注酒，司爵举幂，酌酒实爵。引赞引祭酒复诣先师位前，司爵执爵从。引赞赞"跪"，祭酒跪。通赞赞"献爵"，司爵跪奉爵，祭酒受爵，拱举，以授司爵，兴。献于正中，退。祭酒兴。以次诣四配位前，跪，上香，献爵，仪同。赞"复位"，引祭酒退，降阶，复位。

初迎神时，引赞引两序分献官二人盥手，升东西阶，入殿左右门、两庑。引分献官二人盥手，各诣十二哲、先儒位前，跪，上香，献爵。毕，降阶，复位，均如仪。通赞赞"跪，叩，兴"，祭酒率属及诸生均行三跪九叩礼，毕，各退。

右释菜仪。

望日上香之礼。国子监典簿拂神案，燃灯，设香盘于殿内及两庑各案。肄业生、司香各一人，立于案前。设洗于阶东。

质明，祭酒、司业率属朝服，诸生吉服，入大成门，左侧门阶下就位，如释菜之仪。通赞赞"行上香礼"，引赞引司业盥手，升东阶，入殿左门，诣先师位前。引赞赞"跪"，司业跪。通赞赞"上香"，司香跪奉香，司业三上香，兴。引诣四配位前，以次跪，上香。毕，赞"复位"，引司业退，降阶，复位。引赞引助教二人盥手，升阶；引学正二人盥手，以次分诣两序十二哲、先贤先儒位前，跪，上香，毕，复位，均如仪。通赞赞"跪，叩，兴"，祭酒、司业以下，行三跪九叩礼。毕，各退。

右上香仪。

直省、府、州、县庙祀先师孔子，皆以岁春、秋仲月上丁，行释奠礼。省会正献，以总督若巡抚一人主之，两序以道员各一人，两庑以知府、同知府、同知各一人，视割牲、省斋盛以道员各一人，纠仪以教授、训导各一人，司祝、司香、司帛、司爵、司馔、引赞、通赞、引班以学弟子员娴礼仪者执事。在城文武县丞、千总以上，咸与祭。致斋二日。祭前一日，有司饬庙户洁扫殿庑内外，视割牲官公服诣神厨，视割如仪。正献官率执事人入学习仪，教官率乐舞诸生入学习舞、习吹。祭之日，陈设牲斋，祀官偕执事人咸入就位。其《祝辞》曰："维某年月日某官某致祭于至圣先师孔子，曰：'惟先师德隆千圣，道冠百王，揭日月以常行，自生民所未有。属文教昌明之会，正礼和乐节之时。辟雍钟鼓，咸恪荐于馨香；泮水胶庠，益致严于笾豆。兹当仲春/秋，祗率彝章，肃展微忱，聿将祀典，以复圣颜子、宗圣曾子、述圣子思子、亚圣孟子配。尚飨！'"

迎神乐，奏《昭平之章》。初献乐，奏《宣平之章》。亚献乐，奏《秩平之章》。终献乐，奏《叙平之章》。彻馔乐，奏《懿平之章》。送神乐，奏《德平之章》。行礼仪节，均与太学遣官释奠同。

右直省先师庙祭仪。

宗圣志卷九

祠庙第七

古制家庙，在寝之东。宗圣封褒，至宋始隆。肃肃其礼，邕邕其容。袝以后贤，崇德报功。纂《祠庙》。

　　宗圣庙，在嘉祥县城南四十五里南武山之阳，创建无考。明正统九年甲子，教谕温良以庙宇倾圮，奏请重修。诏山东参议马谅、佥事萧启、兖州府知府焦福、嘉祥县知县宋善建修。

正统重建宗圣公庙记

　　郕国宗圣公自有封谥以来，载在祀典，春秋配享孔子庙庭，血食天下后世，在在有之。而此庙则在故里南武城，旧为邑，即子游作宰处，在今兖之西嘉祥、金乡县界。庙南北去县各四十五里南武山之阳，邑人以义起之，不知所始。历岁滋久，风雨震陵。正统甲子，今上皇帝在御，特饬天下有司修治应祀神庙，而嘉祥教谕温良乃以兹庙倾圮，奏请修葺，诏赐俞允。时山东佥宪萧公启命兖郡太守焦公福督两县吏民并工重建，经始于乙丑之秋八月，落成于丙寅之春二月。庙既成，像宗圣公于前殿；祀莱芜侯及夫人于寝殿，而宗圣公、子曾元并坐于左右，各以夫人配之。又明年丁卯，山东大参、今户部侍郎马公谅进谒是庙，观位次失序，遂绘为图，出俸金，命兖郡同知姚公昱、金乡主簿方伯辉即于庙左创建新庙，迁莱芜侯夫妇像而祀之，曾元、曾申位于两庑，东西相向，各以夫人配焉。宗圣公独居旧庙。天理民彝于是乎正，父子夫妇于是乎安矣。今年春，兖郡节推范公雯谒庙，读所记石刻，乃金乡教谕卢与龄所作《莱芜侯庙记》，而《宗圣公庙记》则缺如也。归语太守郭公鉴曰："今庙既立，不可无文以彰之。"乃以《记》属予，且道其详曰："正殿三间，中设宗圣公像，东西则列门人子思、阳肤、沈犹行、公明高、子襄、公明仪、乐正子春、公明宣之数子配食焉。寝殿三间，公偕夫人中坐，而旁以曾西侍之。至于两庑、中间戟门，各以三间，而规模则甚宏远也。"予按《史记·孔门弟子列传》称："曾子名参，字子舆，南武城人。少孔子四十六岁。孔子以其能通孝道，故授之业，作《孝经》十八章。"今庙东南有耘瓜台，西南有曾子墓，其家世南武城也明矣！谨以所闻所知记于石，俾后人于此乎考徵焉。

时天顺四年庚辰岁冬十月，礼部侍郎许彬记。

正统创造莱芜侯庙记

武城在嘉祥之南、金乡之北，相距各四十五里，而曾氏庙在焉。大明正统甲子，皇帝敕天下所司修治应祀神庙，嘉祥儒学教谕温良以郕国宗圣公庙宇倾坏，奏请修理，乃以正统乙丑秋八月兴工，越明年，丙寅二月落成。曾父、曾母位于寝殿之中，宗圣公、曾元并坐于左右，而各以夫人配焉。曾申、曾西侍坐于两旁，而东西向焉。位次配相，盖因其旧而厝之也。又明年，山东承宣布政使、右参议和阳马公谅按临谒庙，乃曰："嗟夫！天叙之典未正，人心有所不慊。"复于宗圣公庙之东，创建莱芜侯庙。经始于丁卯冬，鸠以工匠，抡以材木，陶以砖瓦，量期以役之，计工以佣之，捐俸米、具饔飧以供饲之。由是工各效能，人各效力，以岁戊午正月丙午立焉。不日庙貌之峨也，暨盖之新也，丹艧之涂也。独置宗圣公同夫人像于寝殿不动，而曾西侍焉。曾父、曾母移之新庙，中坐而南向焉。曾元、曾申位于两廊，而东西向焉。然后父子之伦灿然而尊卑定，夫妇之别肃然而内外分。吁！非大参马公之卓识，则典礼无以明。庙宇既成，神灵安妥，谨述其创构之由及劳勚之职名，拜手书于碑石之右云。

金乡县学教谕丰城卢与龄记。

吕氏旧《志》：南武山石素绵脆，不任楹柱。及创庙，石工欲取之东山，往返约费千金。督役者曰："宗圣公之祠，天所歆也，地不爱宝，此其时矣，试求之。"众相顾不信，佯应曰："诺。"未几，命日劚山，即得佳石，比之东山，殊秀拔完丽，素非南武所有，金异之。又，琉璃砖瓦，陶云需白甘土，亦非南武所有。金以石楹之异，即于其地求之，应锸而得。陶之晶莹坚密，拟于铜铸。及埴他器，多苦恶不佳云。

弘治十八年，山东巡抚金洪以曾庙规制卑陋，疏请恢廓，如颜、孟庙制。孝宗可其奏，命左布政张泰、佥事毛广、知府赵继爵计工料直，督以府佐。而知县徐云、郑谨相继综理，金钱出自藩司，力役坐之邻境，阅七年而事竣，宏敞壮丽，仅亚孔庙。

正德增修宗圣公庙五公德政碑

嘉祥之南四十里许，地名南武村，即南武城故地。旧有宗圣公庙，岁久圮颓，祀典旷缺，所司漫弗之省。正德初，今天子下诏起废。时巡抚都御史赵公奉命唯谨，乃委分巡宪臣盛公、潘公相继督理。二公克尽心力，乃获襄事。既而巡按御史李公、督学副使陈公复谓："庙貌既新，祀典且举，上请于朝，以春秋上丁有司修祀，如文庙制。"又请奎章以宠贲之如制，皆报可。二千余年遗典坠章，一旦创睹，薄海之内，近悦远慰矣。邑人太学生徐衍谓"作新贤庙，固熙代右文之功，而翊辅灵承，实诸臣之力"，乃列诸公行履，刻诸丽牲之石。

按状，赵公名璜，江西安福人。以兵部郎中屡转佥都御史巡抚，旌贤使能，爱民好事。复进少司空，筑河拯溺。及提兵畿部，削平寇盗。

李公名玑，徐之萧县人。初知昌黎，拜监察御史，推督内殿工役，夙夜积劳，卒于官。家徒四壁，赖监试取士举其妫。

陈公名琳，福建莆田人。由庶吉士任监察御史，以言事忤

柄臣，左迁邑丞。屡擢副山东臬，督学所至，敷教肄理，转河
南参政。

盛公名仪，扬之江都人；潘公名珍，徽之婺源人，俱以金
事分巡。盛在辽东，躬亲戎务，一方安堵，升提督屯田。潘在
兖州，防御流贼，升渤海兵备，岛夷畏怀。

斯皆德政，赫然在人，非私言也。因系以诗曰：惟天佑
下，惟辟奉天。奉天伊何，匪道孰先。眷我郕国，一贯曰唯。
十传有作，万世之轨。寝庙有严，圮废弗顾。明命赫临，罔
敢愆度。爰有抚臣，卒先度工。亦有宪僚，瘁究厥躬。拓旧崇
卑，恢宏以敞。安灵揭度，兹焉是仰。祀典旷遗，爽礼之经。
肇禋不忒，岁序有恒。厥孰启之，曰李与陈。岂云侈观，契道
之真。惟正者心，惟崇者道。源洁流同，百为罔眊。烈烈休
美，洽于人心。人之思之，匪今斯今。

正德十三年，福建右参政曲阜臧麟撰。

定安按，《大政记》云："正德二年，修山东曾子庙，
至九年始成。"《济宁州志·大事记》同。孝宗于弘治十八
年薨，武宗即位，明年改元正德。是时巡抚都御史为赵
璜、巡按御史为李玑、督学副使为陈琳，分巡金事为盛
仪、潘珍之五君者，于是俱有功，不知旧《志》何以失
考？爰采碑记补之。

万历七年，六十二代翰博承业请大扩旧制。广正殿为七

间，绿瓦重檐，华棂石柱。寝殿、两庑各五间。左增慎独门、三省堂、斋宿厅、神庖、神厨，各三间。前曰戟门，三间；右则咏归门，三间。内为启圣殿五间，覆以绿瓦。后寝殿、前两庑各三间。宗圣正殿前，戟门三间。戟门外，左侧曰景圣门，右侧曰育英门，各三间。大门三间，内左、右值房各三间，外石坊三座，中曰"宗圣庙"，左侧曰"三省自治"，右侧曰"一贯心传"。前为影壁一座。庙基南北长一百三十四步，东西宽六十六步。祭期，春秋二仲月，宗子博士以上丁日，知县以次丁日。

万历重修南武山宗圣公庙记

圣贤之道与元气相流行，圣贤之泽与天地相终始。中间虽圣贤后裔，亦有幸不幸者，遇也，数也。我国家尊崇道德，超轶前代，海内郡邑，罔不春秋时祀吾夫子。而配享颜子、曾子、子思、孟子四大贤，俱在鲁境内，相去二百里。今阙里孔、颜及邹孟氏之祠庙俱修举，废坠不移时，焕然在人目，而曾庙之在嘉祥南武山者，独久废不治。颜、孟之后，自宣庙以来，各世袭五经博士，有祭田以供时享，庙户以供洒扫，曾氏之后泯然无闻，是不为曾氏之一大不幸耶？肃皇帝念及四贤一体，皆有大功于吾道，而曾独无后，非缺典欤，诏所在有司搜访曾氏之后可继者，于是江西曾质粹家以谱出。所司覈其非赝，得旨授博士，世袭如颜、孟二家例，给祭田、庙户亦如二家例，于是宗圣之裔得与三贤并沐恩矣，是不为曾氏之一大幸哉！未几质粹没，子幼而孤，江西之派遂有乘间冒袭其爵者，是又不为曾氏之不幸耶？适予承乏吏科，质粹孙承业叩阍自吁，诸寮案闻之，大为不平。予乃立论，为承业疏奏。略云：质粹犹始封之国君，质粹有孙次派，固有递袭之理，合改正如例，罪其冒者。命下如议，令承业世世继袭，冒者始革置，而曾氏之后始定。窃以曾氏之袭，先出肃皇帝之特恩，今出皇上之乾断，故曾子在天之灵有以启之，予曷敢贪天功为己力，然向非予之论奏，则曾氏一脉不绝如线者，几何不为奸宄冒夺耶？予以为曾氏于此，盖有奇遇，是又不为一大幸哉！承业即定职，还嘉祥，祀宗圣公，东郡士大夫罔不忻慰称快。然公论虽定，而庙宇犹未修。时抚东省者中丞赵公贤、按东省者侍御钱公岱及分守参议查公志立、分巡佥事詹公沂，下檄所司出帑金，一撤南武山之庙而新之。经始于万历己卯之九月，成于是年十一月。于是，宗圣公庙庭又得与颜、孟二庙并观，其为曾氏之大幸，又何如耶！嘉祥令毛君进德，以予悉曾氏颠末者，请记。嗟夫！宗圣公不嗣，盖三十年矣，质粹、承业可不谓曾氏一中兴哉？是庙之修，与会计者，则东昌同知刘尧卿、金乡县令杨楫、城武令王都、滋阳主簿韩应麒；督役者，则嘉祥幕夏正宗、济宁仓曹宋之诰、义官刘焕，俱于曾氏有功，例得书。

万历七年己卯十二月，吏科都给事中刘不息撰。

明季寇乱，庙圮。国朝顺治年间，官绅集资粘补一次。康熙年间，御史卜、巡抚佛、总河靳先后捐廉，粘补正殿、启圣殿并两寝殿。康熙五十八年，兖州知府山阴金一凤与邑令宋公壁倡捐重修。

康熙重修宗圣庙记

　　熙朝重道崇儒，凡圣贤祀典，庀饬惟谨。守土之官，得以奉扬休美，岁时遵其成宪。余以癸巳秋承命来守是邦，首谒先师庙于阙里，释菜既成，即拟瞻仰列圣诸贤祠宇垄墓，缘以簿书鞅掌，未得即遂其私。乙未冬，以军务查马公事遍历所辖，乃于嘉邑谒宗圣庙，见栋宇颓倾，廊庑圮败，不特有失观瞻，而且何以慰宗圣在天之灵耶？况吾侪读圣贤书，出身吏治，犹睹玉者常思昆冈，卖珠者不忘合浦，于义难辞其责。今特首先倡捐，谋之令尹宋君，告于同事兹土者共勷其事，而宋君立董其成。于是朽者易之，倾者正之，颓败者葺之，圮废者完之，材取其良，甓取其精，卜吉鸠工，不日告竣。严严翼翼，壮丽辉煌，较诸往昔，焕然改观，上稍推广乎朝廷重道崇儒之典，下亦少伸夫受德报本之忱云尔。宋君因落成而乞余一言，余不揣觊缕而记其事。

　　康熙五十六年，兖州府山阴金一凤撰。

　　世宗宪皇帝雍正二年，咏归门内古柏枝结凤形，如明万历间故事。学士大夫以为文明之瑞，争题咏焉。

曾兴烈·凤树记

凤，文鸟也，有道则见。明万历诏修我圣祖庙落成，而庭下柏枝突生凤形，长喙修尾，翠羽披拂，宛然雍喈和鸣之盛。历我朝雍正乙巳，咏归门内古柏又结凤尾一枝，先君子欲识为祖庙重新之兆也，赋诗志瑞。欣逢圣天子加意右文，御极之初，即敕有司发帑增修，较昔尤隆。凤于庙庭一再见之，则轮奂因之改观，圣道之休征益新，国家之景庆更著。第念岁月既多，风雨飘摇，无以昭示来兹，爰勒石绘图，以志文明之瑞云。

雍正十三年，六十七代翰林院五经博士衍梀以庙宇倾圮，门庑墙垣仅存故址，具呈抚院，饬司行查。经嘉祥县李松估需工料银八千四百余两，详蒙抚院，请帑重修。明年，为高宗纯皇帝乾隆元年，工竣。至十四年，六十八代翰林院五经博士兴烈乞总河顾琮补纪其事，勒之碑。

乾隆重修宗圣庙碑记

粤稽尧、舜、禹、汤、文、武、周公之道，立训垂教虽有不同，然其心传皆本乎一中。至孔子，得其心传而集大成，道该一贯。当时孔门弟子有七十之贤、三千之盛，而一贯之道惟曾子得之。因得圣学之宗，谥曰"宗圣"。仔肩道统，传之思、孟，以广洙泗之脉，复开濂、洛、关、闽之源，其为功烈，巍乎大哉！万世之久，四域之远，咸奉颜、曾、思、孟四氏配飨孔子庙庭，以崇其祀而重其道也。三氏皆有特庙，而宗圣庙在故土屡见陵剥，莫妥厥灵者，何也？盖由后裔避新莽之乱远迁，而祠墓于焉不守，阅岁浸远，其制遂湮。至前明，始征宗圣五十九代孙质粹，予同三氏世秩，俾主庙祀。于是庙之废者复兴，祀之绝者复续，可谓苟完矣。自我皇清列圣相承，丕积成宪，凡先圣、先贤、忠臣、孝子祠墓，靡不毕治。今天子师尊圣道，加意右文，念宗圣得圣学之宗，宜崇庙貌，特颁内府金万镒，革故鼎新，广殿中峙，修廊外列，丹彩焕发，蔚为伟观。乾隆十有三年春二月二十五日，驾幸阙里，躬谒林庙。大礼庆成，推恩四氏，特命儒臣撰文赐祭，并亲制御赞，寿之贞珉，益以祭器若干，俾得罔有遗缺。而翰林博士兴烈尤蒙优眷，锡赉有差，由是荣胄有爵，守庙有户，供祭有田，陈奠有器。凡诸典礼，与三氏埒隆，诚圣朝之盛典也。翰林博士因新庙往经敕建，征记于余，故为之记。

乾隆十有四年春三月庚午，总督河东河道、兵部右侍郎兼都察院右副都御史顾琮撰。

乾隆二十六年，署嘉祥令陈诏以庙宇残缺，详请兖守叶棠转详藩司崔应阶批准，以藩库公项修理。经知县黄道铭勘估，计需工料银四百七十三两有奇。二十八年工竣，由司府转申山东巡抚阿尔泰咨户、工二部准销。三十八年，以道府捐修书院余资复为粘补。

宣宗成皇帝道光十年，湖广道监察御史王兆琛奏，宗圣庙林倾圮，请动存款修葺。奉上谕："宗圣庙林倾圮，祀典攸关。据御史王兆琛奏，曾子庙林自雍正年间重修，迄今百余年，未经补葺，碑亭、寝殿及廊庑门墙均多倾圮，急需动项修理。该处藩库旧有民捐庙工生息一项，著山东巡抚讷尔经额即派委员前往勘估兴修。钦此。"是年九月，巡抚赴省西校阅营伍，亲诣南武山，督同济宁知州王镇、嘉祥知县李心莲撙节勘估，连栽种树株，共需工料银二万五千二百两有奇。由藩司刘斯湄查明庙工生息一项，嘉庆十四年民人李联芳呈捐庙工专款，给发兴修。奏准于十一年八月开工，十四年工竣。《济宁州志》作二十二年工竣，误。

今上光绪十六年五月，七十四代前袭翰林院五经博士宪祐以庙林塌坍过甚，移请署嘉祥知县安州陈善，会同江南采访委员洪恩波诣视，详请山东巡抚部院宫保张公曜批司委勘，两江总督、一等威毅伯曾国荃捐银千两为之助。

右宗圣专庙。

嘉祥专庙外，别祠宗圣之处，纪不胜纪。旧《志》载，江西永丰一祠，实为书院。交河一祠，远在北直，今悉弗录。而录沂州府祠，以存武城为费之疑；济宁去嘉祥不二舍，相传宗圣尝托迹焉，今有曾子楼及故居地可考，并著于左。

沂州城南五里曾子祠，中祀曾子，以子曾元、曾申、曾华，孙曾西配。门人公明仪、公明高、公明宣、乐正子春、阳肤、子襄、沈犹行祔享别室。又为毓贤祠，以奉其先子曾晳。知州何格有记。

世宗宪皇帝雍正三年，兖州运河丞诸暨杨三炯建宗圣别祠于济宁三省书院故址，并延师召诸生讲习其中。方苞为记，王澍书碑，时称二绝。

雍正别建曾子祠记

雍正三年春，苞赴京师，道济宁，友人杨三炯以兖郡丞督漕驻此，云："始到官，寓署之西偏盖曾子故居也，厅事处即正庙。前吏者迁主于西城楼按，楼初名"凝翠"，后遂称"曾子楼"，有"宗圣遗迹""道德为城"二匾额。而宅之，又于隙地治燕私之斋。余将就其址搆数楹，迎主归定祀，且延师召诸生讲论于此，俾众著于先贤之遗迹而不敢废焉。舍故庙而别祠，恐后之人狃于前事而不能保也。"秋九月，以书来请记，曰工讫矣。余尝谓道一而已，而圣贤代兴，其操行之要与所示学者入德之方，则必有为前圣所未发者。《诗》《书》《易》《礼》深微奥博，非积学者不能遍观而骤入也。至孔子则所言皆平近显易，夫人可知，而六经之旨备焉。至曾子传《大学》，揭"慎独"之义，俾学者随事触物而不容自欺，所以直指人心、道心之分，而开孟子所谓"希几"① 之端绪，乃前之圣人所未发也。其自称曰"吾日

---

① 按，《孟子·离娄下》云"人之异于禽兽者几希"，疑"希几"二字误倒。

三省吾身"，即慎独之见于操行之实者耳。夫见庙而思敬，过墓而知哀，苟有人心者，莫不然。况入圣贤之宫，而有漠然无所兴起者乎？诸生诚切究夫省身慎独之义，则知功利之溺心，词章之蠹学，而慨然有志于远且大者。而后之吏者，自惟燕私之居则务广而无穷，而先贤享祀、诸生讲诵之地尽取而不留一区，其必有不得于心者矣，此三炯之志也。江南后学方苞记。

道光二十年，圣裔毓相遗命弟毓栂、毓枫出家资，重修济宁宗圣祠。

道光重修济宁宗圣祠记

济城西南隅旧有正学祠，明嘉靖间水部杨抚改建书院，奉祀宗圣曾子，郡人刘概为之记。又名三省书院，后为颐真宫。至隆庆三年，改建兖州运河同知公廨。国朝雍正初年，同知杨三炯仍建祠于厅西。《记》云："前吏者以署隘，迁主于西城楼。又于隙地治燕私之斋，先贤祀享、诸生讲诵之地尽取而不留一区，其必有不得于心者矣。因就其址搆数楹，迎主定祀。"此复建祠之所由也。近年曾氏后或迁居其中，莫之能禁。为贤裔者，果能以时洒扫，典守无斁，亦良善也，乃堂阶草茂，穷窒烟熏，井灶葱韭当于门，韡椸帷薄施于室，且婚于斯、丧于斯、聚非族于斯，诟谇喧嚣，祖裼哕噫，无所不至。以视昔之所谓"不得于心"者，殆有甚焉。式闾瞻拜之下，禁之戒之，复婉以劝之，不可，然后逐之，又从而扃钥之。今四氏子孙，惟曾氏后稍为式微，嘉祥博士纪瑚谨守庐墓，安贫笃学，饘粥不能赡。州城国学生毓梅、毓枫，慨然有肯构之思，鸠工庀材，既齐既稷，时届秋祀，蠲絜告成。请设庙夫掌管钥，非祭之日，外人不得出入；同族有占居者，鸣于官，并乞立石记之。爰叙其颠末，俾曾氏子孙世守勿替，以仰承昔贤崇奉之志，而后之官斯土者，将有感于斯文，余亦庶几告无罪焉，是为序。

庚子八月上丁日，知州徐宗幹记。

今上光绪十六年六月，署济宁知州遵义蹇念猷偕江南采访委员洪恩波谒庙，见敝陋状，慨然捐廉倡修，邑人士群起相助，以期其成。

募捐扩修曾子别祠启工尚未兴，姑录此以著蹇志

窃举事必先夫重大，表里莫要于圣贤。城西南隅，旧传为宗圣故居。武城距兹地不二舍，宗圣曾经托迹，定非出于附会。故明嘉靖间，州人水部杨公抚建三省书院，祀宗圣于中，殿宇崇焕，所以表大贤之芳躅，为桑梓光辉；重传道于圣门，振地方风教，实后世足法。其没，祀乡贤也良宜。不幸书院后浸没于异教，改为颐真宫。然其时犹留宗圣地位。隆庆三年，再改为运河厅署，迁宗圣像于西城楼，则宗圣故迹荡然矣。迄国朝雍正三年，诸暨杨公三炯官运河司马，溯署所由来，不安于心，割署西地为宗圣别祠。规模虽狭，亦庶几学道之士知尊

圣贤，而勉步杨水部者。桐城方公苞为之记，发明宗圣之学、司马之心，碑在可按也。道光二十年祠圯，圣裔毓相遗命弟毓梅等因陋就简，捐修一次。于今五十余年，又颓败甚，毓相冢曾孙、奉祀生广聚苦无力谋修，而未获首倡之人。猷昨偕两江采访宗圣事迹委员洪君恩波谒庙巡视，慨叹久之。以为宗圣在圣门，以至诚绍其宗，圣人没，赖传圣学于子思子，递及孟子，为功万世，非仲子所得而比也。乃仲子庙在泗水，其别祠之在仲家浅者，固宏敞若彼。而宗圣遗迹别祠，在人物辐辏通都大邑中，自二杨公后，反听其狭隘敝陋，不增廓以改观，立法以垂后，非惟都人羞，抑亦当事责也。爰捐京钱千贯为之倡，仰冀诸君子同心重道，极力劝捐，以美先贤之宫而彰千古之迹，则地方幸甚，文教幸甚！署济宁州事蹇念猷谨启。

右宗圣别祠。

明正统十一年，郕国宗圣公庙成。正殿祀曾子，东西列子思子、阳肤、乐正子春、沈犹行、公明仪、公明高、单居离、公明宣、子襄从祀；后为寝殿，祀莱芜侯曾晳偕夫人主，宗圣公及曾元祀于左右，曾申、曾华、曾西皆从祀。知礼者以为不合。十二年，别建莱芜侯庙于宗圣殿之右，移莱芜侯像供其中；前为两庑，移元、申、华、西木主从祀。

万历七年，宗圣六十二代孙、翰林院五经博士承业增塑孟子像，偕子思子像配享殿上，以阳肤等八人从祀两庑，并增公孟子高、孟仪二人从祀。

《武城家乘》：孔子没，圣道衰微，惟曾子以鲁得其传，七十著书，名闻天下。负笈从游之人，固不仅区区教设西河，道行南国，后先于游、夏已也。而及门最著者，子思外有公明仪、阳肤、乐正子春、沈犹行、子襄、公明高、单居离七人。见于《说苑》者，有公明宣、公孟子高、孟仪三人。若吴起，虽窃附于门墙，在当时已见屏矣。《孟子》云："从先生者七十人，今可知者十一人耳。"故以思与孟配享殿上，其两庑从祀得十人焉。

乾隆三十九年，宗圣六十九代孙毓塆奉移元、申、华、西四木主于宗圣庙两庑先儒孟仪、子襄之次。

乾隆五十年，增祀宋儒南丰曾巩于西之次。

嘉庆二十二年，又增祀曾侗庵_{未详何名。木主题号，非是。}于曾巩之次。

嘉庆二十四年，嘉祥学校官谓明大学士顾文康公鼎臣《请采访曾氏后裔》一疏，阐发曾子传道之功，且俾无后而有后，其功与孔氏道辅访得孟墓等，援孔氏从祀孟庙之例，由报功祠移位于曾氏巩之下、曾氏侗庵之上。

同治末年，曾广莆翰博援文定、文康之例，增祀湘乡相国、太傅曾文正公国藩于曾氏侗庵之后。

桐城洪恩波《上衍圣公书》：前到嘉祥，偕陈令宪谒南武山专庙，见大殿配享左列述圣子思子像，右列亚圣孟子像；东庑祀先儒阳肤、先贤公明仪、先儒公明高、公明宣、孟仪、曾元、曾华及宋儒曾巩、清儒曾侗庵九位；西庑祀先儒乐正子春、沈犹行、单居离、公孟子高、子襄、曾申、曾西、明儒顾鼎臣及曾文正公国藩九位，皆木主。恩波询问曾文定公巩以下四位增祀时代，曾氏宗子及习礼诸生同称：巩系乾隆五十年奉文从祀于西之次，侗庵亦江西乡贤，未识何名，系嘉庆二十二年奉文从祀于巩之次。两次文卷，遭乱均失，尚有曾力行所著《答问编》一册可征。顾文康公鼎臣，系嘉庆二十四年学校师生追溯《请访曾氏后裔》一疏，极称宗圣传道之功，优于颜、孟，且俾宗圣无后而有后，功与孔氏道辅访得孟墓等，援孔氏附祀孟庙之例，立主祀于巩、侗庵之间。曾文正公国藩，则当其薨后，前翰博曾广莆及学官等读朝廷迭次褒诏及文正所著全集、《求阙斋弟子记》，钦为中兴第一名臣，学能明体达用，而生平毅勇诚正，洵能远绍宗圣心传，故尝于军务倥偬时诣谒林庙，增置祭田，拳拳不忘所自，因议照曾氏巩例，立主祀西庑末座，今十余年。恩波查嘉祥县旧志及济宁州新志，不惟此四人尚未载，并元、申、华、西久从祀其中，亦未载入。及到济宁蹇牧念猷署，检阅《兖州府志》《山东通志》，亦然。盖因元、申、华、西，明正统年间曾祀莱芜侯庑下，各志遂沿袭，至今未改。不知故莱芜侯庙其前东偏曰报功祠，祀历来长官之有功林庙者；西偏曰崇德祠，祀曾氏故宗子之有德者，无两庑之名久矣。此当日志者采辑之疏，亦曾氏未解册报之故耳。查《山东通志·秩祀》载，沂州府宗圣曾子祠，中祀宗圣，及其子元、申、华，孙西，是直以四贤配享正殿，诚以尊崇宗圣，不敢没其子孙之贤也。又查《嘉祥志》，元、申、华、西，在乐正子春之前。今庙祀位次，反在乐正诸人之后，似有未安。除禀抚宪外，为此胪列现在从祀十八人次序，呈恳查案更正。曾侗庵之名，一面咨明抚学两院，奏饬礼部，议定位次，颁示遵守。再，宗圣庙西为先贤曾氏庙，从无庙额，其子孙习称"启圣祠"，不知朝廷四配称"圣"，乃对"至圣"而言，实大贤也。颂子晳氏为"启圣"，过矣。况二字为至圣父叔梁公封号，尤宜敬避。可否。附奏请颁先贤曾氏庙额，以正其失。并候裁夺施行。时光绪十六年六月。

　　右从祀。

宗圣志卷十

林墓第八

佳城郁郁，精魄所藏。谷堙陵变，乃韬其光。谁其呵之？有德斯彰。纂《林墓》。

宗圣墓，在专庙迤西一里余，与武城东西相距约五里许，群山迴合，马鬣长封，冢高七尺，四围广十步。冢前石碑镌"宗圣曾子墓"。墓前飨堂三间，其东偏斋房、西偏更衣所各三间。中门一座，石坊一座，额曰"宗圣林"。四围缭以周垣。祭期，春用清明，冬用孟朔，宗子博士主祭。墓初不知所在，自明宪宗成化初年，山东守臣上言"嘉祥县南武山西南，元寨山之东麓，有渔者陷入一穴中，得见悬棺，其前有石碣，曰曾参之墓"，诏加修治，因即瘗碑而为之茔。

旧《志》：墓侧有富民范氏，不知书，以宗圣墓表甃壁。后一儒生谓曰："此宗圣墓表也，用之非法。"其人惧，碎火为石灰。

先贤曾氏墓，旧《志》云在兖州府费县西南八十里南城山，即曾子葬父处。王符所谓"南城之冢"是也，亦名"曾子山"。《史记》："曾子，南武城人。"按南武者，汉泰山郡南城，即今之费县也。《武城家乘》云："武城南城山，不能考。旧《志》以汉始建之南武邑在费，遂因而墓称之。古固无据，今又无迹，焉可诬也。夫圣贤所在，人皆景仰，光韬气蕴之余，百世必彰，自不等牧草樵苏，忍而终古。况宗圣志在《孝经》，夜台瞻依，乌忍远妥先灵于东鄙武阳，若是其寥廓焉。"

明

孝宗弘治十八年，山东巡按金洪表建曾子墓。

世宗嘉靖元年，山东巡按定：每岁清明，委教职一员，以羊一、豕一致祭曾子墓。后因主祀有人，有司之祀始止。

国朝

世宗宪皇帝雍正七年，奉旨行查，宗圣墓是否岁久倾圮。嘉祥知县李松勘系仅存遗址，无从修葺，遂未详细声明，以至历任相沿，未经造报。

高宗纯皇帝乾隆九年八月，兖州府鄂檄嘉祥县王、金乡县田分行出示，严禁于宗圣林庙周围四山樵凿。

乾隆十二年十二月，署嘉祥县知县郝查案循例出示，严禁樵凿。

乾隆十四年，宗子博士曾兴烈移嘉祥县吴，称"南武山为先宗圣祖发祥之地，林庙在焉。其周围四山左右前后环护拱峙，实关庙林风水。各县禁止樵采开凿，以保风脉在案。迄今数千百年，四山木石赖以无恙。查庙后之坐山、南武山西之七山、东之峧山，俱坐嘉祥县境内；其南之于山，坐落金乡县界。移请循例示禁，不许樵凿四山，俾林庙风水无虞"。嘉祥县当即出示《禁约》：凡宗圣林庙后之坐山，贴近林庙右之七山、左南武山及峧山之麓鱼台迤南等处，不得樵凿。

乾隆二十年，宗子博士曾兴烈以享殿门垣岁久倾圮，呈请重修。所有应盖享堂、牌坊、大门、围墙等项，估需工料银六百三十二两二钱一分零。山东巡抚咨报工部。奉部议，圣贤祠墓遇有损坏坍塌，所需在千金以下者，俱准以藩库公项报部修葺。凡重建之案，应令该抚奏请办理。乾隆二十年八月，署抚白钟山奏准以山东存公银项修葺，准销银六百三十二两有奇。三十八年，道府捐修书院，余资复就葺补。

徐绩·重修宗圣林记

乾隆岁辛卯，绩奉命东抚，道经武城，拜谒宗圣曾子庙。山之阳，苍然一望，崇封七尺，祠宇崔嵬。美哉焕乎，吾道其日新而月盛矣乎！经其庐，琴瑟钟簴在悬焉。式其墓，垄丘其巍巍，享殿其辉辉。呜呼！天之高也，地之厚也，星辰之远也，九州四海之大也，吾道之绵亘而莫极也，其孰能愈于此？

我皇朝圣圣相承，右文稽古，重道尊师，轶汉唐而越三代，媲美唐虞。一凡天下通祀之外，各于其乡里、其族党专祀血食焉。而专祀之外，又于事迹故址、庐舍皆使其地以人传，况其为茔为窀神灵呵护之地欤？皆无不于万机之暇，时加采访，终使执是方者常此葺构，保崇隆于弗坠。绩亦何幸，生及圣朝，得睹此雍雍蔼蔼、化日光天之郅治哉！于时盖低徊不能去，有翰林博士毓塽者，进而为予言曰："近时重建专庙与林墓，皆非一时事、一人力。庙在丙辰前，顾河制记之详矣。今修在城书院，松观察亦记之。至林墓，于乾隆乙亥岁前宪白公入告。曾子陵寝，自前明弘治间创修，今经剥落，享堂、阛卫、表坊、棂门遗迹虽犹在，丹腹其莫施。帝随命彼冬官司徒之班，鸠工庀材，厥光我前贤。越年乃告成，岌岌者，寝墓其改观乎！炯炯者，非暨盖之华乎！左砥而右平者，非堦墀之列乎！东峙而西通者，非门闼之洞开乎！且也棼橑栋桴、丹壁绿瓦与苍松翠柏相掩映，于高山行仰之间，又昭昭不可殚论矣。然其时既换，其事易湮，迄于今二十年，为之志者盖缺如也。"遂属于余。余不敢以不文辞，乃若铺张扬厉发越前圣光，愚谫陋不敏。至于述其重修之事实，恭惟皇上崇儒之盛典，及诸名卿巨公如前抚白公钟山、杨公应琚、郭公一裕、藩司阿公尔泰、郡守李清时、邑令佴震山之仰体圣心，以臻此馨香之治，绩用以言之亹亹而详详，益幸身附末光，名且彰于典册云。是为记。

曾毓塽·募修宗圣林庙及书院题名碑记

尝闻箕裘堂构图始难，克终尤不易。塽自髫龄司卣酌、洒扫庙庭，睹一椽一瓦之废倾，时麈怀于风雨焉，迄今十余年，始念莫之遂，几谓此志鲜能有终矣。岁辛卯二十六年，太守福公道谒先祠，邑侯李公楫以请帑修葺庙林、书院请，公曰：

"捐资稍易举，余当亟图之。"未几，观察松公来书院致祭先祖，目触陵夷状，愀然动黍苗之感，曰："皇上崇儒右文，先圣贤庙宇意其必美轮美奂，历久而弥新，何可使稍有摧残，致与古道苍凉同伤湮没哉！且也前人作，后人效，有其举之，莫敢废也。或亦采风者未暇过而问欤？"墫对曰："未已也。南武山庙林亦渐剥落，虽屡蒙恩重修，今有数十载，甍椽间有难支，垣墉亦多倾圮者。"公闻之，益慨然，亟命邹邑典史王君赓飏勘估，需一千三百余金。时松公首倡捐资，领袖僚属，墫即鸠工饬材，撙节承办。癸巳三十八年秋，庙林告竣；甲午春，书院又落成，共用银一千一百两。松公复以余项建坊一座于故里书院。后亭圮，建楼三间于旧基。一概丹垩粉饰，梁桷并耀，垣墀焕然，牖户棂星相历落。墫夙夜在工，再易寒暑而蒇事。嗟乎！向之所谓"图始甚难，克终不易"者，今得福公倡之，松公成之，李公寔始终之，俾墫不坠箕裘堂构之志，感佩为何如也！用直揭其原委，并镌芳名、捐数于右。吾后世子孙，其勿忘所自哉！是为记。时乾隆四十年乙未岁某月。

分巡山东兖沂曹兵备道松龄捐银一百两。

兖州府知府福森布暨阖属共捐银五百两。

沂州府知府行有俦暨阖属共捐银二百八十两。

曹州府知府张金城暨阖属共捐银二百五十两。

东昌府知府胡德琳暨阖属共捐银八十两。

附：前捐资修葺始祖林垣家庙门墙族人题名

湖北郧阳知府、六十八代恒德，福建惠安，举人。

山东曹州知府、六十九代廷楷，江西南城，进士。

顺天府保定知县、七十代日景，广东，举人。

嘉祥县：尚涵、衍枫、衍朴、衍棐、衍格、衍东、衍杰、兴姚、兴煹、兴燧、兴柱、兴横、兴焕、毓□、毓基、毓在、毓塘，以上系在城派。尚忍、尚序、尚让、尚徐、尚蕊、尚用、衍仲、衍佔、衍倬、衍闵、衍海、衍是、衍冉、衍颐、衍宗、衍图、衍铭、衍鲲、衍均、衍勋、衍齐、衍忠、兴基、兴远、兴诗、毓俊、尚文、尚友、衍太、衍臣、兴周、兴成、毓祥、毓科，以上系南武山派。

郓城县：尚封、尚考、贞铸、尚诚、尚客、尚清、尚友、廷钟、衍法、衍沂、衍櫺、衍杭、衍楹、衍礼、衍栗、衍恕、衍櫗、衍橞、衍龙、衍安、兴煿、怡亭、兴熜、兴炬、兴业、兴煌、兴立、兴基、兴烙、毓泽、毓远。

鱼台县：衍琛。

濮州：兴伝。

范县：衍选。

菏泽县：尚钦、衍宁、贞伦、贞俭、尚礼、尚武、尚香、尚志、衍素、建常。

金乡县：尚仁、尚修、衍福、衍序。

滕县：兴镛等。

曹县：衍桐、衍贵、衍城、衍书、衍诗、衍为、衍宗、衍趾、衍礼、衍泗、兴诗、兴兰、兴孔、毓志。

东平：兴祖等。

济宁州：兴唐、兴瀛、兴盛、兴隆、兴泰、兴礼、兴淮、兴乾、兴安、毓长、毓秀、毓山、衍岱。

阳谷县：衍科、衍泗。

汶上县：兴渊等。

临朐县：兴泰、衍榉、衍孔、衍训、兴魁、兴邦、兴则、兴德、兴振、兴恺、兴堂、兴国、毓安、毓秀、毓坊、毓信。

宁阳县：衍仁。

寿张县：尚樸、衍梅、衍安、衍檀、衍泰、衍魁、兴济、兴乐。

江苏丰县：兴胜、兴东、兴柱、衍重、兴安、毓涵、毓安、毓恪。

直隶天津县：魁儒、子厚、衍发、衍仕、衍相、可录、可显、可壁、兴祺、兴深、兴璔。

河南罗山县：尚潜、尚质、尚纲、衍忠、衍恕。

汝阳县：衍礼等。

南阳县：学泗。

桐柏县：衍金。

上蔡县：尚鲁。

唐县：衍铭。

乾隆四十九年甲辰，增建宗圣林翁仲、石兽、华表及神道坊。

生员曾衍东·杨抱槐记

杨抱槐者，记祥征也。翳我祖林，南山之阳，白杨参天，环拱合抱数十围，高十余寻者不知计，且不计年。丁酉春，墓旁杨树之杪忽寄生槐一本，缨垂络盖，葱然为一美观，说者以为异。夫志异，儒者所不乐道。虽然，古有畸人、硕彦，博一名闻在人世间，其坯土之精英呵护，往往不泯，有时或见于山川，或形于草木。矧我祖林，风藏气聚，灵圣之区，伊古以来，麟游之瑞启于前，凤树之形兆于后。皇上銮辂时巡，遣官致祭，四经褒崇，度越百代。彼灵星之精，枯杨之重生，实应以重光叠茂，邀夫叠泽，岂不盛哉！因敬为之记。

乾隆四十八年，嘉祥县祁请帑重修宗圣庙林，由抚院明咨报户、工二部，历被风雨，渐有残缺。嘉庆元年，又被黄水泡倒林墙及飨堂、斋厅、仪门。四年，嘉祥县台士佳遵例请修，藩台全以司库不充，著先将林庙破损残缺之处筹议粘修。五年，宗子博士呈请抚院蒋兆奎批，宗圣曾子林庙，既经坍塌，自应亟为修理，以昭诚敬。但应委何员勘估，应动何项兴修，仰布政司查议详夺。嘉祥县随造具估册，取具金乡县勘结，由州金湘申道王朝梧加结移司，全藩台仍以司库不充辞。嘉庆十二年，督粮道孙星衍署理藩篆，宗子博士毓墫移请嘉祥县知县王德修查案，径详请动用闲款。九月初七日，由护抚部院杨志信批，本署司详送估修宗圣曾子林庙册勘各结如详，在于漫工余项下动支给发修葺，以昭诚敬。由是，启圣祠、寝殿、门庑、林墙、飨堂等工皆得粘补。宗子博士曾毓墫志孙公准修林庙缘起，并孙公饬嘉祥县修林庙札、各宪衔名，皆勒石庙中。

曾毓墫·训后要言略

恭查定例，工程凡一千两以上者，俱奏请修葺；若在千金以下者，一经详院，即照册发给，工竣，咨部核销。乾隆五十三年戊申，奉旨："嗣后工程凡在一千两以上者，俱著特派大臣亲往查勘。"嘉庆七年，奉部文：五百两以上，亦奏明办理。是以请帑人皆视为畏途矣。惟司库存贮闲款，系为外办，年终汇咨，尚易为之。宗圣庙林，自嘉庆己未详请修葺，数年无成，始行捐修，奈工巨项微，止修宗圣正殿。丁卯岁，幸逢阳湖孙渊如先生署理藩篆，斯文谊重，俯允墫请，慨动闲款，启圣祠、寝殿、门庑、林墙、飨堂等工始得粘补。此乃始祖宗圣在天之灵，得遇此机，实非墫力所能为也。后世宗子常怀追源报本，凡遇庙林、书院残缺，即随时修理，慎勿全赖国恩祖德，因循废坠，有乖职守，乃所厚望焉。

余自乾隆辛巳承袭，今已四十余年，庙林工程呈请公项颇艰难，而捐修亦不易。兹特多栽树株，数十年后，杨木可以备料，柏楸可以变价助工费，再添以湖田之租息，则粘补易为矣。附记于后，以示后人。

嘉庆十五年仲春。

圣林虽经制立，子孙皆不能厝于其次，盖以世经久远，沧桑之变，明洼之水流，蔡河之壅滞，山前艰于平旷，繁衍孔多，次序转为狭隘。五十九代宗子博士质粹，卜地于城西小青山之阳，后世子孙皆窆窆于此，而南武山遂无附葬者焉。

乾隆四十九年，宗子博士曾毓墫于宗圣墓左侧，筑远代诸墓望祭之坛，刻名于碑：

二代：元，高阳夫人。

三代：西，左夫人。

四代：钦，榖梁夫人。

五代：导，卜夫人。

六代：羡，缪夫人。

七代：遐，言夫人。

八代：炜，郯夫人。

九代：乐，周夫人。

十代：浼，伊夫人。

十一代：旃，鄢夫人。

十二代：嘉，郑夫人。

十三代：宝，王夫人、欧夫人。

十四代：琰，邬夫人。

十五代：据，陈夫人、刘夫人。

十六代：阐，文夫人。

十七代：植，李夫人。

十八代：耀，胡夫人。

十九代：培，陈夫人。

二十代：德，董夫人。

二十一代：珣，朱夫人。

二十二代：涣，刘夫人。

二十三代：梓，丁夫人。

二十四代：飓，文夫人。

二十五代：端，胡夫人。

二十六代：铉，萧夫人。

二十七代：海，杨夫人。

二十八代：璜，谢夫人。

二十九代：兴，张夫人。

三十代：隆，宋夫人。

三十一代：钧，王夫人。

三十二代：谋，高夫人。

三十三代：丞，何夫人、罗夫人。

三十四代：珪，萧夫人。

三十五代：宽，何夫人。

三十六代：庄，萧夫人。

三十七代：庆，邹夫人。

三十八代：骈，王夫人。

三十九代：耀，刘夫人。

四十代：崇范，刘夫人。

四十一代：延膺，魏夫人。

四十二代：硕，江夫人、省夫人。

四十三代：承涓，张夫人。

四十四代：万敌，徐夫人。

四十五代：整，罗夫人。

四十六代：九思，罗夫人。

四十七代：文杰，李夫人。

四十八代：浩古，刘夫人。

四十九代：尚忠，张夫人。

五十代：敬父，江夫人。

五十一代：元德，黄夫人。

五十二代：价翁，姚夫人。

五十三代：汝霖，宋夫人。

五十四代：从文，罗夫人。

五十五代：利宾，钟夫人。

五十六代：辅志，张夫人。

五十七代：德胄，彭夫人。

五十八代：奋用，金夫人。

五十九代：质粹，杨夫人。

六十代：昊，徐夫人。

曾毓塛·望祭坛碑记

古者祭法，一坛一墠。远庙八世则迁坛，有祷则祭。其又远者，不得受祭于坛，乃用墠。夫坛以筑土，墠以除地，统而言之，皆去祧之祖，恐其含若敖之悲也。墠之坛祭，实仿于此。吾氏自十五代避乱南迁，家豫章、永丰间，历汉、唐、宋、元，婚姻丧葬安焉，其即流离播迁，所不得已而就焉者也。明嘉靖间，五十九代祖应诏东归，南武之麓，断碣空存，祖墓一丘之外，所谓十四代以前之兆卜邈矣难稽。虽当时七尺崇封，而兵燹水火几何年，东西南北几何世，正难索诸荒烟蔓草间也。乾隆辛丑，塛南行扫墓，仅得四十二代至五十八代，洎六十代祖母，共九墓而已。呜呼！祖宗之灵爽奚凭，神明之世胄不祀，为之后者，忍听其湮没而不彰，将何以安？矧忝居主鬯，责有专在耶！爰敬书历代祖考妣，勒石筑坛于祖墓之侧而祀焉，其亦犹行古之道也夫。

曾国藩日记

由济宁起程至嘉祥县，将谒曾子林庙。大雨之后，积潦盈途，行三十里至新开河茶尖。沿途见运河堤墙概行坍卸，忧虑之至，因思一律改为板筑，与程刺史绳武商议良久。又行十八里至嘉祥县，未正始到，住嘉祥书院。至宗圣庙叩谒，行三跪九叩礼。庙中规模褊小，朽败已甚。左，子思配享；右，孟子配享。后为启圣庙，名"养志楼"，尤朽败不能庇风雨。旋至宗子五经博士广莆家一坐，其头二门及大堂等一概颓毁无存，内室亦甚浅陋，即雍正间所赐"省身念祖"扁亦无悬挂之处，仅庋置于桌上。余前闻嘉祥圣裔式微，久思有以任恤之。本日捐祭产银千两，又赠广莆银四十两。及见此景况，则又愀焉不安，恝焉不忍，而非人力所能遽振也。

又：

由嘉祥至南武山，本不过四十余里，因路上处处隔水，绕道行五十余里始至南武山，未刻到。已正在纸坊集打尖，即住宗圣庙之东省身堂。庙在南武山下，山高约五十丈，一片顽石，不生草木。庙外内柏数百株，大约二尺围上下，殆嘉庆间所植。附近居民种五谷者少，皆蓝及菸。曾氏合族人丁不过三百，贫苦特甚。文生曾毓鉴等来，备述窘状。

未正谒庙。先拜莱芜侯庙，在正殿之西，后有寝①。旋拜宗圣庙，庙修不知始于何时，初系宗圣在前殿，莱芜侯在后寝，明正统间重修，始改为宗圣在中，莱芜在西。至万历间重修，有太仆少卿刘不息碑记，载曾质粹之孙名承业者，承袭时兴讼事。碑立于万历七年，在庙廷之东南。至国朝雍正七年，请帑重修，规模始大。后有寝殿，前有御碑亭，刻纯皇帝《宗圣赞》，两庑祀弟子阳肤、乐止于春，东西各五人。中有宗圣门，前有石坊三座。西刻谒林墓，在庙西南里许。北、东、西三面皆石山，墓在平地，今雨后，墓道被淹，石马、翁仲皆在

---

① "寝"下，原衍"庙"字，据《曾国藩日记》"同治五年六月初八日"条删。

水中，仅坟未淹耳。享堂及门颓败异常，几于片瓦无存。有碑曰"郕国公宗圣曾子之墓"，缘宗圣公墓久已佚亡，不知所在。明成化初，山东守臣奏：嘉祥县南武山有渔者陷入一穴中，得悬棺，有石①镌"曾参之墓"。弘治十八年，山东巡抚金洪奏请建享堂、石坊，即今林也。余观山石顽犷，地势散漫，不似葬圣贤者，殊以为疑。

至韦驮棚看新筑之墙，高六尺，基厚一尺六寸，顶厚一尺二寸，长五丈。余以河沿堤墙全塌，故欲改为板筑，令程刺史先筑数丈为式。观者以为筑成后半月不雨，可保三年也。

---

① "石"，原脱，据《曾国藩日记》"同治五年六月初八日"条补。

宗圣志卷十一

祭告第九

神灵所歆，祝史正辞。斋明胖蚤，用表盛仪。纂《祭告》。

宋

遣官致祭通用文

维某年月日，大宋皇帝御名遣官致祭于先贤郕国公，曰："惟公以鲁而得，以唯而悟。传得其宗，一贯忠恕。谨以制币牲齐，粢盛庶品，式陈明荐，从祀配贤。尚飨！"

元

平章察罕帖木儿祭文

维至正二十一年，银青光禄大夫、中书平章政事、知河南山东等处行枢密院事、兼陕西诸道行御史中丞察罕帖木儿，谨遣本省都事尹师彦，以太牢清酌之仪致祭于郕国宗圣公，曰："惟公三省其身，一孝传世。独得其宗，道统相继。兹膺王命，爰整其旅。邹鲁克平，恢扩东土。敬遣辅行，式陈俎豆。尚飨！"

明

孝宗颁示春秋祭文

维某年某月某日，某官某敢诏告于郕国宗圣公，曰："孔门道学，公得其宗。庙庭配享，海宇攸同。矧兹乡邦，钟灵所自。时惟仲春/秋，特申专祀。伏惟尚克飨之。"

《武城家乘》：弘治四年，诏以春秋次丁有司永远致祭曾子专庙，颁降祭文，勒石庙中。

通用二丁祭文

维某年某月某日，某官某敢昭告于郕国宗圣公，曰："惟公凤钟间气，毓秀兹土。道学宗传，昭示万古。惟兹仲春/秋，谨以牲帛醴齐，粢盛庶品，用伸常祭。以门人沂国述圣公、阳肤、子襄、沈犹行、乐正子春、公明仪、公明高、公明宣配。尚飨！"

春秋二丁祭莱芜侯文

维某年某月某日，某官某致告于先贤莱芜侯，曰："惟侯从游圣门，志趣冲融。对时育物，舞雩春风。胸次悠然，动静从容。笃生贤嗣，传得其宗。百世之后，荣此褒封。惟兹仲春/秋，礼宜报崇。谨以牲帛醴齐，粢盛庶品，式陈明荐。尚飨！"

有司清明祭墓文

维某年某月某日，某官某谨致奠于郕国宗圣公之墓，曰："圣门传道，惟我先师。配享有典，专祀有祠。南武之阳，封域如故。瞻望松楸，不胜景慕。惟兹清明，岁序既易，牲醴既成，特伸祀事。尚飨！"

巡抚陈凤梧祭文

维某年某月某日，钦差巡抚山东等处地方、都察院右副都御史陈凤梧谨致祭于郕国宗圣公，曰："洙泗之门，高弟云从。惟公之传，独得其宗。蚤事三省，晚闻一贯。《大学》之书，有经有传。由思而孟，至于关闽。其派益远，曰诚而明。惟兹公乡，坟祠俱在。高山仰止，景行千载。少读公书，长未闻道。备员兹土，敬用谒告。牲醴之奠，以昭斯虔。斯文万古，如日中天。谨告。"

巡抚曾铣祭文

维某年某月某日，钦差巡抚山东等处地方、都察院右佥都御史曾铣敢昭告于先贤宗圣曾子之墓，而系之以辞曰："呜呼！吾道之在天地间，亘古今而未尝变也。其间或明或晦，或通或塞，则存乎其人焉耳。是故达而在上，如尧、舜、禹、汤、文、武、周公者，行乎此道者也；穷而在下，如孔子、颜子者，明乎此道者也。明斯行矣。颜子蚤世，道统之传，谁与继者？此尼父'丧予'之叹，盖伤之矣。幸而有吾子者在，以弘毅之资，肆重远之学，三省既竭，一贯斯唯。爰作《大学》十传，发明夫子遗经。一传而为子思，再传而为孟子。当衰周之余，吾道灿然复明，继往开来，于今为烈，是皆吾子之功也。夫七十子丧而大义乖，三千之徒，其流弊不入老庄，则入申韩；不为权谋术数，则为言语文字。而独得其宗，赖有吾子。是吾子之道，即孔子之道；孔子之功，亦吾子之功也。铣也鄙人，受恩罔极，承命东抚，道经鲁乡。望先贤之故里，念哲人之长游；感翔凤之日远，慨易箦之风微。偕我属僚，造拜宫墙。薄陈一奠，展此向慕之素悰而已。呜呼！天地高厚兮，吾道之范围。日月照临兮，吾道之光辉。南有邹封之翼翼兮，东有尼山之巍巍。维期墓之中峙兮，建天地并日月而不违。安得起吾子于瓜台兮，将以究夫忠恕之微。尚飨！"

巡按宋经祭文

巡按山东监察御史宋经谨祭于郕国宗圣公，曰："维公山川钟秀，间气所生。家世鲁西，曰南武城。鲁钝之资，诚确之学。真积力久，一贯先觉。卒传圣道，《大学》书成。格致诚正，修齐治平。孝行尤笃，酒肉养志。动求诸身，日省三视。启手启足，保身全归。任重道远，不亚于回。身虽逝矣，斯道犹在。道在万世，后学是赖。经承上命，巡视东藩，恭诣祠下，仰止高山。兹蠲牲醴，竭诚致祭。公其有知，鉴此微意。尚飨！"

又：

祭莱芜侯文

巡按山东监察御史宋经致祭莱芜侯曾子，文曰："惟侯学道圣门，志大才雄。心乎理趋，藐乎事功。乐得其所，舞雩春风。胸次悠然，动静从容。有志如此，孰与追踪。百世之后，荣此侯封。经承上命，巡历山东，道过祠下，深感愚衷。聊致拜祠之礼，少伸仰止之恭。尚飨！"

兵备王庭诗祭文

钦差整饬曹濮等处兵备道、山东按察司副使王庭诗谨致奠于郕国宗圣公曾子，曰："惟公祥毓鲁甸，秀产齐封。渊源泗水，怙恃岱峰。亲炙至圣，独契真宗。开来继往，抗迹永雍。治国修身，嘉惠章缝。昔诵篇简，寤寐相从。顷承纶命，仰止高踪。道经祠下，恍惚仪容。瓜田在彼，舞雩欣逢。徘徊瞻顾，顿豁心胸。心依翠巘，意仁长松。薄陈牲醴，用表虔恭。灵祀洋洋，鉴我夙惊。尚飨！"

提学潘桢祭文

钦差提督学政、山东按察使佥事潘桢谨祭于郕国宗圣公，曰："惟我先贤，与麟俱生此地。麟生非时，则斯文之不幸可知。先圣之所以泣之者，岂惟麟耶？虽然，斯文一脉实流，天下与同长春。矧在瞻仰，领会于心神者也。敬谒祠下，敢荐微诚。神其有知，佑我斯文。尚飨！"

兵备张九叙祭文

钦差整饬曹濮等处兵备道、山东按察司副使张九叙谨祭于郕国宗圣公，曰："惟公孔门道学，独得其宗。庙庭配享，海宇攸同。眷兹武城，钟灵所自。遗像有俨，报崇无既。叙钦承上命，守御斯土。越寇甫平，瓜丘式睹。修此墙屋，以绥公灵。伏惟降鉴，佑启后生。文思武烈，靖寇安民。式绵国祚，永庇斯文。尚飨！"

提刑王金祭文

山东等处提刑按察副使王金谨祭于郕国宗圣公，曰："惟公三省修身，一贯契道。传孔氏之心法，得斯文之体要。《大学》之书，垂世立教。诚正之学，比于典诰。金生也晚，望洋门墙，未知所造。盖将有志于治平修齐，功实未到。兹当巡历，拜瞻新庙，俾不至迷其所行，冀精神旷千古而永照。尚飨！"

国朝

高宗纯皇帝乾隆十三年，谕曰："朕东巡躬诣阙里，致祭先师。颜、曾、思、孟四贤，作配殿庭。虽从与飨，但闻其故里各有专庙，应分遣大臣，恭奉香帛，前往致祭，以展诚敬。向在书斋，曾制《四贤赞》，景仰之忱，积有日矣。其勒石庙中，致朕崇重先贤之意。"

御制祭文

维乾隆十三年岁次戊辰，二月乙卯朔。越二十八日，壬午，皇帝遣日讲起居注官、詹事府詹事兼翰林院侍读学士裘日修，致祭于宗圣曾子神位前，曰："惟宗圣曾子，秀毓武城，业宗泗水。三省勤于夙夜，允称笃实之功；一贯悟于须臾，弥征真积之久。独受《孝经》之训，用迪临深履薄之修；永绵《大学》之规，式启明德新民之要。衍薪传于勿替，以鲁得之；开绝学于无穷，其功大矣。追崇允合，昭报攸宜。朕稽古东巡，至于东鲁，念先型之未远，心切溯洄；瞻故里之非遥，情深仰止。虔修祀事，敬遣专官。惟冀神灵，尚其歆格。"

乾隆十五年，颁发元圣周公及复、宗、述、亚四圣祭器，以备陈设之用。当经山东巡抚专委东昌府同知陈琭赴江南制造。赐宗圣曾子庙：铏一件、簠十件、簋十件、笾四十件，豆四十件，爵十一支，帛匣五件。竹笾木匣，余皆铜器。宗圣：爵三、铏一、簠二、簋二、笾八、豆八、帛匣一。两配：各爵一、簠一、簋一、笾四，豆四、帛匣一。两庑：各三坛，爵三、簠三、簋三、笾十二、豆十二、帛匣一。宗圣夫人殿，启圣正殿、寝殿、两庑祭器，俱系那用。

御制祭文

维乾隆二十一年岁次丙子，三月己巳朔。越四日，壬申，皇帝遣刑部左侍郎、镶红旗满洲副都统兼管钦天监监正事务觉罗勒尔森，致祭于宗圣曾子神位前，曰："惟宗圣曾子，秀毓武城，学宗泗水。懋夸修于笃实，三省勤夙夜之功；崇真积于躬行，一贯悟精微之旨。端治国齐家之本，大人之学昭垂；示至德要道之原，教孝之经永著。衍孔门之圣脉，以鲁得之；启孟氏之师传，其功大矣。尊崇允协，报享攸宜。朕以礼时巡，遄临鲁甸。情深仰止，瞻故里之非遥；心慕典型，念德辉之如在。虔申禋祀，敬遣专官。惟冀神灵，庶其歆格。"

乾隆三十六年，高宗纯皇帝东巡。颜、曾、思、孟专庙，俱遣官致祭。

御制祭文

维乾隆三十六年岁次辛卯，三月壬辰朔。越七日，戊申，皇帝遣礼部左侍郎金甡，致祭于宗圣曾子神位前，曰："惟宗圣曾子，挺秀武城，传心阙里。则天因地，聿垂孝子之经；明德新民，首述大人之学。悟真源于一贯，悉本躬行；衍道脉于千秋，独由鲁得。耕田食力，歌闻金石之声；却聘辞卿，心轻晋楚之富。笃实之夸修如在，庙庭之祀典优崇。朕问俗东巡，临风仰止。肃伸禋祀，想至行于几筵；敬遣专官，挹德辉于陟降。灵其来格，于此居歆。"

乾隆四十一年，高宗纯皇帝东巡，以平定金川功告成阙里，颜、曾、思、孟专庙，俱遣官致祭行礼。

御制祭文

维乾隆四十一年岁次丙申，三月壬辰朔。越二十七日，戊戌，皇帝遣礼部左侍郎李宗文，致祭于宗圣曾子神位前，曰："惟宗圣曾子，钟灵鄪裔，绍统鲁堂。行在《孝经》，念君亲而发肤并懔；孝归诚意，依日月而俎豆常新。朕因雪岭之集勋，爰巡岱方而遍祀。抚境外之万山环卫，保泰弥切于冰渊；溯庙中之四壁弦歌，传声俨闻乎金石。式芳型之如在，酹清酝以告虔。庶鉴馨香，聿昭来格。"

乾隆四十九年，高宗纯皇帝南巡，颜、曾、思、孟专庙，俱遣官拈香。嘉祥曾庙，遣内阁学士兼礼部侍郎尹壮图，恭诣拈香。

乾隆五十五年，东巡，颜、曾、思、孟专庙，均遣官致祭。

右历代祭文。

《**大清通礼**》：皇帝东巡，释奠颜、曾、思、孟之礼。各遣官一人，赍祝文、翰林院随时撰拟。香帛，分诣所在专庙行礼。前期，四氏子孙率礼生洁扫殿庑内外，守土官戒办牲牢器物，备执事人，司祝、司香、司帛、司爵、通赞、引赞均以本族奉祀生及弟子员充。先一日，遣官至境，乃斋。其夕，守土官公服视割牲，如仪。陈设，与京师太学四配每位器数同。祭日，有司供具。质明，遣官朝服诣庙，引赞二人引正献官入，二人引分献官随入。诣东阶下，盥手。升东阶，至阶中，前后序立，均北面。通赞赞"就位"，引赞分引遣官就拜位立。通赞赞"迎神"，司香二人各奉香盘，进至正位、配位前立。引赞引正献官入，自阑东诣正位前；引分献官随入，诣配位前。赞"跪"，遣官跪。赞"上香"，遣官上炷香三，上瓣香，兴。赞"复位"，遣官均复位立。赞"跪，叩，兴"，遣官均行二跪六叩礼，兴。通赞赞"行初献礼"，司帛各奉筐，跪奠于案，三叩，兴。司爵各奉爵，献于案正中，皆退。通赞赞"读祝"，引赞赞"跪"，遣官皆跪。司祝至祝案前跪，三叩，奉祝文跪案左。读讫，复于案，三叩，兴，退。引赞赞"叩，兴"，遣官三叩，兴。亚献各奠爵于左，终献各奠爵于右，如初仪。通赞赞"送神"，引赞赞"跪，叩，兴"，遣官均行二跪六叩礼，兴。执事官各奉祝帛香，由中道送燎，如仪。遣官避立拜位东，竢过，引赞引遣官视燎。礼毕，引遣官出，执事官皆退。

右遣官祭仪。

《**武城家乘**》：每岁春秋二仲上丁，宗子翰博主祭宗圣正位、配位。前一日，公服视牲。是日，具朝服，鸣赞唱"主祭官就位"，陪祭者各就位，瘗毛血，迎神，行二跪六叩头礼，兴。鸣赞唱"奠帛，行初献礼"，引赞赞："升坛"，诣盥洗所，酌水净巾；诣酒樽所，司樽者举幂、酌酒；诣宗圣神位前，跪，上香，献爵帛，行一叩头礼，兴。鸣赞唱"行分献礼"，引赞赞"诣述圣子思子、亚圣孟子神位前"，上香，献爵帛，如正位仪。奉祀生各诣寝殿、两庑行礼。鸣赞唱"读祝文"，引赞赞"诣读祝位，跪"，引赞赞"读祝文"。祝毕，鸣赞唱"彻馔，送神，跪"，行二跪六叩头礼，兴。鸣赞唱"读祝者捧祝，进帛者捧帛，恭诣燎位"，引赞赞"诣望燎位"，望燎祝帛。焚毕，引赞赞"复位"，鸣赞唱"礼毕"。

上丁祝文

维某年某月某日，几代孙世袭翰林院五经博士某名敢昭告于始祖宗圣神位前，曰："惟祖传道圣门，独得宗风。尊称师表，万世攸隆。兹逢仲春／秋，俎豆洁丰。敬伸昭告，鉴此微衷。附以述圣子思子、业圣孟子。伏惟配飨！"

启圣殿先贤曾氏及在城书院，是日，俱以族中职员及奉祀生致祭。同仪。

又：

莱芜侯祝文

维某年某月某日，几代孙世袭翰林院五经博士某名敢昭告于启圣祖莱芜侯神位前，曰："惟祖天生圣哲，志趣从容。对时育物，舞雩春风。笃生圣嗣，道传其宗。万代瓜瓞，荣此褒封。兹逢仲春/秋，虔伸报崇。敬陈俎豆，鉴此微衷。尚飨！"

春秋次丁，知县主祭宗圣曾子，教职主祭先贤曾氏，两庑俱以县学生员分献，翰博及奉祀①生陪祭。其仪同上丁。

次丁祝文

维某年某月某日，兖州府嘉祥县知县某人敢昭告于宗圣曾子神位前，曰："惟神凤钟间气，毓秀兹土。宗传圣道，昭示万古。兹逢仲春/秋，谨以牲帛醴齐，粢盛庶品，用伸常祭。述圣子思子、亚圣孟子暨从祀先儒，伏惟配飨。"

---

① "祀"，原作"祝"，据曾毓墫《武城家乘》卷三《祀典》改。

又：

祭莱芜侯文

维某年某月某日，兖州府嘉祥县知县某人致祭于先贤曾氏莱芜侯神位前，曰："惟神从游圣门，志趣冲融。胸次悠然，动静从容。笃生贤嗣，传得其宗。惟兹仲春/秋，礼宜报崇。谨以牲帛醴齐，粢盛庶品，式陈明荐。尚飨！"

右二丁祭仪。

每月朔望，知县、教官俱诣宗圣书院，行二跪六叩头礼。元旦、冬至，翰博以牲醴致祭宗圣曾子、先贤曾氏及两寝殿。清明节、七月望、十月朔祭扫宗庙祖墓，并望祭坛及始袭世职祖以下诸墓，皆行一献礼。高、曾以下，遇诞辰、忌辰，皆致祭。

祭墓文

维某年某月某日，几代孙翰林院五经博士某名谨致奠于宗圣祖墓，曰："圣门传道，惟我始祖。配飨有典，专祀有俎。南武之阳，封域如故。瞻望松楸，不胜景慕。兹逢清明/孟秋/冬，岁序既易，牲醴既成，特伸祀事。尚飨！"

右岁时祭仪。

家庙祭仪

春秋上丁之次日，恭诣中兴祖考妣及高、曾祖考妣位前，焚香叩头，启椟出主，扫尘陈设。鸣赞唱"执事者各司其事"，就位，降神，鞠躬，四拜，平身。"盥洗"，引诣盥洗所，酌水净巾。鸣"行初献礼"，引诣酒樽所，执樽者酌酒。诣神位前，跪，上香，献爵，献帛，伏俯，兴，平身。鸣"读祝文"，引诣读祝位，跪，读祝文，伏俯，兴，平身，复位。鸣"行亚献礼""行终献礼"，皆如初献仪。鸣"辞神"，鞠躬，四拜，焚帛文，揖。礼毕，奉主入椟。凡家有事，则奉祝文告庙。

家祭文

维某年某月某日，几代主邑孙某名敢昭告于中兴祖考妣暨高、曾祖考妣神主前，曰："我祖东归，迄今数世。绵绵瓜瓞，相传奕祀。穆穆一堂，岁月流易。时惟仲春/秋，享祀攸宜。追远报本，历久弗替。恪具羊豕酒醴，祗荐禋祀。伏冀灵爽，来格来尝。尚飨！"

右宗子家祭仪。

宗圣志卷十二

荫袭第十

圣贤遗泽，光若日星。颜孟苗裔，世荷簪缨。赏延之典，独后武城。守其宗祧，永作王宾。纂《荫袭》。

明

世宗嘉靖十二年四月，吏部左侍郎顾鼎臣疏请访求曾子后裔，依孔、颜、孟三氏例，授以翰林院五经博士，世世承袭。诏如所请，饬抚按访求。

顾鼎臣·请采访曾子后裔疏

为崇植先贤系胄，以隆道化事。

窃惟尧、舜、禹、汤、文、武、周公之道，传至孔子而大明，其德与功，垂之万世，直与天地同其高厚①矣。孔子传之曾子，曾子传之子思，子思传之孟了，不惟心相授受，且笔之于书，以诏后世。泄天地之精蕴，揭宇宙之纲维，汇六经之渊源，扫百家之蹊径。考之《论语》《大学》《中庸》《孟子》所

---

① "厚"，原作"深"，据《顾文康公文草》卷一《崇植先贤系胄以隆道化疏》改。按，李天植《曾志》、曾毓墫《武城家乘》、吕兆祥《宗圣志》引均作"厚"。

载，如一贯之旨。正心修身之学，中和位育之功，性善诚明之说，王霸义利之辨，微言妙道，不一而足，真所谓为天地立心，为生民立命，为往圣继绝学，为万①世开太平者。然则曾子之功岂小补哉！暴秦坑焚之后，道学不明。汉司马迁称有良史才，其序《孔子弟子列传》，但曰孔子以曾参"能通孝道，故授之业，作《孝经》"而已。唐韩愈窃附于圣人之徒，其序道统之传，直以孟子上接孔子，他尚何说哉？良由《大学》《中庸》二书，混于《戴记》篇中，不与《论语》并显，学者莫知其为学之枢奥而讨论之。是以时君世主，徒知推尊颜、孟，而忽于曾子、子思。自唐迨宋，虽加曾子封爵，而从祀犹列于十哲之后，子思则杳无闻焉。宋德隆盛，治教休明，仁宗始表章《学》《庸》二书，而程颢、程颐、朱熹诸儒更相发明，溯流穷源，使天下后世晓然知道统授受之功，曾子为大，而子思次之。咸淳三年，由是始封曾子为郕国公，子思为沂国公，配享次于颜子，跻于四配之上，而四配之位始正，是万古不易之定论也。

我太祖高皇帝御极之初，首诏孔子子②孙袭封衍圣公并世袭知县，并如前代旧制，固崇儒重道之宏规矣。弘治间，因修颜子、孟子庙，特置世袭翰林院五经博士各一人，以主祀事，此则孝宗皇帝稽古右文之盛举也。夫曾子传道之功优于颜

---

① "万"，原作"后"，据《顾文康公文草》卷一《崇植先贤系胄以隆道化疏》改。
② "子"，原脱，据《顾文康公文草》卷一《崇植先贤系胄以隆道化疏》补。

子，而孟子私淑于曾子、子思。今颜、孟子孙皆世袭博士，而曾子之后独不得沾一命之荣，岂非古今之阙典也哉！当时典礼守土之臣，曾无一言及此者，岂以曾子子孙散在四方，历世久远，谱系不明，恐有冒滥之弊欤？臣尝考之，春秋之时，莒人灭鄫，太子巫仕鲁，去邑为曾。然则曾子去受姓之祖甚近也。后世凡曾姓者，孰非曾子之子孙乎！又访得正德年间，今都御史钱宏任山东按察司佥事，巡历至嘉祥，谒曾子祠墓，因今有司访求附近编氓中曾姓者。得一农夫于深山中，貌甚朴野。询之，果曾子之后也。不知钱宏当时何不请于朝，而复使之沦没耶？必以其人鄙陋，不可厕于衣冠之列故耳。臣愚以为先王兴灭继绝，崇德报功，其意甚广，其道甚远，不当因其子孙之无贤而遂已也。

臣自入仕以来，见三氏子孙来朝，辄有感于衷，耿耿不忘，几三十年也。特以地卑人微，不敢轻率妄议耳。兹者恭遇皇上亲承道学之统，丕宏礼乐之化，厘正孔庙祀典，一洗前代陋规。重劳圣驾，临幸国学，躬行释奠之礼，真可谓功光祖宗而范垂百王矣。臣谬以章句之儒，得预俎豆之事，欣荣鼓舞，不能自已，乃敢陈其愚见，仰渎宸严。夫亦数千载未备之典，必有待于今日欤！伏乞敕内阁礼部拟议①，取自圣裁，准照弘治间颜、孟二氏事例，访求曾氏子孙相应者一人，授以翰林院五经博士，世世承袭，俾守曾子祠墓，以主祀事。万世斯文，

---

① "拟议"，原误倒，据《顾文康公文草》卷一《崇植先贤系胄以隆道化疏》乙正。

不胜幸甚！

奉圣旨：礼部看了来说。

礼部题覆采访曾子后裔疏

为崇植先贤系胄事。

看得吏部左侍郎兼翰林院学士顾鼎臣奏称，颜、孟二氏各得世袭翰林院五经博士一员，以主祀事，惟曾子之后不得沾一命之荣一节为照，曾子亲受一贯，为圣门之高弟，独成《大学》，得吾道之正传，垂世立教，与颜子、孟子同功，号曰宗圣，已并追崇。然独世嗣弗传，祠墓失守，虽配圣有灵，而象贤无主，诚为缺典。本官欲追求其后，同于二氏子孙，以作宾王家，以主祀事，实足以仰承朝廷崇儒重道之盛心也。但历世久远，谱牒无传，若非精访博求，难免伪冒之弊。合无恭候命下之日，移咨都察院转行山东巡抚、巡按官，亲临该县查访曾氏子孙，详考历代支系之真，及正德年间曾经都御史钱宏所访农夫有无见在，通拘到官，会同县学官吏师生并年高父老逐一询问，务求的系曾氏正派子孙明白，先行具奏，以凭议处施行。

再照：今去曾子之世上下千有余年，中间更立变故，子孙播越流寓，岂无散而之四方者，如南丰曾氏巩、肇、布兄弟，并显于宋，其《家乘》以为出自曾子之后，今其嫡派子孙亦不知谁何？合无仍通行天下南北直隶十三布政司、抚按衙门一体访求，务得其人，具实闻奏。但不许轻易起送前来，以起寅缘争讼之端。臣等窃惟圣贤之后，神明所扶，必得真源芳胤，以承大贤之泽，以应圣天子之敷求者矣。

奉圣旨：是。

嘉靖十四年，江西抚按督同提学副使徐阶，查得曾子五十九代孙曾质粹，保勘起送到部，诏徙山东兖州府嘉祥县，以衣巾奉祀宗圣祠墓。十八年二月，授翰林院五经博士，世世承袭，如颜、孟二氏事例。

除授曾质粹五经博士札付

吏部为崇植先贤系胄，以隆道化事。

该本部咨文选清吏司案呈，奉本部送准礼部咨该本部题仪制清吏司案呈，奉本部送据江西布政司咨江西按察司提学副使徐阶手本前事，送司到部查得，嘉靖十二年四月内，该詹事府掌府事、吏部左侍郎兼翰林院学士顾鼎臣题奏前事，该部覆，奉钦依。又查得，嘉靖十四年十月内，该巡抚山东右佥都御史蔡经、巡按山东监察御史郭圻、守巡提学道谢兰、窦明、叶汾会题前事。等因。奉圣旨：该部知道。钦此钦遵。已经咨行江西抚察官督同布、按二司查勘去后。

今该前因案呈到部看得，江西布政司咨呈该提学副使徐阶亲诣永丰县，据曾质粹送到谱系揭查得，曾子十五代孙曾据，不仕新莽，迁居于吉阳，生子曾阐、曾场。阐居吉阳，场徙虔州。阐后十一代孙曾丞，生子曾珪、曾旧、曾略。旧徙云盖，略徙抚州，惟珪仍居吉阳。传至曾孙庆，生子曾伟、曾骈。伟生辉，辉后传十五代荣，为学士，上距曾子五十四代。骈生曾耀，传二十代奋用，即质粹父，上距曾子五十九代。查勘曾氏自迁江南而言，居永丰者为嫡，徙虔州、云盖、乐安者为支；自永丰一派而言，出曾辉之后者为嫡，出曾耀之后者为支。辉后见有永丰县廪生曾嵩、曾衮，各文行修饬，若应勘合之求，则合立嫡之法，但曾嵩兄弟面称"生长南方，不乐北徙"。惟曾质粹素念远祖，追求不已，仍前肯行。及结称曾质粹谱系源流真正明白，原系合族推举，读书循理，委无别项违碍，应合起送，承守宗圣祀事一节为照，曾子学跻亚圣，道本心传，三省功勤，一贯妙悟，立教当时，有功后世，历稽前代，俱有追崇。至我国朝，追谥"宗圣"，加封"郕国"，四配同享于孔子庙庭。但颜、孟子孙，各已蒙甄录之典，顾曾氏后裔，未沾一命之荣。先该掌詹事府、今辅臣顾鼎臣上请乞要详访其后，该本部覆题广行咨访，今据江西布政司咨呈前来，臣等看得，曾氏子孙在逆莽之时，避乱南徙，居于吉安，而永丰为嫡；数传至伟，而曾辉为正。但曾辉之后，见今有曾嵩、曾衮兄弟二人，虽皆文行修饬，各称生长南方，不乐北徙。则曾耀之后，惟曾质粹读书循理。该彼处提学官查勘谱系明白，乡族共推，既无别项违碍情由，起送前来，所据宗圣曾子之祀，应合曾质粹继承。查有颜、孟世袭事例，相应一体授以博士之职，以彰我皇上重道崇儒之意、兴灭继绝之仁，其于教化非小补哉！恩命出自朝廷，臣等未敢擅拟，伏乞圣明裁处。等因。

嘉靖十八年二月初五日，太子太保、本部尚书兼翰林院学士严嵩等具题，本月初八日奉圣旨；曾质粹既勘系先儒曾子之后，准照颜、孟二氏例，授翰林院五经博士，仍与世袭。事理未敢擅便，嘉靖十八年三月二十八日，太子宾客、本部左侍郎兼翰林院学士张□等具启，本年四月初一日，奉圣旨：是。曾质粹著去承主祀事，都察院还行与彼处抚按官作急将护坟、供祀田土、住第等项事情，逐一议处停当来说，不许迟慢。敬此敬遵。拟合就行。为此，合行札仰本官照依本部启奉敬依内事敬遵查照施行。须至札付者。

嘉靖三十九年，质粹病故。子昊先卒，昊子继祖以祖若父连丧，未即请袭。江西龙潭族人曾袠夺袭世职，踞嘉祥田宅。继祖携子承业，赴诉于朝。吏科给事中李盛春、都给事中刘不息、山东道御史刘光国先后上疏论劾，卒褫袠官，令回原籍。诏准继祖之子承业世袭五经博士。

除授曾承业五经博士札付万历五年八月

吏部为遵明旨，重始爵，以斥奸邪，以正大贤后裔事。

该本部题准文选清吏司案呈，奉本部送准礼部咨该本部题祠祭清吏司案呈，奉本部送据山东布政司咨呈，据兖州府申，据济宁州备、嘉祥县申准儒学呈，据廪、增、附生员董咸亨等结称，查得应袭曾承业，见年一十六岁，自送入学习礼以来，并无违碍等项情弊，理合起送承袭施行。等因。具呈到县。准此。先据曾子六十一代孙曾继祖男承业呈前事，已行查勘去后。今准前因诚恐不的，又经行据曾庙亲族里邻人等查勘，相同具结，连人起送到州，申送到府。据此。案照万历二年十一月十一日，承奉山东布政司札付，呈准礼部照会前事。仰府即将曾承业行令习学，候年一十六岁，即与具结，起送前来，以凭转送，题请承袭施行。奉此。已经备行该县遵依，至期起送去后。

今据前因，为照会曾承业原奉部司勘札，候一十六岁，起送承袭。既经该县结勘，及期相应转送。为此，合将前项缘由，同府州县官吏、师生、里邻、亲族、收生人等，各不扶结状，理合连人起送到司，拟合起送施行。等因。呈部送司。案查，万历二年七月内，该科道官刘不息等题为前事，该本部堂议得，继祖双目瞽蒙，曾氏之嗣当属继祖之子承业，但承业年仅十三岁，孱弱殊未成器，其为真假，俱不可知。已经题奉钦依。移文山东抚按行勘。随据该省抚按官李世达等查勘得，曾承业委系曾子六十一代孙曾继祖亲男，并无诈伪情弊，取亲族及该图里邻、收生、见证人等共结前来。又，该本部会该布政司将曾承业行令习学，候一十六岁起送承袭去后。今该前因通查，案呈到部。看得曾继祖之子曾承业，应袭五经博士，以主先贤曾子祀事。先该本部题奉钦依，及行，据抚按官勘结详明，别无违碍。今本生已及期，既经山东布政司呈送前来，相应题请。合无恭候命下，将曾承业咨送吏部，世袭翰林院五经博士，以主祀事。等因。奉圣旨：是。钦此钦遵。拟合就行。

为此，合咨查照施行。等因。咨部送司，案呈到部。看得曾子六十二代孙曾承业，乞要替职承袭祀祖一节，既经礼部题奉钦依，咨送前来，相应题请。合无恭候命下，将曾承业除授翰林院五经博士，同父前去主奉祀事。等因。万历五年八月廿日，太子少保、本部尚书张□等具题，本月二十二日奉圣旨：是。钦此钦遵。拟合就行。为此，合行札仰本官照依札内事理遵照施行。须至札付者。

定安按，衮，曾氏南宗也。当日李盛春等《劾冒袭疏》，已载《山东通志》、兖州府、济宁州、嘉祥县各志，吕氏旧《志》亦并载焉。曾毓塈《武城家乘》云："各志载劾衮疏，所以明公道。吾私志载之，则为播家丑。"是言合于君子笃亲之意。兹遂循其例，一并芟去，惟录承业受官札云。

崇祯元年，六十三代孙曾宏毅，由山东巡抚会同衍圣公咨部题袭五经博士。未几，浙江会稽生员曾益，托名曾巩之后，控部争袭。宏毅叠疏陈明。礼部咨取山东、江西两省官绅勘结回文，据实题覆。崇祯八年九月初二日，奉圣旨：曾宏毅既系宗圣嫡派，曾益何得纷争冒陈。姑不究。

江西勘结回文

江西巡抚部院解学龙，会同巡按御史李宗著，会看得，五经博士曾宏毅，考之世系，委系先贤嫡派。当日诏访天下，勘结犁然，若曾益果为嫡嗣，何不鸣于诏访中外之时，而争于五世久荫之后？则其旁引杂证，冒籍显然，尚应严惩，以警其后。今据该司呈详前来，相应咨覆。为此，备由移咨贵部，请烦查照题覆施行。须至咨者。

山东勘查回文

山东巡抚部院朱大兴，会同巡按御史王邦柱，会看得，当国家崇儒重道之日，而宗圣之裔独泯然无闻，此肃皇所以下诏旁征，而曾质粹者遂应征北徙，袭爵奉祀，业有岁年。即当日曾衮之争，且为言路所参驳。曾益之祖南明，既嫡系昭然，乃不争于质粹应诏之初，又不争于曾衮夺袭之候。至于今，历世已四，历年且百，而突有此奏，何怪乎该爵之忿然不平，而该邑绅士氓庶纷然交哄矣！宦越者言越，述其史传谱牒，似凿凿可据；而宦东者言东，何能夺此予彼，亦彰彰可见，是在贵部酌裁耳。即经该司会呈前来，相应咨覆。为此，合备前由移咨贵部，烦请查照题覆施行。须至咨者。

礼部题覆疏

礼部尚书黄士俊、侍郎陈子壮、仪制司郎中吴之屏看得，宗圣后裔，世居东鲁之武城。至十五世孙曾据者，避新莽之乱，自武城徙豫章，则曾宏毅之派也。又数十世，而有曾巩之孙曾忢，自豫章宦越，流寓会稽，则曾益之派也。往者，恭遇世宗肃皇帝崇儒重道，特诏访求。于是，山东以曾守仁应，江西以曾质粹应，浙江以曾南明应。当日庙堂之上，几经咨勘，几经参详，乃始舍南明、守仁，而独以质粹主祀。钦奉肃皇帝圣旨，亦既确有凭据，永为信从矣。

考其时，微直守仁相安无言，即南明同在访求之列，而谨疏请表祖曾志忠节，奉有该部"知道"之旨，并未及宗圣主祀事，岂非质粹派系彰明，固有以服其心乎？人更五世，时阅百年，而南明之孙曾益，忽起而与质粹之孙曾宏毅争此世爵。夫宗圣祀典，关系匪轻，臣等何敢臆断。惟所钦奉者，先朝久颁之明旨；所详按者，三省核实之回文。虽曾益与宏毅，彼此互相诋攻，宗支诚难远溯，然虚心而断之以理，则划然不可移易耳！当质粹入应访求，始则奉命衣巾主祀，既则奉命授五经博士世袭。肃皇帝圣旨，炳若日星，皆曾嵩、曾充、曾守仁所共知而共遵者。质粹既故，曾衮辄乘其孙未袭，百计冒承，维时科臣李盛春及刘不息等各疏劾之，台臣刘光国等又疏劾之，迄奉明旨，革衮冒袭，仍归之质粹之孙，无异议也。南明不敢争于同应访求之初，曾益争之于后，而谓于理可乎？曾衮不能争于质粹方故之日，曾益争之于今，而谓于理可乎？至查三省抚按回文，浙江则称：史传谱谍墓文，亦似有据。然能知南明为巩、忎之孙，不能定为宗圣之裔。并谓南明不早辩证，觉有可疑矣。江西则称：宏毅嫡派，当年勘结犁然，而明言曾益引证为冒籍矣。山东则称：质粹应征北徙，袭爵奉祀，业有岁年。曾益之祖不争于应诏之日，又不争于曾衮争袭之候，至今日而突有此奏，宜该爵之不平而士绅氓庶之纷然交哄矣。孔、颜、孟之孙且公结宏毅为嫡传，并无冒滥矣。三省勘文若是，曾益欲以祖巩、恿者，即以世爵嗣宗圣，而谓于理又可乎？故今质粹之孙宏毅，世承爵秩，主宗圣祀，理无容更。惟是曾巩宋代大儒，曾恿阖门死节，均合祀典。圣朝维风彰教，当亦不靳表扬。合无请旨，给以衣巾，俾世祀巩、恿家庙，用继南明当年疏乞表扬之志，则曾益一派所邀恩于圣明者，固不浅也。事干祀爵，典礼重大，臣等未敢擅便，统候圣裁，敕下臣部，钦遵施行。

崇祯十四年，曾闻达袭五经博士。

国朝

顺治三年，改授曾子六十四代孙曾闻达为内翰林国史院五经博士。十四年，仍如旧例。

康熙七年，以曾贞豫袭翰林院五经博士。

二十九年，以曾尚溶袭翰林院五经博士。

雍正八年，曾衍楠袭。

乾隆四年，曾兴烈袭。

二十六年，曾毓塼袭。

嘉庆元年，曾传镇袭。传镇卒，子纪连袭。褫职，不准其子孙承袭，别以拔贡生曾纪瑚主祀。纪瑚卒，其子广芳早世，以广莆之子昭嗣为后。昭嗣甫入四氏学为诸生，将请袭，又卒。悬袭数十年。

光绪十三年，曾宪祐袭。

《武城家乘》：历朝褒崇先贤之典，间亦推恩苗裔，而世官锡爵，迨于宋、元无闻焉。明景泰二年，景帝幸学，召取颜、孟子孙各一人官之。此世袭翰博所由昉也。吾氏尚未东归，故弗及矣。嘉靖十二年，诏访曾子后裔于江西，寻授官，如二氏例。此曾氏世袭之始。承袭之例，以嫡长子；无嫡长子，方以嫡次子；无嫡次子，方以庶子。初由县申详巡抚，会同衍圣公，咨部题袭。

国朝定鼎，径由衍圣公专咨请袭，均系吏部题覆，给凭任事。雍正二年，九卿议准礼部侍郎王景曾奏，翰林院五经博士有主祭守祠、表率族人之责，嗣后应将应袭博士之人，年十五以上者，咨送礼部考试。如果文理通顺，注册存案，令衍圣公题请承袭，由礼部覆议，吏部给札。

右袭职。

宋大中祥符二年，诏就孔庙侧建学，名庙学，为孔氏子孙设也。迨哲宗元祐元年，始置庙学教授官。寻益以颜、孟二氏，为三氏学。各生祗入学习礼，未有生员之名，间以儒士或应京闱，或由府学应试。正统九年，衍圣公孔彦缙始题请应山东乡试。成化元年，从衍圣公孔宏绪之请，颁三氏学印，开岁贡之例。嘉靖十年，设廪、增各三十名。十五年，以山东抚案李戴、御史毛在奏，增曾氏，改为四氏学。每科乡试，取中三名，先孔氏而后及于三氏，著为令。改铸四氏学印，设四氏教授一员，训课四氏生徒。曾氏子孙之隶此学，后于颜、孟氏计五百二十余年。

请改四氏学疏

礼部一本为开贤裔之均收等事。

臣等议得，国家设立三氏学，优崇圣贤后裔，亦以胥教诲而育才俊也。但止及孔、颜、孟而不及曾氏者，缘曾氏子孙流寓江西，至嘉靖年间，奉钦依，世袭博士，始复还山东，依守坟庙。今虽子孙微弱，尚未蕃衍，但今系先贤之后，教养作兴，委不可独缺。既经巡按御史条陈，咨会吏部、都察院，转行巡按御史、提学及各该衙门，以后曾氏子孙，果读书向方，堪以作养者，俱许送入该学。其考选应试、廪增起贡，悉照三氏例施行。至于遇有朝廷大典礼，与孔、颜、孟子孙一体行取，赴京观礼，庶圣恩普照，贤裔均沾。其于崇儒重道之典，益复增光。伏乞圣裁。

奉圣旨：是。

右四氏学。

奉祀生，司庙中奔走执事，及先贤、先儒祠墓之祭。

明弘治十二年，衍圣公孔宏泰始拣选圣贤后裔俊秀者充补，移会提学道，给以衣巾，注册而已，未定名额也。

自国朝雍正四年，礼部侍郎巴泰奏，奉部议，见有之奉祀生，令衍圣公会同该府学臣查核，其人实系圣贤嫡裔，地方实有祠宇，咨部换照，于是有定额。时查明圣贤后裔奉祀生曾子裔十八名。至十二年，增置二名。乾隆十二年，增置一名。十八年增置一名。以上《阙里文献考》。后又增二名，合额二十四名。

专庙：东西两庑各一，寝殿一；先贤正殿一，东西两庑各一，寝殿一；三省堂二。

在城书院：正殿二，东西庑各一，三省亭一，影堂二，耘瓜堂一。

济宁祠一，滕县祠一，费县祠一，城武祠一，郯城祠二。

六十八代曾兴烈又请设郓城祠二，临朐祠二，江西永丰县之木塘祠二，河南上蔡祠一，江南怀宁祠、舒城祠各一。

六十九代曾毓墫又请设宗圣墓、先贤曾氏祠各一，二世先儒曾元、先儒曾申、先儒曾华、三世先儒西各一，聊城祠一。

新旧通共四十一名。

乾隆三十一年，礼部奏准山东一省奉祀生缺出，仍令衍圣公会同该抚学政咨部充补。其江、浙等六省奉祀生，令该学政会同督抚详选嫡裔顶补。三十五年，又奉部文，不许隔省充补。曾氏江西、安徽、河南等省奉祀生五名，始改归地方官管理。而本省奉祀生，由翰博申送衍圣公咨部领照者，嘉祥境内二十四名，外州县祠十二名，共存三十六名。以上《武城家乘》。

　　按，今山东圣贤后裔奉祀生请领部照者绝少，推原其故，由各衙门需费，一奉祀生办成，视近时捐纳监生所费为多，故往往贫不克办。此亦各衙门所当体恤而曲为成全者也。

右奉祀生。

庞经·曾庙礼生题名碑记

　　吾邑嘉祥南武山之阳，古武城也，乃曾夫子毓秀之乡。历代帝王崇儒重道，推封有典，虽碑刻剥落无余，而松楸遗址犹存。迄我明建极天下，特命立庙妥神，春秋享祀，以示萃涣之义。其崇重典礼，益加隆矣。惜乎曾氏后裔迁徙靡常，去世愈远，而尸岁荐者乏其人。今名质粹者，贯江西吉安府永丰县籍，以嘉靖十二年顾公鼎臣奏请访求而来嘉祥。礼部拟议。至十八年，准颜、孟故事，授翰苑博士职，守庙荐享。质粹于二十二年援颜、孟事例，以有庙则有田，有田则有祭，有祭则有礼生上请。下礼部依议。行本省布政司帖附近州县，令民间俊秀子弟娴礼度者充是选，得若干人。兹名宜有记也，将以纪衣冠之美、昭人文之光，而垂之于不朽矣。縻记厥名，固可喜也，亦可惧也。名者实之宾，实者名之主；宾以彰之，主以基之；名实相须，斯称其情矣。诸生儒冠儒服，匪直升降揖逊、裸将奠献、徒习礼文之具，惟仰吾曾夫子诚笃之学，而恭行其遗意，斯不近于渎神，则神亦不吐之矣。《诗》云"济济多士，秉文之德"，固其证也。遹观之者，指其名而第之，某也何如，某也何如，斯名副其实，贤也已，不以是为可荣乎？如或某也何如，某也何如，斯名浮其实，其弗贤也已，不以是为可惧乎？荣，固人情之所乐闻；而惧，则人情之所不堪。诸生固以乐闻者自庆，慎勿以其所不堪者是惑矣。兹举也，李生桨、毛生鸾、张生有凭、庞生有鹤，四子将币固请云云。是为记。

嘉靖己卯三月，五十九代世袭翰林院五经博士质粹举事，泰清立。

万历十九年，宗子博士曾承业奏请，准照颜、孟二庙事例，额设礼生六十名，于民间遴选俊秀子弟，除去民徭，在庙执事。

右礼生。

附

湖南巡抚景咨礼部请荫先贤曾氏南宗翰博公牍

为援例恳详等事。

据湖南布政使朱绍曾、按察史图勒彬呈详，嘉庆十三年十二月据宁乡县学详称，生员曾衍咏呈称：生原籍山东嘉祥县，前派脉祖先贤曾氏莱芜侯，开派嫡祖宗圣曾子，十五传关内侯据，耻事莽逆，挈族南迁今江西永丰县，即汉长沙郡地也。山东因是已无嫡居矣。明嘉靖间，奉旨访查嫡裔。是时，长房曾嵩、曾衮奏称"生长南方，不乐北徙"，转让次房曾质粹，归山东，授翰林院五经博士。今嘉祥县现袭翰博，是其后也。生于南楚城内，倡族修复宗圣庙宇，又立先贤曾氏莱芜侯专庙，岁时子弟读书两廊。即蒙长沙府县均给印示玉成，又蒙各宪碑准通详，优免差徭，子子孙孙固感戴而莫能忘也。第思宗圣祀事，蒙荫翰博，焜耀山东，而先贤曾氏莱芜侯尚未另请封荫。因查典例，景泰七年，周濂溪孙周冕、程伊川孙克仁及建安朱子九代孙朱梴，俱除翰博。嘉靖元年，婺源县朱子祠，又除以朱子十一代孙朱墅为翰博，时守臣张芹等援孔氏曲阜、衢州分荫两翰博之例以请也。万历四十五年，河南巡抚张至发查奏，天津南畔邵康节六代孙邵南，援程氏之例，又除翰博。崇祯十六年，衍圣公奏查仲氏嫡裔仲于陛，亦除翰博。至我圣朝，恩渥尤极。康熙二十三年，周公七十三代东野沛然；三十九年，闵子之后、端木之后；五十一年，言子之后；五十九年，卜子之后；雍正二年，两冉子、颛孙子之后；此外，韩子、关子、伏生之后，又皆荫焉。生综计之，邀袭翰博者二十有七。内中各例，不以祖有而孙不必有者，若孔氏之翰博二；不以兄有而弟不必有者，若程氏之翰博二；不以庙墓殊方，墓有而庙不必有者，若朱氏之翰博二、关氏之翰博三。此我圣朝崇儒重道，自古以来未有盛于今日者也。生祖先贤曾氏莱芜侯，鲁国大贤，孔门高弟，行无伤夫狂者，志见与于圣人。论其本身之贤，当邀异数；非因克肖之子，始沛侯封。圣朝稽古右文，崇贤恤后，甄别圣贤，不爽铢锱。生祖先贤曾氏莱芜侯，犹未与同堂之闵、冉、仲、卜，后来之朱、程、关、张，及其子宗圣曾子并袭世官者，原待时也。兹者恭逢万寿，普天率土，随在沾施济之仁；往圣先贤，到处沐优崇之泽。生不揣冒昧，自置祭产，不效各姓翰博有动帑资，惟乞洪恩，申请恩题，俾先贤曾氏莱芜侯之后，与诸贤儒之裔同袭翰博，共沐九重之恩荣，遂昭千秋之旷典，代代顶祝，上呈等情。并据生员崔秩、周琥、杨业达、黎大矗，举人周邦喜，副榜周洛瞻等公结恳详等情。并据户邻出具甘结前来。据此。

　　该宁乡县儒学教谕刘世法、训导陈泰鸿核看得，卑学生员曾衍咏呈请题袭先贤曾氏莱芜侯翰博一案，查《则例》内载闵、冉、仲、卜之徒，咸邀荣于翰博；孔、朱、关、张之后，俱分袭其世官。其中有祖孙分袭、兄弟分袭、庙墓分袭，一门之内，或二或三。诚因本身之贤，克承恩诏也。先贤曾氏莱芜侯，道德文章，既不让夫闵、冉、仲、卜；性情学问，又何逊夫朱、程、关、张，是其本身之贤，可邀分袭之职。况次房骈后既祀宗圣，而长房伟后应祀先贤。今者楚南建有专祠，似属可袭之庙；衍咏又系伟房嫡长，更为可袭之人。兹据该生里邻、户首出具甘结前来，理合加具印结，申赍查核等情。奉批，仰布政司核明详夺，结图存。又，奉前督宪汪批，仰湖南布政司查例，核议通详，结图存。各等因。行据长沙府以世袭令典是否应准添设有关入奏，且曾衍咏系曾氏嫡派长房，南省无从稽考。详经前署司详奉咨准，袭封衍圣公府咨开，本年四月二十五日，准贵部院咨，据署湖南布政司傅鼎详，宁乡县学生员曾衍咏是否曾氏嫡派长房详请，移咨山东查明宗圣曾子世系及应否添设博士之处，咨覆来南，另行办理等情。到本护院。据此。咨呈迅速查明赐覆，并送宗图一纸。等因。准此。当经转行该博士详悉查覆去后。

兹据翰林院五经博士曾纪连申称，查得先贤曾氏名点，字子皙。从学圣门，磊落天姿，志异三子之撰；渊源家学，道启一贯之传。我朝崇儒重道，远迈前代。顺治元年，钦奉世祖^①章皇帝恩诏：圣门典例，期于相沿优渥。钦此。圣祖仁皇帝、世宗宪皇帝恩纶叠沛，闵、冉等氏相继增置博士，以奉诸贤祀典。乾隆四十年，陕西巡抚毕沅奏请增置有子博士，均蒙高宗纯皇帝恩允在案。嘉庆七年，山东巡抚和瑛^②奏请增置先儒伏胜博士一员。钦奉我皇上恩旨，以伏敬祖承袭。兹先贤曾皙功德，实并于闵、冉，亲受及门之传，较久袭之昌黎韩氏、新袭之济南伏氏，为尤应也。再查博士之设，关氏有三，朱氏有二，崇祀皆祇一圣一贤。今曾氏一门，父贤子圣，虽有博士一员，亦祇专祀宗圣曾子。至先贤曾氏请增博士之处，论其本身之贤，援诸先贤、先儒分袭、各袭之例，亦属相符。今生员曾衍咏，乃先贤曾氏六十八代嫡孙，为长房曾辉之裔，其近祖曾

---

① "祖"，原作"宗"，据《清史稿·世祖本纪》改。

② "瑛"，原作"珅"，据《清史稿·和瑛传》改。按：和瑛，原名"和宁"，避清宣宗旻宁讳改。嘉庆六年，任山东巡抚。

芝自明天顺间迁徙湖南宁乡麻田地方，与职实系一脉相传，均为嫡裔，确与谱系宗图悉相符合。自嘉庆三年来，倡率族众，建立先贤曾氏专庙，既栖神而有所，应主祀之有人，允宜请置博士，以彰皇仁而隆典礼。拟合援例申覆，并取具宗族甘结、同宗图申请爵宪咨覆湖南抚宪，奏请圣鉴，实为恩便等情。到本爵府。据此。查先贤曾氏、宗圣曾子，均为圣门高弟，而曾氏皙言志同圣，象贤得宗，洵非七十子所可同也。虽有博士一员，祗奉山东之宗圣曾子专庙。今湖南既建有先贤曾氏专庙，恳援各氏之例，请设博士，实足彰我圣朝崇儒重道有加无已之盛典。兹据申送宗图甘结，本爵府覆查无异。是在贵部院维持斯文，复加确查，饬取地方切实印甘各结，均无异义，仍由贵部院查核例案，据情奏办。为此，咨覆查照。同日，并准山东抚部院咨，同前由。到本部院。据此。拟合咨移贵部院，请烦查照施行。各等因。咨院行司。奉此。

当经行据长沙府知府张凤枝转据宁乡县知县张秀芝详称：卑职遵即传唤曾衍咏之里邻查讯，均称曾衍咏实系长房嫡派，山东现有博士曾纪琏，实属次房。衍咏志切念祖，修庙置产，应袭先贤曾氏博士，以光祀典，并呈宗图甘结前来。该卑职核看得，先贤曾氏莱芜侯，性情道德与当年之闵、冉、仲、卜，后来之朱、程、关、张，共相并美，是其本身之贤，当邀异数之奖。伏查典例，诸贤儒之嗣均有世袭之职，且各家分袭。孔氏，一在山东曲阜，一在浙江西安。朱氏，一在安徽婺源，一在福建建安。关氏，一在山西解州，一在湖北江陵，一在河南洛阳。地方虽殊，圣泽则一。故一门之内，或二三翰博以祀一圣贤，不以一二圣贤共一翰博以并祀者也。恭维圣天子孝治天下，文教诞敷，共庆率土普天，并无此疆尔界。曾氏之后，房分长次，均沾圣德优崇；地别东南，允沐特典优奖。兹奉檄，饬取具宗图、户邻甘结，理合加黏印结，详请察核，加看转详等情，到府。据此。该长沙府知府张凤枝核看得，先贤曾氏，曲烈名裔，巫公奕叶，咏沂水于春风，润尼山之化雨。惟君子有榖而克启贤关，斯后昆垂裕而优入圣域。且查《礼部则例》，关氏翰博有三，朱氏翰博有二，此皆一圣一贤，得袭二三翰博，何况曾氏一门，父贤子圣，现仅博士一员，似可仰邀增置，俾曾氏后裔次房曾纪连已袭世职，得奉宗圣于山东；长房曾衍咏请增翰博，分祀先贤于南楚，则曾氏之世官有自，而圣朝之旷典弥加，是亦废修坠举之义，益昭崇儒重道之隆。兹据宁乡县绘具宗图，取具户邻甘结，加黏印结，具详前来，相应加具结看详，恳赐转请奏等情，到司。据此。

该湖南布政司朱绍增、署按察使图勒彬会核看得，先贤曾氏襟怀旷达，学具本源。春风侍坐，品诣已卓越夫及门；化雨涵濡，令子更同登于圣域。志异三子之撰，胞与为怀；道统一贯之传，日星并丽。隆儒恤后，宗圣已设博士于山东；崇德报功，先贤宜增世职于南楚。兹奉咨准山东查明曾衍咏实系曾氏嫡派、长房嫡孙，并据该县府查取宗图各结，加结加看详，请添袭博士前来。

本司等覆核无异，相应详请会核，奏请增置翰博一员奉祀先贤曾氏专庙，以彰皇仁而隆典礼等情。到本部院。据此。除恭折会衔具奏外，所有山东省咨送宗图、钤结及南省宗图、供甘印结，相应咨达。为此，合咨贵部，请烦查照示覆施行。须至咨者。

嘉庆十六年六月十二日。

定安按，此事未奉允行，录此以待后人为之。

宗圣志卷十三

祭田第十一

圣代褒贤，制仿圭田。祇供粢盛，累陌连阡。纂《祭田》。

明

曾承业请祭田疏 万历十七年

为恳乞天恩，比例补给祭田佃户，以全祀典事。

臣自祖以来，世为山东嘉祥县人。迨祖曾据遭逆莽之乱，远离故土，避难江西，遂卜居于永丰，辄捐弃其庐舍，先祖不绝者盖如线耳。以故祭田、佃户一概遗失。恭遇世宗肃皇帝御极十有八年，追思前贤，俯询宗派，诏令查有曾氏嫡派子孙应承袭者，仍世其官。寻蒙大学士顾鼎臣请旨遍访，臣祖质粹自江西抱谱应诏，即据山东、江西等衙门覆勘相同，遂荷特恩，准世袭翰林院五经博士，仍照颜、孟事例，拨给祭田、佃户等项，永供庙祀。夫以先贤之裔，久栖迟于异土；草莽之贱，骤授职于清华，盖千载一时矣。比蒙山东抚按转行该府州县正拨间，不意臣祖质粹即世，臣父继祖复尔丧明，遂至迁延日久，未蒙复额。及臣承袭，尚未奏讨。窃念臣以流离之子，幸得被先世之冠裳，窃艺林之俊彦，揣分自惟，亦宠荣极矣，岂敢别有觊觎？但臣祖曾子，其有功于圣门，既与颜、孟相同，臣今承袭，其受职于天朝，亦与颜、孟无异。陛下崇德报功之典，优异钦恤之恩，固无所丰啬于其间也。乃二氏子孙久沐厚典，臣尚未沾实惠，且春秋二祀，殊乏笾豆簠簋之品；老稚数口，实鲜兼辰荐岁之需。是以罔避自陈之嫌，敢哀鸣于君父之侧。伏望皇上悯念先贤，敕下该部，查照颜、孟事例，一体题覆，拨给祭田、佃户等项，庶臣供祀，俯仰有赖，而臣祖参沐恩宠于九原为益深矣。臣不胜吁天待命之至。

奉圣旨：礼部知道。

户部请清查祭田疏万历十七年

题为恳乞天恩，比例补给祭田、佃户，以全祀典事。

山东清吏司案呈，奉本部送准礼部咨该本部题祠祭清吏司案呈，奉本部送准礼科钞出曾子六十二代孙、世袭翰林院五经博士曾承业奏前事。奉圣旨：礼部知道。钦此钦遵。看得，博士曾承业奏“乞比照颜、孟二氏事例，赐给祭田、佃户”一节为照，孔门四子同配庙庭，褒崇之礼不宜有异。自前代相沿，俱有祭田、庙户，以供祀事。国朝景泰年间，复从先臣徐有贞之请，查覆增益，至今二氏子孙供祀甚备，乃国之盛典也。惟是曾氏子孙微弱，自遭王莽之乱，播迁江西，历代以来，未经甄录。及我皇祖，重道崇儒，兴灭继绝，因其旧里庙寝无人奉祀，遂访嫡派子孙，准袭五经博士，使之归守坟庙，世继宗祧。而祭田、庙户未及议给，是以粢盛未备，洒扫无人，春秋烝尝不得比于二氏。此本官所以援例而陈乞也。然颜、孟二氏佃户，自前代至今，世守相寻，故额未失，当时稍有增给，亦易为处。今曾氏以既绝复续之绪，旧迹已无从稽查。且当版籍大定之余，新增更难于全补。所以祭田、庙户，似应查照颜、孟二氏，斟酌立给。但今未经查勘，难以豫拟。合无恭候命下，移咨户部，备行山东抚按衙门，查颜、孟二氏原给祭田若干、庙户若干、在先代相沿若干、在本朝续增若干。即今曾氏子孙，除故额无查外，应否比照颜、孟两家续增之数，一体补给。及查该府地方何项人户田土堪以拨补，其所拨数内田粮丁役作何除豁，务要从长酌议，使先贤之庙祀相延，国家之经制不失。区画妥当，明白具奏，听该部径自定议，覆请施行。等因。奏圣旨：是。钦此钦遵。等因。移咨到部。看得，颜、曾、孟子均称大贤，国朝尊崇，礼无二致。今颜、孟二氏各有祭田、庙户，曾氏裔孙不沾恩赐，比例陈情，似非过求。但田亩人户事在彼中，难以悬拟。为此，合行一咨山东巡抚，一咨都察院，烦为转行山东巡按御史，各查府州县地方有何人户田土堪以补拨，其所拨数内田粮丁役作何除豁，查议明妥具题，以便覆请施行。

户部请补给祭田疏万历十九年

太子少保、户部尚书石星等题为恳乞天恩，比例补给祭田、佃户，以全祀典事。

山东清吏司案呈，奉本部送户科钞出巡抚山东等处地方督理营田提督军务、都察院右副都御史宋应昌题，万历十七年十二月十八日准户部咨，准礼部咨，本部题，该曾子六十二代孙、世袭翰林院五经博士曾承业奏前事，本部覆奏钦依内开，备行山东巡抚衙门查明具奏。等因。准此。随行山东布政使司从长查议去后。

今据该司呈准分守东兖道、左参政刘际可咨，据兖州府申称，查得曲阜县世袭博士颜胤祚，庙佃户四十六户，本县十八户，其余人户并祭田五十顷，俱滋阳等县佥设。邹县博士孟彦璞，原旧佃户四十六户，本县四十户，滕县六户，两处共绝七户，见在止存三十九户；祭田五十顷，系元泰定及国朝景泰年间钦赐，俱在本县各社拨给。今据嘉祥县申称，本官故祖曾质粹，于嘉靖年奏准拨给祭田，坐落郓城县地方，墓田坐落嘉祥县地方，当委巨野县丞唐峻德踏丈。缘以年远荒废，无从研究，止丈量出祭田五十顷，拨给曾庙，暂供祀用。尚欠之地，俟丈量之日，再续查给。及查佃庙人户，清出济宁州四户，汶上县六户，郓城县五户，邹县五户，共二十户，俱造册给付本官，永为供祀。应除丁粮子粒，俱照例申请除豁。未足地土，待该县续有开报闲地，再行补给。林庙佃户，令各州县审编均徭之日，另行拨补。等因。到府。申道。覆勘相同，备咨到司。通详到部。

该臣会同巡按山东监察御史何出光看得，颜、曾、孟三氏，俱系孔门大贤，优崇典礼，自当一致。但缘博士曾承业父、祖失袭年久，是以佃户、祭田遂尔沦废。今欲一旦取盈，势难必遂。所据府县查出见在祭田五十顷，林庙佃户二十户，比之颜、孟二家，虽为少损，而将来渐次增补，似亦妥便。既经司道勘议明确，相应拟具题，伏乞敕下该部，覆议上请。合无将郓城县查出见在地五十顷、庙佃二十户，俱给博士曾承业收照，永为供祀。不足之数，容令各州县续补施行。等因。又该巡按山东监察御史何出光题，同前。俱奉圣旨：知道。钦此钦遵。通钞到部送司。案查万历十七年准礼部咨称，题覆曾子六十二代孙世袭翰林院五经博士曾承业奏，乞比照颜、孟二氏子孙，一体拨给祭田庙户缘由。覆奉钦依，移咨前来。但事在彼中，难以悬拟。已经移文山东抚按查议去后。今该前因案呈到部。

看得，山东巡抚宋应昌会同巡按御史何出光题称前因为照，颜、孟、曾子均称大贤，国家褒崇，礼无二致。今曾氏祭田、佃户，似应比照二氏，一例议给。但因年久未袭，以致失业，一时全复，势委为难。今既查明前项祭田、庙户，先行拨给。不足之数，应候该县渐次增补，似为妥当。既经抚按官会题前来，相应覆请，恭候命下，移咨山东抚按衙门，备行该司府县，即将查出田地人户造册，给付本官收照，应纳钱粮，准其豁免。仍查该县开荒闲地，再给五顷。其人户，候审编之日，再给十九户，务与颜、孟后裔事例相同，永为遵守。仍将给过缘由，造册报部查考。仍咨礼部知会。

伏乞圣裁。

礼部尚书兼翰林院学士于慎行撰祭田记

万历十七年己丑，曾子主邕孙、翰博承业疏称：臣曾祖质粹奉肃皇帝诏，自江西归籍山东，守始祖宗圣庙林，寻授今职，赐第、给田、拨户与颜、孟比。臣祖昊无禄，臣父病目，家难频仍。比臣始克承袭，烝尝之将，阙然靡具。每虞陨越，为先灵羞。敢请于上，诏下礼官议。慎行适承乏礼曹，谨覆：宜如承业请，核复所赐，以示褒崇。制曰“可”。越岁，山东抚按上状，曾庙嘉靖间赐田六十顷，在郓城五十，嘉祥十顷，以供祠墓，嗣为军民所侵没，今官为履亩归之。庙户坐落济宁、东平、汶上、郓城，邹县、嘉祥，版籍具在，请赐承业，令供洒扫。仍为续增，如颜、孟额，如诏旨。于是，曾庙田户视二庙埒隆矣。博士抱册而请曰：“昔者承业虞坠先绪，不揣辄有陈乞，幸赖秩宗，以徼宠灵，俾获奉盛以告。盖微宗伯之赐不及此，愿记而勒之石。惟宗伯言信而征，足示来兹，太史职也。”不佞逡巡，不获辞，乃受简。恭惟肃皇御宇，淳庸大备，一洗前代陋仪，直以师道奉圣，四配俱如今制，黩号斯涤，道化重光，此千载一时也。皇上分列庙林，扫除锡壤，裂茅右文，优渥实迈成周，此岂区区掌故之为？而公等作考尊敦，对扬王休，庶无遏佚前人明德惟馨之令绪，则宸衷符契，锡类之不匮，实博士之遭逢盛典，将发据家学渊源，以不负君恩于万万者，不正在今日哉！不佞曩忝掌邦礼，俾四方觚墨之士以经术进者，其亦闻斯言而仰止夫。

兖州府卢问明隐占祭田供招 万历二十二年三月

一问得赵学等状供：嘉靖十八年，有先贤曾子五十九代孙曾质粹，承袭翰林院五经博士，比照颜、孟二氏事例，奏讨祭田五十顷，坐落郓城杨庄集等处四十顷，在官总旗薛栋等、佃户刘凡等处八顷，赡林地二顷，俱本庙自种收租役。又接讨庙户十户，在于邻近济宁等处，中三则民户拨给。至嘉靖三十九年，曾质粹故后，伊孙曾继祖因眼疾未袭，伊曾孙曾承业彼时幼小，亦未承袭，致将庙户散归各州县，应当民差。嘉祥祭田荒芜，嘉祥董知县均为民地，召在官栾思孔等承种纳粮。郓城县祭田，被薛栋等各不合隐占盗卖，作为军民地土，均报纳粮当差。后学亦不合盗卖五十亩，作为任城卫地。后万历十七年十月内，曾承业承袭博士，遂比照颜、孟二氏子孙，一体给赐祭田、庙户缘由，题奉钦依。行令户部咨行抚按两院，案行布政司，咨行分守道，札行本府清查。依蒙行。

据嘉祥县申称，本官故祖曾质粹，原有奏准拨给祭田四十顷，坐落郓城等情。申府。当委巨野唐县丞带领书算前到田所，随将薛栋等审招押带指边，逐一丈量出前地四十五顷，封立地界，册报本府。又清查出庙户嘉祥县栾思孔等各不合将种林田均纳税粮，隐不报官，以致该县止拨开荒纳谷地五顷。申府。补充庙田，以待续有开荒田地，续补五顷。俱造册报府，申道，咨司报部讫。后学与薛栋各又不合将前项祭田仍占不退，嘉祥地止与咸薄地，不堪耕种，以致曾博士将情于十年十二月内具呈分守道刘处，牌行本府即查。依蒙帖行嘉祥。又于不在官吴德运等名下开荒纳谷地内拨补五顷，庙户二十户，申府转送讫。后曾博士访知伊林田十顷被邻地居民隐占，并学等占地不退等情，于二十年六月内具呈，开单，赴抚院孙爷呈准，批分守道查报。依蒙钞呈行府查议。仍将唐县丞丈过地册发府，帖行郓城县。

该万知县查审，看得学等佃种祭田，其来有日，后因曾氏两代空袭日久，事渐湮没。审称：皆其祖父之手，乘其废袭日久，视祭田为己业，盗卖隐占，任情无忌，今应定，捏词告府。又牌行该县查明，回申前来，并提学等一干人证到官。该府卢知府覆审前情明白。看得赵学、薛栋与嘉祥县栾思孔等各奸隐占盗卖，即经各验查明退地，各拟杖惩不枉。再照，嘉祥县栾思孔等所种祭田，该县先已均报税粮，今已退出送庙，地粮应该除豁。该县议，将先拨与本庙开荒纳谷地十顷，本官退出吴得运等见今承种，免其纳谷，就将此地抵补栾思孔等税粮。其所欠庙户，行令济宁等州县查明，另日回报。蒙将学等取问罪犯，一议得各犯赵学、栾思孔等所犯，俱合依不应得为而为之事理重者律，各杖八十；俱有大诰减等，各杖七十；俱民审。

熹宗天启三年，宗子博士曾承业具呈，嘉祥县南旺湖生莲藕芡菱等，乞供春秋祀用。工部尚书姚思仁代题，准给水田三十中顷，永供庙祀。查给小甲王如猷等领种。

天启三年，山东抚臣赵题准白莲妖产拨五顷，以补祭田。

再拨壹顷陆拾亩，以修官廨。

国朝

武城家乘·恩例

顺治元年，山东抚臣方大猷奏言：先师孔子为万世道统之宗，本朝开国之初，一代纲常，培植于此。礼应敕官崇祀，复衍圣公并四氏翰博等之封，可卜国脉灵长，人文蔚起。谨详列历朝恩例，以备采仿而行。奉旨：先圣为万世道统之宗，礼当崇祀，昭朝廷尊师重道至意。本内所开各款，俱应相沿，期于优渥，以成盛典。钦此钦遵。故在屯佃户，见丁记亩，开垦荒田，专供祭祀，而有司杂差从不役焉。

武城家乘·公牍碑记

乾隆三年，五经博士曾衍橚请将祭田、庙户入《志》。由布政司查明，并无侵占民地情事，饬兖州府转饬嘉祥遵照入《志》，以垂永久。

乾隆五年，五经博士曾衍橚呈请，言南旺湖水祭田当年给赐之日，未遇郡邑修志，是以遗入《志》内。由衍圣公咨河东河道总督白查明，有碑石可据，并无碍于蓄水济运，咨明礼、工二部，奉准令曾翰博世守管业，以崇祀典。并饬嘉祥县注明界址，载入《郡邑志》内，以垂永久。计南旺湖共有祭田两段，计地二十八中顷，东至牛圈岗，西至宋家岗，南至贾家岗，北至杨家路。又一段，计地二中顷，东至顾中荣，西至牛圈岗，南至路，北至路。

乾隆八年，五经博士曾兴烈呈，南旺湖祭田业经饬入《郡邑志》内，礼、工二部，督抚两院及司道各明文，班班可凭。诇湖地旷野，附近无知之徒妄生觊觎，私行扰害，亟请严禁。由礼部咨行山东巡抚喀，转饬地方官严禁，不许近湖居民恃强侵占，亦毋许无赖扰害，以重祀典。

乾隆九年，嘉祥县将宗圣祀田三十中顷坐落湖内处所各段落四至地名，逐一登注造具确册，由府转申河抚两院。计祀田二段，三十中顷，长阔共积步一百零八万步。一段一十九顷四十五亩，坐落忙生闸，东至湖荒，西至路南，北至湖荒，南至杨庄。后堤根一段，十顷五十五亩，坐落寺前铺，东至官租梁姓等，西至湖荒，北至湖荒，南至湖荒。

乾隆十一年，巡漕御史李条奏，南旺湖地拨给贫民认租。工部议准由河、抚两院查明段落四至，旧有碑石，原系中亩，已入志乘，又经报部有案，仍转饬照旧存留，仍将丈量湖地册内声明造报。

乾隆四十年，五经博士曾毓塼呈请，严禁附湖居民嗣后无得擅入祭田界内，私割湖草、捕鱼放鸭、窃取菱藕苇莆等物。由山东运河兵备道批准，转饬济宁州汶嘉二县、临清卫，并委巨、嘉主簿就近稽查察究。

乾隆六十年，总河部堂李转饬运河道济宁州嘉祥县，查明南旺湖内忙生闸、寺前铺两处祭田，按照界址，严禁附湖居民不得擅入祭田界内滋扰。

曾广莆·清理祭田公牍

道光三十年四月，曾翰博查湖内祭田历年久远，湖水时涨，界址不清，由部准饬委查勘四至。时值湖水涨发，未得勘丈。咸丰三年，查出地一段，东至顾中荣、西至牛圈岗，南至路，北至路，计地二十顷。七年，查出地一大段，东至牛圈岗，西至湖荒，因有水，尚未丈至宋家岗，南至贾家岗，北至杨家路，计地二十中顷一十六亩六分二厘五毫。又东接湖荒起，西至宋家岗，北至杨家路，共合计地二十八中顷，封立界址，造具四至段落清册。

曾广莆·增置祀田碑记

我曾氏自鄫世子入鲁以来，改鄫为曾，四传而至我始祖宗圣，世无废祀，已二千年。有钦赐祭田，传之永久。但我曾氏受田，在颜、孟二氏之后，是以田多瘠薄，不克与二氏等。稔岁虽可给供，歉年颇形拮据。近又以黄河北徙，郓西一带大半淹没，兼值逆匪滋扰，有妨播谷，祀事更觉艰难矣。幸我湖南长沙府湘乡县宗裔涤生公名国藩，以钦差大臣督师江南，克复江宁省城，晋宫衔，封侯爵，擢揆席，旋于同治五年六月驻师济宁，遂特至嘉祥南武山，上谒始祖宗圣庙庭，询知祀事情状，即出俸银千两，增置祭田。本年九月，买得济宁州北乡程徐庄徐刘氏田贰顷壹拾壹亩玖分有奇。六年正月，移会济宁州牧程，过入宗圣府例粮，改拨曾家堂册内。得此一助，祀事自兹无虞矣，莆于是有感焉！我始祖宗圣，孝著古今，道传贤哲。明德之后，必有达人。昔子固公既以文重累朝，欧、苏为伍；今涤生公更以勋高当代，韩、范为俦。此固邦家之光，而亦宗族之荣也。且祀事艰难之际，适值涤生公帅节遥莅，追远展诚，恳恳勤勤，以祀事为重，此尤我始祖宗圣所深鉴而默相之也，又乌可不传之久远乎？莆忝主宗祊，爰志诸石，俾后世子孙知东国之明禋，赖南宗之伙助，于以副朝庭褒嘉之典，继祖宗堂构之隆，胥在是矣。谨记。

同治八年十月立。

曾广莆呈查湖田公牍

同治九年五月，曾广莆查南旺湖内祭田，所有毗连顾中荣之二中顷，稍有堪种之处。余二十八中顷，界连牛圈岗、贾家岗等处，十年内尚可布种一次。至界连宋家岗等处祭田，适在洼区，只宜蓄水，并无堪种之时。惟查牛圈岗、顾中荣以南与祭田毗连之处，并湖南岸近堤之处，均有涸出湖荒，地势较高，不能蓄水。嘉祥县林介景勘丈明确，详请在案。

同治十三年，五经博士曾广莆呈称，南旺湖内有宋家岗被淹祭田，请易换牛圈岗湖地。河东河道总督乔以此案历年已久，案卷不全，无凭稽核，当即转饬查明共原设祭田系何年月日立案，及四至封界。六月，济宁州嘉祥县丁敬书、巨嘉主簿姚宝善会勘，南旺湖被淹祭田抵换涸于湖荒段落亩数，理合造具四柱清册呈送。

计开，旧管原设毗连牛圈岗祭田一段，计地二十八中顷。东至牛圈岗，西至湖荒，因有水，尚未至宋家岗，南至贾家岗，北至杨家路，南宽七百六十步，北宽七百步，东长九百九十九步，西长九百九十步。又东接湖荒起，西至宋家岗，南至贾家岗，北至杨家路，南宽四百四十一步，北宽四百四十步，中长六百四十步。

又原设毗连顾中荣祭田一段，计地二中顷，东至顾中荣，西至牛圈岗，南至路，北至路，东宽一百八十九步，西宽一百八十九步，中长三百四十二步；又东宽一百二十一步，西宽一百二十三步，中长六十一步。

以上原设地两段，共计地三十中顷。

新收易换牛圈岗以南新涸湖地一段，计地六中顷零二分七厘。东至张家柱承种湖地，又东至傅纪开系傅东贵退及租地西界小沟，西至湖荒，南至湖荒，北至牛圈岗，南宽四百三十步，北宽四百三十五步，中长五百六十步，共计地六中顷七十二亩七分七厘。内扣除巨、嘉泛草场七十二亩五分，下余前数。

又，易换湖南岸近堤新涸湖地一段，计地四中顷二十七亩七分。东至湖荒，西至湖荒，南至湖堤，北至湖荒，东宽二百四十步，西宽二百步，中长七百步。以上新换地两段，共计地十中顷二十七亩九分七厘。查毗连宋家岗等处水祭田十中顷二十七亩九分七厘，查毗连宋家岗等处原设祭田二十八中顷，半被水淹，碍难种作。经五经博士曾广莆牒蒙各宪，檄委前署县林介景会同巨、嘉主簿姚宝善勘得，牛圈岗以南并近堤之处，曾有新湖地两段，共计十中顷二十七亩九分七厘，详请换作祭田。故将原设二十八中顷地内，紧靠宋家岗一边内，划出有水地前数，作为官湖蓄水之用，登明实在。

原设并新换祭田四段，原设毗连牛圈岗祭田一段，东至牛圈岗，西至宋家岗，南至贾家岗，北至杨家路，南宽六百七十一步五厘七毫，北宽六百十一步零五厘七毫，东长九百九十九步，西长九百九十步，计地十七中顷七十二亩零三厘。

又原设毗连顾中荣祭田一段，东至顾中荣，西至牛圈岗，南至路，北至路，东宽一百八十九步，西宽一百八十九步，中长三百四十二步。又东宽一百二十一步，西宽一百二十三步，中长六十一步，计地二中顷。

新换牛圈岗迤南涸出湖荒地一段，东至张作柱承种租地，又东至傅纪开系傅东贵退及租地西界小沟，西至湖荒，南至湖荒，北至牛圈岗顾中荣祭田南界，南宽四百三十步，北宽四百三十五步，中长五百六十步，计地六中顷七十二亩七分七厘。内沿渠扣除六十步，以便随时挑捞渠道，并可作为巨、嘉草场之用。下余地六中顷二分七厘。

又新换湖南岸近堤涸出湖地一段，东至湖荒，西至湖荒，南至湖荒，北至湖荒，东宽二百四十步，西宽二百步，中长七百步，计地四中顷二十七亩七分。

以上原设并新换祭田四段，共计三十中顷。

　　光绪元年，山东运河道王详据署运河同知蔡寿堂、嘉祥县知县丁敬书、巨嘉主簿姚宝善遵经备文移查，五经博士曾广莆查明移覆，会同复亲诣勘得，宋家岗原设祭田共二十八中顷，内有低洼地二十六中顷，现在水势汪洋，不能查丈。惟查牛圈岗以南有涸出湖荒一段，东至张作柱等承种租地，西至湖荒，南至湖荒，北至牛圈岗，地势高仰，不利蓄泄。复丈得该地共计六中顷七十二亩七分七厘，惟内有引渠一道，有碍出水，未便耕种。应于引渠北岸上游沿渠之处，扣除地六十步，以便随时挑捞。下余地六中顷零二分七厘，无碍湖潴。又，湖南岸近堤之处有涸出地一段，东至湖荒，南至湖堤，西至湖荒，北至湖荒，地势亦高，计地四中顷二十七亩七分二厘。共计涸出湖荒地十中顷零二十七亩九分七厘。应请先于原设二十八中顷内祭田打量水势，极深不能种作之毗连宋家岗一边，划出地十中顷零二十七亩九分七厘，归入官湖蓄水。似此高低对换，既无碍于湖潴，亦可耕作收租，作为祭品之用。并请嗣后新换地内之引渠，如有应行改挑之处，无论原设、新换祭田，均准一律挑改。伏候行知曾博士，遵照办理。

　　河东河道总督乔咨请户部查照，议覆立案。由部议准，咨覆河东河道总督。转饬运河道，移行五经博士曾广莆，世守管业，以隆祀典。仍知照礼部、工部，并移知山东巡抚查照。

　　定安按，古者士有田则祭，无田则荐。自有明诏访曾子后，给田拨户，与颜、孟比，隆然已在二氏之后。地多苦瘠，中更失袭沦废。隐占之端，增置之事，独视二氏为详。故备录之，俾世守者有所考焉。

宗圣志卷十四

户役第十二

庙户之设，以供洒扫。复身免徭，禁其科扰。施及南宗，皇仁浩浩。纂《户役》。

明

嘉靖十八年，给宗圣庙户十四户，以供洒扫。嘉祥四户，济宁三户，汶上一户，邹县四户，郓城二户。

嘉靖十八年，给宗圣庙户十四户。后以旷袭日久，各户散应民差，神宗万历十七年宗子博士曾承业疏请于朝，增给二十四户。嘉祥县四户，济宁州四户，汶上县六户，郓城县五户，邹县五户。比照颜、孟二氏，尚少二十六户，以待附近州县审编，另行续补。

万历十七年，宗子博士曾承业奏请，准照颜、孟二庙事例，遴选民间俊秀子弟六十名，除去民徭，给予衣巾，常行在庙赞礼执事，照生员例，一体优免。本县吴道通等并附近州县中选取名，列于庙内碑阴。

天启五年，山东抚院王准拨汶上县五户张栋等、东平州四户李学耕等，各给帖，赴庙供祀。

崇祯八年，宗子博士曾宏毅具呈抚部，准拨汶上县附近八户王都等，各给帖，赴庙洒扫。

嘉靖十八年、万历十七年、天启五年、崇祯八年四次拨给洒扫庙户，除去民徭，专供庙祀。

汶上县十七户：一户吕朝，一户陆经，二户王印弼，一户李春泰，一户全文雅，一户张栋，一户孙永兴，一户刘世超，一户李子实，一户邓永石，一户王文运，一户宗得福，一户楚之璧，一户杜秉见，一户庞文雅，一户刘文进，一户任文纯。

济宁州六户：一户陈文华，一户郝廷弼，一户魏国省，一户史珣，一户王心和，一户姜凤舞。

郓城县五户：一户杨建，一户吴尚质，一户许灿九，一户刘克让，一户朱万占。

邹县四户：一户韩菜，一户王士敏，一户王廷枚，一户孙闻秀。

嘉祥县四户：一户李君爱，一户张綍，一户赵国梁，一户孟养志。

以上每户五、七、十丁及一、二十丁不等。

国朝

顺治元年，巡抚山东方大猷题，奉圣旨：圣门典例，俱应相沿，期于优渥。钦此钦遵。庙户专供洒扫，有司一应杂差不派。

顺治二年，汶上知县边维明将三次拨给庙户共十九户、三百七十余丁，尽入汶上民籍，派征丁粮，希归私囊。至顺治三年，宗子博士曾闻达言之兖州府陈，行票汶上。时边已经参劾离任，新任梁查明照数造册，一并拨回，仍供庙祀。

顺治六年，宗子博士曾闻达具呈赴户部，请优免庙、佃二户杂派差徭。随于顺治七年四月，移咨直隶总督张，山东抚部院夏，确查有往例可循。顺治八年八月，由部咨覆准。

顺治九年，汶上县孙学孟假冒公直，乘清地编丁之机，将庙户王化蛟等一十九户暗编民籍。宗子博士曾闻达具呈抚院耿，饬兖州府牒送本府兴屯同知赵审理。后据汶上县回称，首犯孙学孟已死，议查照曾氏志书帖册，拨出归庙。由兖州府奉抚院复准。

顺治十三年，宗子博士曾闻达呈部称，族户礼生一切杂项差徭，业经移咨督抚，准照旧例优免在案。讵料州县书役捺案不行，仍复一概派扰。随由部移咨抚院，转饬严禁，凡一切杂差，俱行蠲免。

康熙十三年，户部行文，仍照顺治十三年旧例蠲免。

康熙四十年，户部行文申饬，将一切地亩杂项差徭，概行蠲免。如有复行派扰者，详报究处。

康熙四十七年，抚院通饬，遵照部文蠲免。

乾隆二年，博士曾衍榡请，将湖田四至及户头花名补入《邑志》。经邑令李松查明，现在供役之三十七户，刻入《志》内。

乾隆五年，曹州府孔兴本具控，巡抚硕行文，黄河料物等差，照旧例蠲免，且立碑永禁。

优免孔颜曾孟四氏差徭碑记

乾隆二十年四月初十日票，钦命山东等处承宣布政使司布政使阿，为恳恩照例饬行勒石，垂久远，沐皇恩事。

乾隆二十年三月十七日，蒙署理巡抚都院郭批，据四氏圣裔孔传是等呈称，窃孔、颜、曾、孟四氏圣裔仰承祖业，历朝优崇，一切地亩杂项差徭，概行蠲免。其散居各处者，俱今所在有司加意优恤。迨顺治元年恩诏内一款，凡圣门典例，俱应相沿，期于优渥。钦此钦遵在案。后因各州县奉行不善，扳扰时闻，顺治、康熙年间，历蒙户部行文申饬，凡一切杂项差徭，俱行蠲免。亦在案。是孔、颜、曾、孟蠲免差徭之例，上奉恩诏，又蒙部／宪台屡次饬行，由来久矣。兹日久弊生，充属各州县有遵例蠲免者，复有捺案不行者。是使四氏圣裔竟有得蠲免、不得蠲免之殊，而所谓一切地亩杂项差徭尽蠲免者，几不彰矣！四氏圣裔拖累难甘，因公吁宪台大人恩准，照例饬行充属各州县，蠲免四氏圣裔一切地亩杂项差徭，并饬各州县治将勒石以垂久远，则四氏圣裔优游于光天化日之中，庶免拖累之苦，不惟四氏圣裔永沐隆恩，而维持之功亦与金石并垂不朽矣。沾恩上呈等情。蒙批，四氏圣裔，其一切地亩杂项差徭，自应优免。布政使查明旧例，定议详报，以凭饬遵。等因。批司。蒙此。

卷查康熙四十九年六月初九日，蒙前抚督院蒋案验一件，恳恩再给明文，严行申饬事。康熙四十九年六月初五日，蒙户部咨山东清吏司案呈，奉本部送据五经博士孔传铄、颜崇敷、曾尚溶、孟贞仁、仲承述、闵兴汶、东野枝盛等呈称，职等仰承祖业，蒙历朝优崇，凡属圣贤后裔以及庙丁、礼生、乐舞，一切地亩杂项等差徭概行蠲免。后州县捺案不行。于康熙二十二年、四十年两次复具呈本部，均蒙移咨东抚，照例饬行在案。诚恐相沿已久，各州县复行派扰，伏乞部台恩准，照例移咨东抚严行申饬。等因前来。查康熙四十年四月内，据五经博士孔毓埏等具呈，本部移咨该抚申饬在案。今据五经博士孔传铄等具呈，相应行文东抚，再加严行申饬可也。为此，合咨前去，查照施行。等因。咨院。行司。当经转行，严加申饬在案。

今据四氏学孔传是等以各州县奉行不善，有遵例蠲免者，亦有捺案不行者，援例呈请本都院严饬。蒙批，本司查明旧例，定议详报。等因。遵即卷查康熙四十九年六月内，奉准户部咨文，据五经博士孔传铄等呈称，职等仰承祖业，蒙历朝优崇，凡属圣贤后裔以及庙丁、礼生、乐舞，一切地亩杂项差徭概行蠲免。移咨东抚，严加申饬遵行在案。今据四氏学孔传是等援例呈请优免一切杂项差徭，似应饬令循照旧例，出示晓谕优免，庶约地知有恩例，不敢仍前派扰，而四氏圣裔均得永沐恩施。并应转饬各州县，勒石垂久，仍取碑摹送查。缘奉批饬查议，是否允协，拟合呈祈本都院鉴核，批示饬遵。乾隆二十年三月二十六日，蒙批如详，转饬各州县，仍取具碑摹报查缴。

乾隆二十年五月上浣，兖州府嘉祥县知县建水俚震山立石。

附

南宗曾氏免役

明

曾日新准免差徭公牍

湖南长沙府知府石，为藉端逃差，恳详咨查事。

崇祯四年八月十六日，奉藩宪杜转，奉抚宪洪牌开，准山东衍圣公府咨开，本年二月初六日准贵抚咨，据湖南布政司杜诗详，据长沙府知府石公引转，据宁乡县知县周瑞豹详称：本年正月二十五日，奉宪台票开，案据该县徐万逢赴府呈前事呈，任土作贡，纳粮当差，自古依然。况近来差务甚繁，所有杂派差徭，均该保甲照户摊办。乃境内曾日新既恃乡官，免身家而不差；又称圣裔，保族众而不役，藉为宗圣曾子之后，胆敢包族故抗，激民控以诡逃差徭。伊亦诉以查案恳恤等事，均禀在县。奈县讯究不将公务紧要，究伊故逃，总以永丰县移称，为嫡派，不应当差。窃历来差务不均干律隐蔽干条民系查移其中情节，均为伊族让袭翰博取让甘结关送谱本，并无只字言免差徭。抓山抵水，不有明案，何由得搪？似此诡计脱逃，不颁咨查，将来粮多族众，误公不少。为此，恳恩吊案赏准，详请咨查上禀等情。除批永丰县移是否有无免差字样，仰宁乡县立即查照录移，详请咨查可也外，合亟票饬。为此，仰县官吏立即查照永丰县移，录具全案，毋任添漏捏饰，详请咨查山东，是否嫡裔，应否优免杂派差徭。俟东咨覆到日，另行办理。切切。等因到县。

卑县卷查，嘉靖十二年三月初六日，前县陈起准江西永丰县知县彭善移称，推贤让袭，关取结谱，以便详办事。案据敝县廪生曾嵩、曾衮呈前事呈称，生等族众，原籍山东，脉祖先贤莱芜侯，嫡祖宗圣郕国公。十五传关内侯据，家吉阳，即今永丰也。子阐，十八传尚书丞，生珪、旧、略。珪四传御史庆，生二子：长伟、次骈。骈后徙木塘，即今质粹之祖。十四传兵部侍郎晞颜；子翰林巽申，四传子集，生芝、兰、茂、桦、芬、芳六人。兰仍居龙潭，即生等之祖。芝官湖南，携老谱家宁乡，即今麻田房教职曾铨之祖，均为嫡裔，谱牒班如。兹蒙天恩，诏归东土，守祀宗圣庙墓。生等生长南方，不乐北徙。况龙潭地方，自元以来，现有武城书院一区，塑立宗圣像位，尽可祀事。所有山东翰博，生等甘愿借与质粹承袭本身。但芝实为生等伯祖，现在教职曾铨乃生等伯祖嫡孙，年长生等。嫡长生房生母物故，虽伊子朝①珫来吊，口称山东翰博或借或袭，均凭生等，绝无觊觎其中。然口说无凭，理合恳恩

---

① "朝"，《武城曾氏重修族谱·子集房系》作"潮"。参见曾毓塆等纂修：《武城曾氏重修族谱》，国家图书馆藏清嘉庆十一年（1806）木活字本。

移取甘结，关吊老谱，以便质粹呈办。俟事定后，仍将谱本发还。等情到县。准此。

敝县看得，重道崇儒，异数之皇恩不易；推贤借袭，兴让之家教可风。事关巨典，理合据情移取结谱。为此，合移贵县，请烦查照文内事理，迅即赐覆。等因到县。当经前县取具结谱回覆在案。卑职细核前移，并查各供，曾铨即今曾日新之祖，实为宗圣长嫡，山东现在博士，尚属次房，则日新族众所有差徭，例应优免。但敝县现无成案，无从照办。曾日新供称，嘉靖庚子东咨南案，被徐万逢等弊匿混派，彼此互讦，并请咨查在卷。缘禀批饬，理合具录全案，申请宪台转详请咨。等因到府。详司。转核申抚。据此。拟合移咨。为此，合咨呈衍圣公府，请烦迅即速查赐覆。各等因。准此。转行博士详细查覆去后。

兹据宗圣裔世袭翰林院五经博士曾宏毅申称，本年五月十六日，蒙爵宪札开，该博士迅即查明谱系，将湖南宁乡职员曾日新是否嫡派长房，应否优免，并该博士支派果否推借承袭缘由，限三日内具文，详晰申覆，以凭咨覆办理可也。等因到职。伏查家谱，宗圣曾子十五传关内侯据，家吉阳，即汉之长沙，今之永丰也。子十八传尚书丞，生珪、旧、略。旧徙云盖；略衍南丰，为子固房祖。珪生宽、绰、丰、晖、隐。隐徙泉州，为公亮房祖。宽三传御史庆，生二子：长伟，次骈。骈二十二传质粹，志切念祖，合族推让，归东承袭，即职祖也。伟十四传兵部侍郎晞颜；子翰林巽申，四传子集，生芝、兰、茂、桦、芬、芳。兰，即夺袭曾衮之祖。芝字光显，家宁乡，为集长子，系兰胞兄，生安、守、官、宦、宜、富、室、家。安子绚衍固始，缉衍武冈，犹衍黄陂，惟长子绖仍衍麻田。今之日新，系绖嫡孙也。职查底案，嘉靖十九年，曾绖子朝珪赴东谒庙，与职祖申请先大爵宪赐咨南省，查照优免，经今九十余载。迨至日新被棍混派日久，案卷不无弊匿。职查典例，爵宪族众，例无差徭。圣母、圣配、外戚免，始永寿；庙户免，始元嘉；乐舞、礼生免，始洪武。自是以来，恩渥尤极。四氏圣裔历蒙优崇，其散居各处者，均令所在有司加意优恤。今湖南宁乡曾日新一支，委系职等一脉相传，伊祖与职祖两无尤，自甘退让于楚。伊房比衮房而更嫡，不肯夺袭于东，诚守兴仁兴让之训，笃亲不偷者矣。所有杂派差徭，既共普天率土，皇仁宪恩，自应与山东一例优免。缘禀饬查，理合具文，申恳加看咨覆，转饬优恤，实为恩便。等因。到本爵府。据此。

　　查看曾日新实为长嫡，所有杂派差徭，自应与山东一例优免，无使两歧，仰副圣天子崇儒重道之至意。为此，咨覆查照施行。等因到院。据此。查看此案，充当户差，固属公务；照例优免，尤广皇仁。况曾日新实属长嫡，不争翰博之荣，应照优免之例。不惟现今徐万逢等不许妄派，即日后曾氏子孙，该县军民人等永远毋得任意妄派滋扰，致干法究。为此，仰布政司速饬该府，转饬遵照办理，毋稍纵容延搁。等因到司。奉此。看得山东地方圣贤后裔例应优免，其散居各处者，俱令所在有司加意优恤。曾日新，既为宗圣嫡裔，虽在南省，应与山东一例优免。合亟牌饬。为此，仰府官吏速即转饬该县，必须遵照抚宪咨覆事理，加意优恤，勿许徐万逢等再行扰派。自后曾氏子孙，该县军民人等毋得妄派，自干究处。切切。等因到府。奉此。

查看此案，曾子三十七代御史庆生二子，长伟、次骈，山东博士尚属次房，宁乡曾日新实为长嫡。虽未袭翰博，应别齐民。凡属差徭，例应优免。合亟牌饬。为此，仰县官吏遵照抚/藩宪牌，所有杂派差徭，该县曾氏子孙应与山东一例优免，毋任徐万逢等混派滋扰。自后曾氏子孙，如有棍徒逞刁不遵，胆敢混扰，许该族人等指名禀究。切切。此牌。

崇祯四年十月十八日。

国朝
严禁冒滥优免公牍

长沙县知县谢，为存真杜冒，造册备查事。

案奉府宪札开，奉布政司翁转，奉抚部院札开，嘉庆二十四年四月初五日准衍圣公府咨开，嘉庆二十四年二月二十四日据世袭翰林院五经博士曾纪连申称，职族《家谱》载，宗圣曾子十五代嫡孙名据，由东迁南，迨传至御史庆，生二子：长伟、次骈。明嘉靖间，职祖曾质粹，骈后也，诏归嘉邑，世袭博士，为东宗房。伟后知州芝，徙楚宁乡，为南宗房，即前请袭博士衍咏之祖。海内老谱，历以宗子之例，南宗设局，东宗查核；东宗盖以钤记，南宗州同曾闻迪恭将世宗宪皇帝钦赐"省身念祖"四字图章遂页戳盖，以杜混冒。嘉庆十六年，湖南升抚宪景，批准通饬，必须衍圣公府暨翰博印谱，方准优免。十七年，湖南藩宪朱详请抚宪广，批准通饬，必须南宗衍咏逐页戳盖"省身念祖"图章，以杜串弊，抽阅异种。十九年，湖南藩宪翁札开，十八年奉前护抚宪陈严锄同姓不宗，捏谱冒免；义子赘婿，无谱混免。除通饬各府厅州县外，另札宁乡县学，协同南宗查照印谱，给牌造册，移明各处，遵照优恤，毋任絜宗逃差。各在案。立法虽良，而各县捏造谱本，妄希优免，仍复不少。如御史庆生二子，或捏为利、运、骈、伟四子，或捏为利、教、骈、伟、运五子，或捏为骥、骈、伟、种、毫、静六子。南丰第三子纲生虑，虑生昆，或捏为生华，徙楚；或捏虑生炳，徙粤。延福、延构、延铎，本略后，或捏为珪裔，或捏为旧孙。至于延世，本三十六代；洪立，本三十八代；廉二，本五十五代；材福，本五十七代，老谱昭然，岂可任意加减？竟有历未共谱者，自行捏造，诈称两宗修给。地方官长无从稽查，得以妄希优免，致生讼事。若不造册严查，则恐弊生更无已矣。为此，恳祈爵宪鸿慈赏准，咨湖南抚宪即行宁乡县学，遵照藩宪前札，协同南宗曾衍咏严查谱牒。果无紊乱之处，一面移明各处，一面造具名册，赍送职署，申请爵宪咨明，转饬到县，方准优免。其同姓不宗之人，及派系不明、代数不接，自不便任其混请优免。理合申请爵宪，一并咨明，通饬示禁。等情。到本爵府。据此。

查曾氏支派甚多，难免混淆捏造、冒免差徭之弊。拟合据情咨会，查照文会事理，希即通饬各府县并宁乡学，造移示禁，以杜冒免之弊。等因。到本部院。准此。

查圣贤后裔，应否优免杂派差徭，全以有无印谱为据。前据陆续详请优免者，均有谱牒，一同赍至，其孰真孰假，原不能辨。迨经批准后，即有冒裔滥邀控告者，更有龙阳县人曾纪连等与丁宏久等讦讼，赴京呈控。若非咨明山东，转取南宗宗圣老谱核对，焉成信谳？即现据邵阳县以曾某等前已详准优免，今查止有新谱，并无印谱呈验。由司详请注销在案。是假冒优免，殊干功令。今接爵府来咨准，自应彻底清查，以杜冒滥优免之弊。合行饬遵。为此，仰司官吏即便查照来文，出示通行晓谕并饬各府州县遵照。嗣后凡有呈请优免杂派差徭者，即取具宗图同谱本，先行移咨宁乡县学，协同南宗曾衍咏核对老谱。如果派系、代数相符，即赍送东省翰博处，覆加详核，由衍圣公府咨覆到日再行办理。若该县等核对不符，显有假冒情弊，即行移覆，饬令呈请之人将伪造之谱更正，优免之案注销，并交地方官照例治罪。仍饬各该县查明，如有从前详准优免者，亦将原案宗图造册，移送宁乡县学，协同南宗确实查明办理，以杜冒滥而绝讼端，勿任狗延。切切。等因到府。下县。奉此。合行出示晓谕。为此，示仰曾姓人等知悉，嗣后凡有呈请优免杂派差徭者，必须绘具宗图，同谱本呈投，以凭移送宁乡县学，会同南宗曾衍咏核对老谱。如果代数相符，即赍送东省翰博处，覆加详核，由衍圣公府咨覆到日再行办理。如核对不符，即系假冒，照例治罪。如有从前详准优免者，亦即将原案宗图、谱本赴县呈明，以凭造册，移送宁乡县学，协同南宗确实查明，以杜冒滥。毋违。特示。

嘉庆二十四年五月。

宗圣志卷十五

院第第十三

书院讲学，仿古庠序。大学一贯，实同名异。清秩既颁，宠以甲第。堂构钦承，爰及苗裔。纂《院第》。

元

吴澄·江右武城书院记 见吕氏旧《志》

武城书院者，吉安永丰曾氏之所建也。其名武城何？本曾氏之所自出也。按《史记·仲尼弟子列传》"曾参，南武城人"，其裔孙当西汉末，有自鲁国徙江南者。按南丰之曾，追述世系，以为曾子之后。永丰之曾，则汉都乡侯六世孙据不仕新莽，避居吉阳者，谱牒尤明。盖武城之曾盛于鲁，越千数百年，而南丰之曾始盛于宋。又数十年，而永丰之曾继盛。元至大、延祐中，兄弟相后先入翰苑。其父，宋国学进士，历官御史、兵部侍郎，元湖南道儒学提举。以子翰林直学士德裕贵，加赠武城郡伯。初，郡伯之将终也，命其伯子万载县尹雷顺曰："吾郕国公之系，由周以来至于今，被吾道之泽垂二千年。吾尝有志辟义塾、诲宗党、奉先祀，小子识之毋忘！"时仲德裕、季巽申尚幼，涕泣而识之谨，已而雷顺没。后三十年，巽申为馆职，遹追先志，贻书谋之德裕暨伯兄子太平路儒学教授如圭，醵私财，建书院。议以允合，则白院长程公钜夫，移集贤以闻，得比孔、颜、孟三氏子孙，设教授。中书平章政事韩国李公孟、礼部尚书元公明善、侍郎张公养浩是其议，朝廷可之，俾推择曾氏贤者主领教事。中书移之江西行省，省下之郡，郡檄至，宗人相与谋，以郡伯从弟前宾州儒学正志淳掌其教。经始延祐四年丁巳夏五月，以明年戊午春二月成。其书院址旁近山林，则巽申分地。其燕居门庑、讲堂、斋庐、百役之费，则与德裕、如圭协力焉。岁春秋仲丁、四孟初吉，释菜于先圣先师以及祖祢，以施于旁宗，而使凡宗党、若他姓俊秀之子弟咸来学，规模完美矣。巽申曩教官吾郡相好，比应奉翰林文字，为同僚。去年，予归故山，远来谒记。予观前代书院，皆非无故而虚设者，近年诸近县所设多不胜数，然惟袭取其名耳！有之靡所益，无之靡所损。曾氏实先师之所自出，所为请于朝者曰：上传道统，下继祖风，其待之至厚者，责之至重矣，岂比诸所增者，漫焉袭取其名哉！然则武城之教宜何如？学曾子之学可也。曾子之学，本之诚笃，必孝、必弟、必忠信，传习由是而达之国家天下，而后本末始终备。不然，徒以记诵词章之学，志于决科干禄而已，非所以继祖风。况道统乎？澄于圣门，所愿学者在此，用敢为武城子孙勉。武城伯讳晞颜，学者称东轩先生。《曾氏族谱》具别牌于燕居左庑世系堂之南云。

泰定三年二月朔日记。

中书省准设武城书院教授咨文见《武城族谱》

中书省礼部呈奉，奉省判，集贤院呈准翰林学士承旨、知制诰兼修国史程荣禄咨。窃惟圣门高弟，颜、曾并称，而曾子传之子思，子思传之孟子，今《大学》《中庸》，乃其传道之书也，然则曾子有功于圣门，亦甚大矣。我圣朝表彰斯文，创立孔、颜、孟三家教授，独曾子缺然。盖曾子南武城人，本处无曾姓，散居四方，在江南最盛。按其家谱，系次甚明。于内一派见居吉安永丰县千余人，皆读书为士。先有曾晞颜，宋历仕台省，学行尤著。至元二十三年，当职任侍御史，前受钦命湖南道儒学提举，在任二年身故。其子除太子说书之德裕、奉旨授大乐丞之巽申，其孙如圭、如璋、如瑶、如瑄、如瑾等，均好学不群，以家财起盖武城书院一所，教养生徒，振赡宗族，欲承道统，思继祖风。圣门高第有此贤孙，实为罕得。若将所创书院准许就令其子孙一体嗣为儒官，绍续家学，其于朝廷作育之方，诚非小补。今连图本在前本部识得，武城书院既翰林承旨程荣禄咨保，比依孔、颜、孟三氏设立书院教授。参详孔子之道传之曾子，今武城曾氏无闻。永丰一派，谱系甚明。其曾晞颜子孙自备己力，创设书院，又出赡学田粮，宜令子孙共推儒而贤者，主领教事山长，不须聘请他姓儒贤另为设置。如蒙准承移咨江西省照会施行。具呈。照详得此都省，合行移咨，请照依上施行。须至咨者。右咨江西等处行中书省。

延祐三年十月初七日，贾度。押。

江西行中书省授武城书院教授札付见《武城族谱》

延祐四年四月初五日，本书院奉吉安路总管府指挥，备奉行中书省札付，准该中书省咨前事，省府仰依上施行。承此。总府除已行下永丰县，行移本县儒学，会集曾氏合族子孙，从公推举，委系儒而贤者一名，充武城书院主领教事。具名府外，合下仰照验施行。奉此。

五月内，准本县儒学关该本府牒文，备奉总管府指挥前事牒，可速为会集到曾氏，从公推举儒而贤者一名，充武城书院主领教事，具名来报。准呈本学官。职依上会集到曾氏子孙曾希皋、曾希柽、前翰林直学士德裕、太平儒学教授曾如圭等，公同推选到本县十六都儒者曾志淳，乃郕国公五十一代孙，见年五十九岁。除前历仕外，于至大四年祗受湖南道宣慰司札付，充全州路清湘县儒学教谕；延祐二年八月初一日得替给由，保升湖广等处行中书省于山长、学正内听选。本职家学有传，士行无玷，诚儒而贤者。比及得除以来，俾充武城书院主领教事。相应为此依上礼请，已推选主领曾教谕于延祐四年六月十一日供职讫。

右江西武城书院。

一贯书院。在兖州府郯城县西六十里磨山。元顺宗至元三年，提举管文通建。明宪宗成化四年，知县李楷移建县治之西。世宗嘉靖二十三年，知县郎湘复移于北门之外，以春秋二仲月致祭。

刘铣・曾子书院序见《山东通志》

皇元混一天下，世祖皇帝在位日久，诏书每下郡国，必以勉励学校、敦厚风俗为先。二世相承，教化大敷。及以明经修行取天下士，人心翕然，日趋于道。于是，山东古临沂县遂起曾子书院，举秦、汉、唐、宋以来千七百年未有旷典，何其盛哉！

夫天地之道，非圣人则不能久其力；圣人之道，非学者则不能久其传。夫子之道虽与天地同流，然论圣贤传道之功，则曾子为大。盖颜子与圣人，具体而微，然得于心而不示于人，敏于学而不传诸书；又先夫子而没也，志有所未就。微曾子，立于斯道。绝续之后，则近而思、孟，何所据以传？远而周、程，何所遡而得哉？是故周公之道，非不道矣。虽施于事者不必尽传于言，而周公之不逮夫夫子者，曾、思为之继也。孟子所谓贤于尧舜，此之谓欤！曾子有功于圣门如此。而临沂为生圣贤之地，求礼义之邦，至千七百年而不知设学以祀之，迄于子孙废熄，故宅遗基泯为民居，莽为荆棘。一旦乃有发良心善性，慨然兴起，岂非圣朝造化极盛，熏陶涵养之至而后然与！倡是举者，前副提举管文通，独以为己任；和而起者，凡十人有奇。其急义如饥渴之求所欲，而府若州县之循其情，又如影响之应，上下合志，不日而成。得请于朝，著以“曾子书院”为额。呜呼，美哉！吾儒幸生极治无事之时，将见车书万里，弦诵连城，盖将杖策邹鲁，观礼器于曲阜之庙，想春服舞雩之风，而后揖逊周旋，以观书院之新制，究先圣之遗言，补其学之不足，岂非一时千载之遇欤！

定安按，临沂，似在今兰山县。吕氏旧《志》谓顺帝至正二年，提举管文通奏建书院于郯城西六十里磨山。查《山东通志·古迹》，郯城县有曾子故迹，在县西北七十里磨山，世传曾子授徒于此。而费县有思圣乡，在费县西南六十里曾子山，昔曾子居此，山上有曝书台。皆在今沂州府境。

右沂州曾子书院。

嘉祥古曾子书院，相传在今专庙之东。岁久，遗迹无存。

明

神宗万历二十六年，六十二代翰博以庙墓距邑远，学者罕得瞻仰，宜伊迩于城，设像以祀，白于邑令田可贡，请建于嘉祥县城中萌山之阳，名大学书院。围以周垣，环植桧柏。三十年，庙成。

田可贡·鼎建宗圣书院碑记

宗圣书院者，盖吾曾夫子传道讲学之处。相传其故址在今庙之左，而穿表飞灰，石蜍蹲汗，不可复考矣。今上登极之二十有六年，不佞贡受篆于兹五年矣，博士承业始以修复告，难其成。不佞曰：“此吾夙心也。”遂为请于当道。维时中丞湖广汉川尹公应元、巡按御史直隶永年张公大谟、兖守江西高安陈公良材先后下其事，以属不佞。不佞奉檄，瞿然曰："曾夫子以一贯传圣真，而下以启思、孟之传，功盖视颜、思、孟而过之。先是，肃皇帝伤其世裔沦没，命采访而世袭之。又选贤于学，遂得与三氏并列。乃今传道讲学之地，正其神精脉命，动与天地相关者，顾又可不令与三氏并崇哉！"于是进邑父老子弟而问计，佥曰艰哉！余亦曰艰哉！然而非得已之役也，用是殚厥一心，矢成凤志。即以邑小且疲，费出艰难，而经画区处，拮据万状，总其费不下千余金，大都本邑所供什之七，而上司所移檄，裨自邻邑者什之三。经始于万历十七年己亥之七月中澣日，迨壬寅之十月而落成。又，故庙若墓僻在南武之麓，去城南三舍许，人罕得谒其下者。故今不仍其址，就城中隙地城隍祠之右而建焉。大略仿庙制而创以己意，中为讲堂六楹，匾曰"日省堂"。东西为斋房各四楹，曰"主忠"，曰"行恕"。后为复屋四楹，仿尊经阁之义，题曰"高明广大之楼"。楼左有古井，命曰"润身"。右为湢室，命曰"其严"。前为仪门四楹，曰"弘毅"。左、右角门各一。又前为大门四楹，而总之曰"宗圣书院"。外建牌坊二座，东曰"一贯"，西曰"三省"。盖皆取宗圣格言而命之，以示后学之意云。其间露台夹甬，弛道备具，植以松篁，缭垣周峻，屏树辉煌，东西相距七丈二尺，南北二十丈七尺。盖口口陶瓦甃砌，俱墁口口口，俱甓石涂概口口垩，材木以松杉楩杞，髹漆绘节以青朱碧绿。庀徒揆日，各有司存，民以悦来，工以心竞。层轩延袤，飞阁透迤，屹然荒城之内一大观矣。是役也，徼天子之灵贶，因百姓之有余，而仰荷宗圣之默庇，夫是以有成。

贡也，忝莅兹土，大者不能服膺遗训，又不能禔福武城之遗黎也，乃幸藉手诸当道，得效毫芒于吾夫子神精脉命之区，以终始吾旦暮羹墙之一念，则岂不私心愉快哉！然愚窃有虑焉。夫书院，以讲学也，以明道也。斯道流行宇宙，皎如日星，世道有升降，绝续无古今。颛蒙不借善于圣，明哲不贾善于愚。神而明之，存乎其人耳。是故《大学》篇，至善，其阃奥也；慎独，其关键也；家国天下，其垣墉也。而其所为从入之门，不过随时精察而力行之。久之而后豁然，六通四辟焉。故其大端曰"三省"，而又曰"君子见利思辱，见恶思垢，嗜欲思耻，忿怒思患"之四言者，语不越寻常，道不离日用，而升堂入室之阶梯尽在于是。夫岂人所不能哉？所不为也。脱令千百世而下，为宗圣后者而遵此，是谓先子之家法；生宗圣里者而循此，是谓先民之遗踪；治宗圣民者而推此，是谓明新之实用。庶几哉！暗室屋漏，吾宗圣也；大庭广众，吾宗圣也；出王游衍，食息起居，吾宗圣也。入斯门也，履斯堂也，即当时七十人所受授，夫宁异是？自非然者，廉色而秽中，自欺而欺人，呻毕括帖以为学，荡闲弃轨以为道，此胡可令吾夫子见也？而又何敢厌然于斯堂也？贡不敏，因纪其事而并及之。

国朝

曾子书院，略因万历之制，正殿五间，祀宗圣曾子像，配述圣、亚圣像，中悬御书"道传一贯"额，雍正三年八月初五日世宗宪皇帝所颁也。东西庑各三间，从祀与专庙同。"忠恕楼"三间，中供石刻"三省遗像"。仪门、大门各三间，"道宗尼山"、"圣传思孟"坊二座。旧坊题"三省""一贯"。

康熙五十六年，兖州府金一凤拜谒书院，见栋宇倾圮，坊庑、后楼、门垣仅存基址，概议倡修。时观察许公大定率属捐资，修大殿、大门、垣墙。

捐修官题名

分巡济宁管理通省河道兼督漕运、山东按察司佥事许大定。

兖州府知府金一凤。

滋阳县知县刘国英。

曹州知州杨文乾。

济宁州知州赵之鹤。

东平州知州李纪唐。

曲阜县知县孔衍泽。

宁阳县知县李廷铭。

邹县知县娄一均。

泗水县知县李应莲。

滕县知县黄浚。

峄县知县杨仁迪。

金乡县知县王之锜。

鱼台县知县蔡仕舢。

单县知县王炉。

城武县知县陈嘉璧。

定陶县知县卢生甫。

巨野县知县路四逵。

郓城县知县张盛铭。

汶上县知县闻元炅。

东阿县知县郑廷瑾。

平阴县知县顾彩。

阳谷县知县王时来。

寿张县知县滕永桢。

郯城县知县魏敬胜。

费县知县孙麟。

临清卫守备杨誉升。

济宁卫守备林柱。

嘉祥县知县宋躬璧。

雍正十一年，六十七代翰博请于邑令李松，捐修两坊，后楼故址改建为亭。

乾隆十六年，六十八代翰博捐修仪门一座。

乾隆三十七年，兖沂曹道松龄、兖州府知府福森布集各属捐项，重建两庑，翻盖大殿，改后亭为“忠恕楼”。往者两庑倾颓，从祀诸儒不获妥侑，至是恢复旧制。从祀十儒，设位东庑；而创修书院之田公及报功祠诸公，均设位于西庑。按，诸公虽有功林庙，书院以之占诸先儒庑祀之位，于礼未合。忠恕楼，旋改名"三省楼"。

乾隆三十九年，仍以旧址建楼，额曰"养志楼"，增祀宗圣父母及夫人于中。移三省像碑于正殿之东夹室。奉二世祖元公及申公、华公、三世祖西公，从祀先儒孟仪、子襄之次。又增元公夫人及西公夫人主，祀于姑公羊夫人左右。

松龄·重修宗圣书院碑记

曾子庙林，在嘉祥城南四十里南武山下。相传其左有书院废址。前明万历间，邑令田公可贡以庙林距县远，学者罕得谒其下，乃移建书院于城中，更设像以祀焉。顾书院旧原在庙左，自系昔日彼都人士憬前徽而宛在，缅绝学之犹存，因相与求庙旁隙地为肄业之所，朝夕游息其间，以薪进乎斯道。自移以来，书院也而祠庙之，其名存而实废也久矣！虽然，士生三代下，能有志于圣贤者有几？无所景行，斯无所兴起。故虽有良材，亦甘与朽椊同弃。曾子林庙俱在斯邑，又祀像于城中之书院，俾履其地、登其堂者焄蒿凄怆，如将见之而俛仰徘徊，感慕奋发而不能自已，则田君之功，良未可泯。辛卯冬，余奉命观察三郡，周历所部，于凡先圣先贤祠墓次第展谒，而嘉邑宗圣林庙、书院均渐就倾圮，为忾然者久之。夫乡里有善人，经其庐者犹将凭式而过之，矧以古今来天下通祀之大贤，顾于其俎豆弦歌之地，一任其颓废而不修，非惟学士之羞，抑亦当事之责也。乃谋诸同志，而自捐俸为之倡。于是乎庀材鸠工，楹桷朽腐者易之，瓦甓损敝者增之。工竣，计费白镪一千三百有奇。经始于壬辰春，落成于甲午秋，而博士毓塽请记于余。余惟曾子传道之功优于颜、孟，其功尤在《大学》一书，程朱论之详矣，何俟末学铺张扬厉，致蹈孙明复腐词懦笔之讥。且我朝稽古右文，崇儒重道，皇上擅千秋之道统，绍一贯之薪传，凡我臣工，仰承德意，举废坠而景前修，分内事也，又何烦词费为？独念书院之名实不符，余方欲于其侧别拓数椽，以为讲舍，既使名与实称，且使曾氏之族及邑中子弟均有赖焉。会以公事去，弗克就。爰举斯役之缘起及讫工岁月，俾勒诸石，以备稽考。而仍颜以书院旧名，用存告朔饩羊之意。傥后之君子鉴此区区，踵事而竟厥志焉，是则余之不敏所深幸而厚望者夫！是为记。

乾隆三十九年岁次甲午，嘉平月朔五日。

曾毓塽・重修大学书院记

书院之由来，邑志家乘载之详，其创建、重作俱刻碣，无庸复赘。自乾隆壬辰修葺一次，后楼、两庑稍更旧制，规模虽不能大备，而体制颇宏敞，程工亦完固，庶几免茂草城阙之感。癸丑秋，乃不戒于回禄。塽时罹诬，为同邑革生杨翘所讼，咸以为火于其党。嘻！鸟焚其巢与邑人三百户无眚，不俱论也。按书院之名，原为作养士类而设。宗圣书院，则以时朔瞻拜起。后屡次重修，皆自为之，与邑人无涉。是修也，乃集林庙公项及远近族人乐输，邑侯诸公亦各助金列名焉。今年冬告成，家孝廉衍东自都旋，乞诸城协撰刘石庵先生手书匾额。

时嘉庆元年丙辰冬十月上澣记。

捐俸题名

前知嘉祥县事、今调寿光县刘翰周。

直隶丰润县举人、前知嘉祥县事、今补博山县祁恕士。

山西寿阳县举人、知山东济宁直隶州嘉祥县事于峨文。

直隶天津县举人、兖沂曹道松龄，捐银壹百。公字茂如，满洲正红旗人。

兖州府知府福森布暨阖属共捐银五百两。

滋阳县知县夏晓春、曲阜县知县张万贯、济宁州知州蓝应桂、金阳县知县王天秀、署邹县知县刘希焘、宁阳县知县郭撰、汶上县知县徐湘、阳谷县知县张克绅、寿张县知县沈济义、鱼台县知县陈锡龄、滕县知县王会铎、峄县知具王泽定、泗水县知县陆源、嘉祥县知县谢文在、沂州府知府行有俦暨属捐银贰百捌拾两。

兰山县知县陈应诏、莒州知州单志京、郯城县知县彭时清、日照县知县杨志梁、蒙阴县知县王镇、沂水县知县陆元炳、费县知县黄熙中、曹州府知府张金城暨合属捐银叁百五拾两。

菏泽县知县张东、单县知县柏台、濮州知州潘相、曹县知县李孝洋、郓城县知县莫元龙、城武县知县曾永清、巨野县知县汪汝渐、朝城县知县凌广赤、观城县知县詹其渊、范县知县吴焕彩、定陶县知县岳昇、东昌府知府胡德琳暨阖属共捐银捌拾两。

聊城县知县韩龙震、堂邑县知县汤桂、高唐州知州汤登泗、馆陶县知县陈培敬、临清州知州王溥、恩县知县黄栻、邱县知县李维垣、冠县知县赵王槐、清平县知县唐洪绪、博平县知县陈天民、夏津县知县范汝载、城武县知县单琏、茌平县知县叶敏、莘县知县顾昌运。

右嘉祥大学书院。

曾氏赐第。在嘉祥城内南隅文庙迤西，地约计十余亩，前界南城，后至东西大街，与县治相对。明嘉靖十八年，世宗命山东巡按蔡经监修。后屡经续修，俱自出资。大堂五间，中悬御书"省身念祖"额。雍正三年，世宗宪皇帝赐翰林院五经博士曾尚溶匾也。抱厦三间，前坊一座，左右皆垂竹门。东、西厢房各三间，大门三间，影壁一座，二门三间。左右二角门。门外东西房各三间，堂东书房"近圣居"，西书房"墨轩"。左穿廊，右暖房。西南亭一座，堂后为宅门、内宅。

冯嘉曾·曾氏赐第记

大明统一，圣贤尊崇。吾夫子之道如日中天，而及门高弟如颜、曾，愿学孔子如孟氏，三贤后裔俱得袭封翰林院五经博士。颜氏家曲阜，孔陵在焉。孟氏居邹，曾氏居嘉祥，与阙里相望。不佞观风齐鲁，过圣贤之乡，仰止高山，辄徘徊不能去。而曾翰博士以官廨落成，请记于不佞。是举也，世宗肃皇帝特旨，发帑为治廨宇，使得比于颜、孟氏，煌煌盛典，事在简册，可考也。会曾氏中落，弗克就绪。今上御极之五年，承业始复袭祖职，乃申前议，请之当事者，而始臻厥成焉。今过其里者，皆知为先贤之裔曾氏官廨也。夫人生为大贤之后，又身荷圣朝崇荣，岂非希世殊遭，至不易得者哉！然正为遭逢之不易，转觉胜任之綦难也。其常家绍衍弓裘，即为不坠家声，称克肖矣。为圣贤子孙，举千古相传道脉而委寄之，非凝神一志，力为肩荷，何以光昭令德而称神明之胄？今翰博公之请记也，倘亦穆然念及此乎！三省一贯，家学昭然。《大学》一书，精微具在。为其后者，一注念而存矣。况堂构新成，履斯土，登斯堂，羹墙寤寐，不有如或见之者乎？盖学道如治室然，不佞请不言官廨而言道：则志贵定也，居远尘嚣，壁立万仞，是即吾道之垣墉；趋贵一也，率由正路，严杜弊政，是即吾道之门屏；识贵朗也，逊稽遐览，明目达聪，是即吾道之窗牖；养贵粹也，宅心平坦，栖息中和，是即吾道之堂奥；诣贵精也，游心潜藏，不愧屋漏，是即吾道之密室。宁有殊乎？然此特言其精微耳。若论道之广大，则浑忘畛域，剖破藩篱，旷然合千载为同室，豁然联六合为一室。此又匠石之所不能材，而公输无所用其功，区区官廨云乎哉？博士，大雅君子也。倘因吾言深味之，庶几不负朝廷崇儒重道至意，而先世大贤于此乎益光矣！故纪其事而并及之云。

右旧碑乃前明万历二十二年六十二代祖所立也。其后屡修廛宇，俱依旧规。乾隆丙寅，先严于家庙后创立草室七间，额曰"墨轩"。余自九龄失怙，中年承袭，每遇庙林、书院、祠宇凡有倾圮，则及时修葺。又复增建亭、坛、祧祠，并享殿、石仪及故里神道亭碑。顾赐第年久未修，庐舍荡然，且大堂作正午向兼丙向，大二门竟向癸丁，已觉舛谬。况堂之中与大门东间相对，亦非衙门规制。因于数年之间，续购料物，今始落成。改抱厦为穿堂，易前厅为大堂，扩为五间，改两厢于前厅之前，并调正大门、仪门。兹阅万历甲寅旧碑剥落，谨誊原文并碑眉嘉靖上谕，重镌以示后云。

乾隆五十二年仲春月，六十九代翰博毓塆重刻并识。

右赐第。

家庙。在赐第墨轩以南，始建于明万历四十年。正殿五间，额曰"影堂"。大门三间，立匾"曾氏中兴祠"。影壁一座，二门三间，东便门一座。

世爵应祀始封之祖，世世不祧。宗圣既有专庙，且通祀天下，不复祀于家庙。前明万历间，创建近祖之庙五间于赐第西偏，遵《朱子家礼》五世并列之图，中间祀始封世爵之五十九代祖考妣神主，南向，不祧；祔以现在宗子之高、曾、祖、祢四代神主，皆旁列，东西向。六十代以下祖考妣神主，设祧位于两次间。乾隆四十九年甲辰，宗子毓塼于近祖林内创建享殿、石仪，复于赐第东偏建祠三间，奉藏历代祖考妣祧主，移奉四亲神主于影堂左右次间，亦皆南向。此曾氏大宗之家庙也。小宗之支子孙，又自以始分支之祖，别于其家立庙奉之。又遵照《会典》，改祧祠为夹室。

　　按，《会典》内载，品官家祠中三间为堂，奉高、曾、祖、祢神主，南向。左右各一间，隔一墙为夹室。高祖以上则祧，昭祧者则祧于东夹室，穆祧者则祧于西夹室。迁室附庙，悉依昭穆之次。以伯叔子侄成人无后者及妻先殁者，皆有东西向。春秋祭祀，凡在庙子孙皆行礼。七品以上笾四、豆四，时祭代用以碗盘者，听之。

马孟祯·曾氏家庙记

宗圣曾子世居鲁之南武城，即今之嘉祥也。西汉之末，曾子十五代嫡孙关内侯据，不仕新莽，挈眷南徙豫章之吉阳。三十九代耀公复迁永丰县之木塘，而故里无象贤之裔，蒸尝盖寥寥矣。国朝景泰二年，召取三氏子孙，曾氏故弗及与！嘉靖丙戌，裔族共推曾子五十九代孙质粹来东祭扫宗圣庙基，因援颜、孟例上请。讵山左、江右当事者互相推委，未获据情上达。癸巳，恭逢世宗肃皇帝诏天下博求宗圣苗裔，时有吉水县兰溪同姓不宗之名遂者，冒充嫡派，妄希应诏。经江西道府究明奸伪，于是质粹乃得起送北归，先以衣巾奉祀祠墓。己亥春，复荷特恩，授翰林院五经博士，赐第、拨户、给田，如颜、孟例，以供祀典，盖异数也。嘉靖庚申①，质粹没，子昊早亡，孙继祖幼病目，永丰龙潭之族乘机谋袭。继祖具呈部科，蒙据情参奏，世职仍归质粹之后裔。再传为翰博承业君，始请重修官廨，建立家庙，举先世所未备之典礼，悉修明之。奉质粹公偕杨夫人为中兴祖考妣，永不祧迁。公以下祔位，序列于一堂，岁时修荐，而祖宗灵爽盖有所凭依。仁人孝子之用心，固宜如此。万历甲寅，影堂落成，请记于余。余则有感于大贤之裔，避乱迁徙，至今千余年，而始得迁其故里也。当族众共举时，江西永丰之派心怀观望，皆惮远徙。惟质粹公追念庙墓，留胞弟质清仍居木塘，守父坟茔，崎岖羁旅，弃家北归，辟草莱，开堂构，以至其曾孙承业君，始增修其未备。非质粹公之贤，亦乌有今日哉！余谓宗圣之道，与日月俱明，与江河俱流，飨在天下，典在秩宗，固不独云裔之专祀也。独念曾氏世家武城，追从孔子，论道于洙泗，而后世子孙一旦播迁不常，几委衣冠于草莽，则曾子在天之灵或有未安。若非国家重道崇儒，又何能自江西还故里而食先世之报哉！故特表之，

---

① "申"，原文缺字，据曾毓塼等纂修《武城曾氏重修族谱》补。

以告其后裔，使骏奔此庙者，仰视俯思，知先人之无忘列祖，有光缔造，而圣朝敦崇道化，表章明贤，真前代所未有。尚其茂明宗圣孝慈之训，以无负宠光，则曾氏先德世世其灵承之。余故不辞而为之记。万历甲寅。

曾兴烈·重修家庙记

　　家庙始建于前明万历甲寅，我六十二代祖承业公疏请之钦工也。计今二百余年，风雨飘摇，凋残过半。我严君乔麓公袭爵后，追远报本，凡庙庭事无不振兴。乾隆戊午，呈请敕建祖庙，复恳邑令李公松募修书院及水祭田咨部拨还，蒸尝攸赖。家庙工程卜吉兴作，适逢皇上临雍，诏取陪祀。礼成，病归，竟赍志终。呜呼！我严君主鬯十年，百废俱举，允称中兴。独此志未逮，兴烈敢不竭力继成哉！爰鸠工庀材，正殿五楹，易其朽颓者而葺补之。大门、戟门各三间，影壁一座，重建而聿新焉。惟求坚固，不务华也。于是春露秋霜，既可展报享之诚，而朝风暮雨，亦可妥列祖之灵矣。敬勒片石，永垂奕祀。非敢纪功，盖欲后人知我先人之志而永兴孝思也。是为记。

　　乾隆七年仲冬记。

　　右家庙。

宗圣志卷十六

弟子第十四

孔曾薪传，曰恕曰忠。守其学者，皆为儒宗。其或背之，弃儒兴戎。纂《弟子》。

自太史公书创《孔子弟子列传》，《孔氏家语》有《弟子解》，汉儒郑康成氏因为《论语孔子弟子目录》一卷，凡所以重孔子也。四配既定，惟曾子弟子与孟比烈，颜、思无闻焉。元吴莱氏有《孟子弟子列传》三卷，而曾子之弟子不可以无考也。甄而录之，凡十二人。

孔伋，字子思

《孟子外书》：孟子曰："曾子学于孔子，子思学于曾子。"

《古史·列传》：孔子生鲤伯鱼，年五十，先孔子死。伯鱼生伋子思，年六十二，作《中庸》。

陆象山曰："伯鱼死，子思乃夫子嫡孙。夫子之门人，光耀于当世者甚多，而子思独师曾子，则平日夫子为子思择师者可知矣。"

公明仪

《礼记》郑玄注："公明仪，曾子弟子。"

《礼记·祭义》：公明仪问于曾子曰："夫子可以为孝乎？"曾子曰："是何言与！是何言与！君子之所谓孝者，先意承志，谕父母于道。参直养者也，安能为孝乎？"

《礼记·檀弓上》：子张之丧，公明仪为志焉。褚幕丹质，蚁结于四隅，殷士也。

孔颖达《礼记疏》：子张之丧，公明仪为志焉。公明仪是其弟子，又为曾子弟子，故《祭义》云"公明仪问于曾子曰"是也。

乐正子春

《礼记》郑玄注："乐正子春，曾子弟子。"

《礼记·檀弓上》：曾子寝疾，病，乐正子春坐于床下。

《礼记·檀弓下》：乐正子春之母死，五日而不食，曰："吾悔之。自吾母而不得吾情，吾恶乎用吾情！"

《礼记·祭义》：乐正子春下堂而伤其足，数月不出，犹有忧色。门弟子曰："夫子之足瘳矣，数月不出，犹有忧色，何也？"乐正子春曰："善如尔之问也！善如尔之问也！吾闻诸曾子，曾子闻诸夫子曰：'天之所生，地之所养，无人为大。父母全而生之，子全而归之，可谓孝矣；不亏其体，不辱其身，可谓全矣。故君子顷步而弗敢忘孝也。'今予忘孝之道，予是以有忧色也。一举足而不敢忘父母，一出言而不敢忘父母。一举足而不敢忘父母，是故道而不径，舟而不游，不敢以先父母之遗体行殆。一出言而不敢忘父母，是故恶言不出于口，忿言不反于身。不辱其身，不羞其亲，可谓孝矣。"

沈犹行

赵岐《孟子注》：沈犹行，曾子弟子。

《孟子·离娄下》：曾子居武城，有越寇，或曰："寇至，盍去诸？"曰："无寓人于我室，毁伤其薪木。"寇退，则曰："修我墙屋，我将反。"寇退，曾子反。左右曰："待先生如此其忠且敬也，寇至则先去，以为民望；寇退则反，殆于不可。"沈犹行曰："是非汝所知也。昔沈犹有负刍之祸，从先生者七十人，未有与焉。"

阳肤

《论语》包咸注："阳肤，曾子弟子。"

《论语·子张》：孟氏使阳肤为士师，问于曾子。曾子曰："上失其道，民散久矣。如得其情，则哀矜而勿喜。"

公明高

《孟子》赵岐注："公明高，曾子弟子。"

《孟子·万章》：长息问于公明高曰："舜往于田，则吾既得闻命矣。号泣于旻天，于父母，则吾不知也。"公明高曰："是非尔所知也。"

子襄

《孟子》赵岐注："子襄，曾子弟子。"

《孟子·公孙丑》：昔者曾子谓子襄曰："子好勇乎？吾尝闻大勇于夫子矣。自反而不缩，虽褐宽博，吾不惴焉；自反而缩，虽千万人，吾往矣。"

单居离

《大戴礼》卢辩注："单居离，曾子弟子。"

《大戴礼·事父母》：单居离问于曾子曰："事父母有道乎？"曾子曰："有。爱而敬。父母之行，若中道则从，若不中道则谏。谏而不用，行之如由己。从而不谏，非孝也；谏而不从，亦非孝也。孝子之谏，达善而不敢争辨。争辨者，作乱之所由兴也。由己为无咎则宁，由己为贤人则乱。孝子无私乐，父母所忧忧之，父母所乐乐之。孝子唯巧变，故父母安之。若夫坐如尸，立如齐，弗讯不言，言必齐色，此成人之善者也，未得为人子之道也。"

单居离问曰："事兄有道乎？"曾子曰："有。尊事之以为己望也，兄事之不遗其言。兄之行若中道，则兄事之；兄之行若不中道，则养之。养之内不养于外，则是越之也；养之外不养于内，则是疏之也，是故君子内外养之也。"

单居离问曰："使弟有道乎？"曾子曰："有。嘉事不失时也。弟之行若中道，则正以使之；弟之行若不中道，则兄事之。诎事兄之道，若不可，然后舍之矣。"曾子曰："夫礼，大

之由也，不与小之自也。饮食以齿，力事不让，辱事不齿，执
觞觚杯豆而不醉，和歌而不哀。夫弟者，不衡坐，不苟越，不
干逆色。趋翔周旋，俛仰从命。不见于颜色，未成于弟也。"

《大戴礼·天圆》：单居离问于曾子曰："天圆而地方者，
诚有之乎？"曾子曰："离，而闻之云乎？"单居离曰："弟子
不察，此以敢问也。"曾子曰："天之所生上首，地之所生下
首。上首之谓圆，下首之谓方。如诚天圆而地方，则是四角之
不掩也。且来，吾语女。参尝闻之夫子曰：天道曰圆，地道曰
方。方曰幽，而圆曰明。明者，吐气者也，是故外景；幽者，
含气者也，是故内景。故火日外景，而金水内景。吐气者施，
而含气者化，是以阳施而阴化也。阳之精气曰神，阴之精气曰
灵。神灵者，品物之本也，而礼乐仁义之祖也，而善否治乱所
兴作也。阴阳之气各静其所，则静矣，偏则风，俱则雷，交则
电，乱则雾，和则雨。阳气盛则散为雨露，阴气盛则凝为霜
雪。阳之专气为雹，阴之专气为霰，霰、雹者，一气之化也。
毛虫毛而后生，羽虫羽而后生，毛羽之虫，阳气之所生也。介
虫介而后生，鳞虫鳞而后生，介鳞之虫，阴气之所生也。惟人
为倮匈而后生，阴阳之精也。毛虫之精者曰麟，羽虫之精者曰
凤，介虫之精者曰龟，鳞虫之精者曰龙，倮虫之精者曰圣人。
龙非风不举，龟非火不兆，此皆阴阳之际也。兹四者，所以役
于圣人也。是故圣人为天地主，为山川主，为鬼神主，为宗庙
主。圣人慎守日月之数，以察星辰之行，以序四时之顺逆，谓
之历；截十二管，以宗八音之上下清浊，谓之律也。律居阴而

治阳，历居阳而治阴。律历迭相治也，其间不容发。圣人立五礼以为民望，制五衰以别亲疏，和五声之乐以导民气，合五味之调以察民情。正五色之位，成五谷之名。序五牲之先后贵贱，诸侯之祭牛，曰太牢；大夫之祭牲羊，曰少牢；士之祭牲特豕，曰馈食。无禄者稷馈，稷馈者无尸，无尸者厌也。宗庙曰刍豢，山川曰牺牷，割列禳瘞，是有 ① 五牲。此之谓品物之本，礼乐之祖，善否治乱之所由兴作也。"

公明宣

《说苑·反质》：公明宣学于曾子，三年不读书。曾子曰："宣而居参之门，三年不学，何也？"公明宣曰："宣见夫子居宫庭，亲在，叱咤之声原作"叱叱"，依《群书拾补》改正。未尝至犬马，宣说之；宣见夫子之应宾客，恭俭而不怠惰，宣说之；宣见夫子之居朝廷，严临下而不毁伤，宣说之。宣说此三者，学而未能。宣安敢不学乎？"曾子避席谢之，曰："参不及宣，其学而已。"

公孟子高

《说苑·修文》：公孟子高见颛孙子莫曰："敢问君子之礼何如？"颛孙子莫曰："去尔外厉，与尔内色胜，而心自取之。去三者而可矣。"公孟不知，以告曾子。曾子愀然逡巡曰："大

---

① "有"，原作"故"，据《大戴礼记·曾子天圆》改。

哉言乎！无外厉者必内折，色胜而心自取之者必为人役。是故君子德行成而容不知，闻识博而辞不争，知虑微达而能不愚。"

孟仪

《说苑·修文》：曾子有疾，孟仪往问之。曾子曰："鸟之将死，必有悲声。君子集大辟，必有顺辞。礼有三，仪知之乎？"对曰："不识也。"曾子曰："坐，吾语汝。君子修礼以立志，则贪欲之心不来；君子思礼以修身，则怠惰慢易之节不至；君子修礼以仁义，则忿争暴慢之辞远。若夫置樽俎，列笾豆，此有司之事也，君子虽勿能可也。"

定安按，公孟子高、孟仪二人，《旧志》及《山东通志》、兖州府、济宁州、嘉祥县各《志》，并据《说苑·问答》谓为曾子弟子。惟《州志》云："公孟子高，疑即公明高。孟仪，疑即公明仪。古音明、孟皆读如盟、如芒，长言之为公明，短言之则为孟。"或又曰：孟仪当是孟敬子之名。故事载《论语》，大同而小异也。然自宗圣立庙以来，二人崇祀两庑，久载志乘，有其举之，实莫敢废，因依旧《志》列入。此外，又增善于礼为门人者一人，尝学于门已而与绝者一人。

檀弓

胡寅曰："檀弓，曾子门人。其文与《中庸》之文，有似

《论语》。子思、檀弓，皆纂修《论语》之人也。"

《礼记·檀弓上》：公仪仲子之丧，檀弓免焉。仲子舍其孙而立其子，檀弓曰："何居？我未之前闻也。"趋而就子服伯子于门右，曰："仲子舍其孙而立其子，何也？"伯子曰："仲子亦犹行古之道也。昔者文王舍伯邑考而立武王，微子舍其孙腯而立衍也。夫仲子亦犹行古之道也。"子游问诸孔子，孔子曰："否！立孙。"

定安按，致堂说，王伯厚《困学纪闻》取之。《檀弓》篇多言变礼，与《曾子问》相近。

吴起

《史记·吴起列传》：吴起者，卫人也，好用兵。尝学于曾子，事鲁君。齐人攻鲁，鲁欲将吴起，吴起取齐女为妻，而鲁疑之。吴起于是欲就名，遂杀其妻，以明不与齐也。鲁卒以为将。将而攻齐，大破之。

鲁人或恶吴起曰："起之为人，猜忍人也。其少时，家累千金，游仕不遂，遂破其家。乡党笑之，吴起杀其谤己者三十余人，而东出卫郭门。与其母诀，啮臂而盟曰：'起不为卿相，不复入卫。'遂事曾子。居顷之，其母死，起终不归。曾子薄之，而与起绝。起乃之鲁，学兵法以事鲁君。鲁君疑之，起杀妻以求将。夫鲁小国，而有战胜之名，则诸侯图鲁矣。且鲁、卫兄弟之国也，而君用起，则是弃卫。"鲁君疑之，谢吴起。

吴起于是闻文侯贤，欲事之。文侯问李克曰：“吴起何如人哉？”李克曰：“起贪而好色，然用兵司马穰苴不能过也。”于是魏文侯以为将，击秦，拔五城。

起之为将，与士卒最下者同衣食。卧不设席，行不骑乘，亲裹赢粮，与士卒分劳苦。有病疽者，起为吮之。卒母闻而哭之。人曰：“子卒也，而将军自吮其疽，何哭为？”母曰：“非然也。往年吴公吮其父，其父战不旋踵，遂死于敌。吴公今又吮其子，妾不知其死所矣。是以哭之。”

文侯以吴起善用兵，廉平，尽能得士心，乃以为西河守，以拒秦、韩。

魏文侯既卒，起事其子武侯，浮西河而下，中流，顾而谓吴起曰：“美哉乎！山河之固，此魏国之宝也！”起对曰：“在德不在险。昔三苗氏左洞庭，右彭蠡，德义不修，禹灭之。夏桀之居，左河济，右泰华，伊阙在其南，羊肠在其北，修政不仁，汤放之。殷纣之国，左孟门，右太行，常山在其北，大河经其南，修政不德，武王杀之。由是观之，在德不在险。若君不修德，舟中之人尽为敌国也。”武侯曰：“善。”即封吴起为西河守，甚有声名。

魏置相，相田文。吴起不悦，谓田文曰：“请与子论功，可乎？”田文曰：“可。”起曰：“将三军，使士卒乐死，敌国不敢谋，子孰与起？”文曰：“不如子。”起曰：“治百官，亲万民，实府库，子孰与起？”文曰：“不如子。”起曰：“守西河，而秦兵不敢东乡，韩、赵宾从，子孰与起？”文曰：“不如子。"起曰；"此三者，子皆出吾下，而位加吾上，何也？"文曰："主少国疑，大臣未附，百姓不信，方是之时，属之于子乎？属之于我乎？"起默然良久，曰："属之子矣。"文曰："此乃吾所以居子之上也。"吴起乃自知弗如田文。

田文既死，公叔为相，尚魏公主，而害吴起。公叔之仆曰："起易去也。"公叔曰："奈何？"其仆曰："吴起为人节廉而自喜名也。君因先与武侯言曰：'夫吴起贤人也，而侯之国小，又与强秦壤界，臣窃恐起之无留心也。'武侯即曰：'奈何？'君因谓武侯曰：'试延以公主，起有留心，则必受之；无留心，则必辞矣。以此卜之。'君因召吴起而与归，即令公主怒而轻君。吴起见公主之贱君也，则必辞。"于是吴起见公主之贱魏相，果辞魏武侯。武侯疑之而弗信也。吴起惧得罪，遂去，即之楚。

楚悼王素闻起贤，至则相楚。明法审令，捐不急之官，废公族疏远者，以抚养战斗之士。要在强兵，破驰说之言纵横者。于是南平百越；北并陈、蔡，却三晋；西伐秦。诸侯患楚之强。故楚之贵戚尽欲害吴起。及悼王死，宗室大臣作乱而攻吴起，吴起走之王尸而伏之。击起之徒因射刺吴起，并中悼王。悼王既葬，太子立，乃使令尹尽诛射吴起而并中王尸者。坐射起而夷宗死者七十余家。

定安按，吴起师事曾子，或以为曾申，非宗圣也。

宗圣志卷十七

私淑第十五

曾子大孝，道晦千载。迄宋而昌，学统斯在。濂洛大儒，是模是楷。先圣同揆，后贤奚待。纂《私淑》。

自宋儒道学兴，谓孔子之道，曾子独得其宗。传之子思以及孟子，孟子没而无传焉。自斯以后，私淑曾子者未易更仆数也。兹择其精粹者著于篇。

《后汉书·延笃传》：或谓先孝后仁，非仲尼叙回、参之意。盖以仁与孝同质而生，纯体之者，则互以为称，虞舜、颜回是也。若偏而体之，则各有其目，公刘、曾参是也。夫曾、闵以孝弟为至德，管仲以九合为仁功，未有论德不先回、参，考功不大夷吾。

赵岐《孟子章指》：上孝养志，下孝养体，曾参事亲，可谓至矣。孟子言之，欲令后人则曾子也。

赵岐《孟子章指》：情礼相扶，以礼制情，人所同然，礼则不禁。曾参至孝，思亲异心，羊枣之感，终身不尝，孟子嘉焉，故上章称曰岂有非义而曾子言之者也。

徐幹《中论·智行》：人之行，莫大于孝。曾参之孝，有虞不能易。

《艺文类聚·晋殷褒〈书〉》：昔正考父三命滋恭，晏平仲久而敬之，曾、颜之徒，有若无，实若虚也。

隋刘炫《古文孝经述义》：孝己、伯奇之名偏著，母不慈也。曾子性鲁至孝，盖有由而发矣。蒸梨不熟而去其妻，家法严也；耘瓜伤苗，几殒其命，明父少恩也。曾子孝名之大，其或由兹，固非参性迟朴、躬行匹夫之孝也。

唐太子弘《请树阙里碑表》：想仁孝于颜、曾，殊深景慕。

韩愈《送王埙序》：孔子之道大而能博，门弟子不能遍观而尽识也，故学焉而皆得其性之所近。其后离散，分处诸侯之国，又各以其所能授弟子，源远而末益分。惟孟轲师子思，而子思之学盖出曾子，自孔子没，群弟子莫不有书，独孟子之传得其宗。

李翱《复性书》：一气之所春，一雨之所膏，而得之者有浅深，不必均也。子路结缨，其心寂然不动故也。曾子之死，曰："吾何求焉？吾得正而毙焉，斯已矣。"此正性命之言也。

《唐文粹·李观〈辨曾参不为孔门十哲论〉》：客有言曰："仲尼圣人也，曾参孝子也，十哲皆仲尼门人也，察其能孝于家，能忠于君，能友于兄弟，能信于友朋，可以临事，可以成章，故加其美目也。而曾参虽不闻兼此数者，及其近者小者。而仲尼区别四科、前后十哲，曾参不及者何也？"主人对之曰："噫！非仲尼于此异也。四科十哲之名，乃一时之言也，非燕居之时门人尽在而言也。于时仲尼围于陈，畏于匡，曾参不在从行之中，故仲尼言在左右者，扬其德行、言语、政事、文学，皆可邀时之遇。行己之材不得者，是以美而类之，伤而叹之，非曾参不当此数子也。使曾子时得与数子从行，则仲尼之圣，不遗参之孝，不后冉伯牛、仲弓之目也必矣！"客于是称谢而退。

或者止之曰："客之问，知其一未知其二。主人之对，得其细未得其大。且仲尼抱至圣之德，值多难之代，周游栖迟，不遇天下，仕鲁不终，过宋伐树，之卫不用，适楚逢患，而四科之徒，未尝离其起居，阙其弦诵，不以师道穷而曰 ① 妨己之进，不以身之私而越去，终日温温孜孜，提携负荷，从其行止，如手足羽翼。时仲尼有仁思德虑未言者，颜回辄发之，故谓之德行矣；仲尼言有所陈未达，而端木赐辄达之，故谓之言

---

① "曰"，原作"日"，据《全唐文》卷五三四改。

语矣；子路勇毅果正之士也，侍仲尼而不善之道不得入焉，故谓之政事矣；子游、子夏之文，《春秋》之外，得与仲尼论之，故谓之文学矣。故数子居则讲仲尼之道，行役则任仲尼之事，而曾参安则在焉？患难则未尝有用焉。且夫孝者，人性常然也，不至者非人也。参苟至之，乃得为人矣，夫何异也！且十哲之徒，孰有非孝乎？而参独以有孝之名，加其数子之长，故不得与之同目也。何谓不在从行之中而遗之也？夫孝者不止于家也，事君慎其事，忠其命，乃孝也；事师聘其道，敬其事，乃孝也；不去危即安，不冒利背义①，乃孝也。而参不敬其事矣，不能冒义背利矣，乃孝其孝也，非孝也。子从儒守学，宜识所言，何言之介也？"主人拊几而起曰："尔之辨则辨矣，如何，斯可谓'攻乎异端，斯害也已'。"

程子曰：孔子之言"参也鲁"，然颜子没后，终得圣人之传者，曾子也。观其启手足时之言，可以见矣。所传者子思、孟子②皆其学也。

四科乃从夫子于陈、蔡者耳，门人之贤者固不止此。曾子传道而不与焉，故知"十哲"世俗论也。

参也，竟以鲁得之。

曾子之学，诚笃而已。圣门学者，聪明才辨不为不多，而

---

① "义"，《全唐文》卷五三四作"谊"。
② "子思孟子"，原作"曾子子思"，据《二程遗书》卷九改。

卒传其道，乃质鲁之人耳。故学以诚实为贵也。

圣人教人，各因其材。吾道一以贯之，惟曾子为能达此，孔子所以告之也。曾子告门人曰"夫子之道，忠恕而已矣"，亦犹夫子之告曾子也。《中庸》所谓"忠恕违道不远"，斯乃"下学上达"之意。

曾子传圣人学，其德后来不可测，安知其不至于圣人。如言"吾得正而毙"，且休理会文字，只看他气象极好，被他所见处大。后人虽有好言语，只被气象卑，终不类道。

张载《西铭》： 体其受而归全者，参乎！

尹焞曰： 曾子守约，故动必求诸身。

父母全而生之，子全而归之。曾子临终而启手足，为是故也。非有得于道，能如是乎？

曾子之才鲁，故其学也确，所以能深造乎道也。

孔子之于曾子，不待其问，而直告以"一贯"，而子贡终亦不能如曾子之"唯"也。二子所学之浅深，于此可见。

谢良佐曰： 诸子之学，皆出于圣人，其后愈远愈失其真。独曾子之学，专用心于内，故传之无弊，观于子思、孟子可见矣。惜乎其嘉言善行，不尽传于世也。其幸存而未泯者，学者其可不尽心乎？

张九成《中兴艺文志·孝经解》：人各有入道处，曾子则由孝而入。

杨时曰：孔子殁后，群弟子离散，分处诸侯之国，虽各以所闻授弟子，然得其传者盖寡。故子夏之后有田子方，田子方之后为庄周，其去本浸远矣。独曾子之后，子思、孟子之传得其宗。

刘子翚《曾子论》：孝为百行之宗，行纯则性通，行亏则性贼，二者常相因焉，本同故也。孝以敬为本，而敬者修性之门也。自天子达于庶人，孝之事虽不同，同本于敬。事亲而不敬，何以为孝乎？成百善，戢千非，惟此心而已。敬心而发，孝于其亲矣。推于兄弟，恭而友者，是其应也；推于夫妇，和而顺者，是其应也；推于亲党朋友，恭而睦、同而信者，是其应也；推于事君治人，忠而恕、廉而勩者，是其应也。是数者，一不应焉，非孝也。借曰孝焉，敬心必不纯也。海之支流必咸，玉之弃屑必润，中存是心，发无不应也。是知孝子之心，万虑俱忘，惟一敬念而已。视如对日星，听如警雷霆，食如盘诵铭，寐如几宣箴，坐如立记过之史，行如随纠非之吏，不期肃而自肃焉。念之所通，无门无旁，塞乎天地，横乎四海，莫知其纪极也。昔人有发冢而梦通，啮指而心动者，在其知觉中，有如影响。至于鬼神之秘，禽鱼之微，草木之无知，皆可感格，非谲异也，自然也。敬心既纯，大本发露，虚明洞达，跃如于兢兢肃肃之中，此至孝之士所以行成于外而性修乎内也。曾子之孝，敬也；立身扬名，惟此一节。而于闻道最为超警，死生之际，粲然明白。盖由始则因孝心而致敬，终则因敬心而成己。验其平日服膺，念兹在兹而已。启手足则见于战战兢兢之时，发善言则存乎容貌辞气之际，皆敬之谓也。《戴经》所记，奥义甚多，首文三语，已尽其要。学者非弗知也，然皆有愧于曾子者，行之弗至也。恭于昭昭者，孝之名也；谨于昏昏者，孝之实也。求其名，匹夫匹妇能焉；核其实，圣人以为难矣。曾子曰："养可能也，敬为难。敬可能也，安为难。安可能也，卒为难。"斯须之敬，人能勉强，至于能安能卒，非确然自信，毅然必为，未有能乐其常而至其至也。此无他，疑情未除也。学者之害，疑情为大。彼穷搜博览，惟恐不闻者，疑情未除也；朝咨夕叩，请益不休者，疑情未除也；忖量揣摸，求合乎似者，疑情未除也。情既有疑则中不安，不安则轻听而易移，轻听则不能尊其所闻，易移则不能行其所知。二者交乱其间，方且以礼法为拘囵，专精为滞著，求其有始有卒，难矣。曾子游圣门，最为年少，夫子一与之言道，唯诺而已，夫岂有毫发疑情哉！宜其成就巍巍，度越诸子矣。

刘子翚《元晦字词》：木晦于根，春容晔 ① 敷；人晦于身，神明内腴。昔者曾子称其友曰："有若无，实若虚。"不斥厥

---

① "晔"，原作"荣"，据刘子翚《屏山集》卷六改。

名，而传于书。虽百世之远，揣其气象，知颜如愚①。自诸子言志，回欲"无伐"，一宣于声②，终身弗越。陋巷暗然，其光烈烈。从事于兹，惟参也无惭。贯道虽一，省身则三。夹③辅孔门，翱翱两骖。学的欲正，吾知斯之为指南。惟先吏部，文儒之粹，彪炳育珍，又华其继。来兹讲磨，融融熹熹，真聪廓开，如源之方驶，望洋渺渺，光我缩气。古人不云乎，纯一④不已。子德不日新，则时余⑤之耻。勿谓此耳，充之益充，借曰合矣，宜⑥养于蒙。言而思怭，动而思踬，懔乎惴惴，惟颜、曾是畏。

《朱子全书》：孔门弟子，如子贡后来见识高，终不及曾子。今人见曾子唯一贯之旨，遂得道统之传。但曾子平日是刚毅有力量，壁立千仞人。观其所谓"士不可不弘毅""可以寄百里之命，托六尺之孤，临大节而不可夺""晋楚之富，不可及也。彼以其富，我以吾仁；彼以其爵，我以吾义，吾何慊乎哉"言语可见。虽是做工夫处比颜子觉粗，缘资质刚毅，先自把得定，故得卒传夫子之道。后有子思、孟子，其传永远。孟

① "愚"下，《屏山集》卷六有"迹参并游英驰俊驱岂无他人夫谁敢居"十六字，疑脱。
② "声"，原作"言"，据刘子翚《屏山集》卷六改。
③ "夹"，原作"来"，据刘子翚《屏山集》卷六改。
④ "一"，原作"亦"，据刘子翚《屏山集》卷六改。
⑤ "余"，原作"予"，据刘子翚《屏山集》卷六改。
⑥ "宜"，原作"宣"，据刘子翚《屏山集》卷六改。

子气象尤可见。

曾子鲁拙，既有所得，守得夫子规矩定。其教人有法，所以有传。若子贡则甚敏，见得易，然又杂；往往教人亦不似曾子定规矩，故其后无传。

曾子之学，大抵力行之意多。

《书刘子澄编曾子后》：曾子为人敦厚质实，而其学专以躬行为主，故其真积力久，得闻乎一贯。然其所以自守而终身者，则固未尝离乎孝敬信让之规，而其所以制行立身，又专以轻富贵、守贫贱、不求人知为大。是以从之游者，所闻虽或有深浅，亦不失为谨厚修洁之人，所记虽疏，亦必切于日用躬行之实。

《语类》：曾子父子相反，参合下不曾见得，只从日用间应事接物积累做去，及至透彻，那小处都是自家的了。点当下见处甚高，做处却又欠阙。

曾子说话，盛水不漏。

父母全而生之，子全而归之。若曾子之启手足，则体其所受乎亲者，而归其全也。

《跋赵景元简》：六经纪载圣人之行事备矣，而于死生之际无述焉，盖以是为常事也。独《论语》《檀弓》记"曾子寝疾"时事为详，而其言不过保身谨礼，与语学者以持守之方而已。于是足以见圣贤之学，其所贵乃在于此，非若浮屠氏之不察于理，而徒以坐亡立脱为奇也。然自学者视之，死生亦大矣，非其平日见善明信、道笃深潜、厚养力行而无间，夫亦孰能至此而不乱哉！

《答陆象山书》：颜、曾所以独得圣学之传，正为其博文约礼，足目俱到。且颜子以能问于不能，以多问于寡，有若无，实若虚，犯而不校；曾子三省其身，惟恐谋之不忠、交之不信、传之不习。其智之高如彼，而礼之卑如此，岂有一毫自满自足、强辩①取胜之心乎？

《语类》：曾子之学，大抵如孟子之勇。若不勇，如何主张圣道住？如《论语》载曾子论士之言，先一章云"以能问于不能"，则见曾子弘处；又言"临大节而不可夺"，则见他毅处。

《复斋记》：古人之学，博文以约礼，明善以诚身，必物格而知至，而后有以诚意而正心焉。此夫子、颜、曾、子思、孟子所相授受，而万世学者之准程也。

《答陈同甫书》：所谓"人心惟危，道心惟微，惟精惟一，允执厥中"者，尧、舜、禹相传之密旨也。至于汤、武，则闻而知之，而又反之以至于此者也。夫子之所以传颜渊、曾参者此也，曾子之所以传子思、孟轲者亦此也。

《论考礼纲领》：圣人有作，古礼未必尽用，须别有个处置。视许多琐细制度，皆若具文，且是要理会大本大原。曾子临死，丁宁说："君子所贵乎道者三：动容貌，斯远暴慢矣；正颜色，斯近信矣；出辞气，斯远鄙倍矣。笾豆之事，则有司存。"上面许多，正是大本大原；如今所理会许多，正是笾豆

---

① "辩"，原作"辨"，据《晦庵集》卷三十六改。

之事。曾子临死，教人不要去理会这个。

《中庸集解序》：曾子学于孔子，而得其传矣。孔子之孙子思又学于曾子，而得其所传于孔子者焉。

《西山李公墓表》：唐虞以前，载籍未具，而当是之时，圣贤若彼其多也。晚周以来，下历秦汉，以迄于今，文字之多，至不可以数计。然旷千百年，欲求一人如颜、曾者而不可得，则是道之所以传，固不在于文字，而古之圣贤所以为圣贤者，其用心必有在矣。

吕祖谦《东莱语录》：易箦之际，生死变于前，而曾子之心未尝变也。

曾子以战阵无勇为非孝，则考叔之勇，正曾子之所以为孝也。

夫子之门自有相法，曾子传此以相人，故发而为"动容貌"之论。

颜子之后至，不为惧匡。曾子之避寇，不为畏越。皆止其所止而已。

陆九渊《象山语录》：颜子视听言动之间，曾子容貌、颜色、辞气之际，而五帝、三王、皋、夔、稷、契、伊、吕、周、召之功勋德业在焉。

刚毅木讷近仁。而曾子之鲁，乃能传夫子之道。

孔门惟颜、曾传道，他未有闻，盖颜、曾从里面出来，他人外面入去。今所传者，子夏、子张之徒，外面一学。曾子所传，至孟子不复传矣。黄幹曰："为人谋则必欲实尽其心，交朋友则必欲实践其言，讲学于师则必欲实用其力。"盖曾子天资纯厚，志学恳笃，其于《大学》，既推明诚意之旨，而传之子思；又断以诚身之义至自省，又皆一本乎诚。盖不极乎诚，则凡所作为，无非苟简灭裂，是岂足以尽人事之当然而合乎天理之本然哉？

真德秀《大学衍义》：韩愈言："圣贤所以相传者，果何道耶？"曰：尧舜禹汤之中，孔子、颜子之仁，曾子之忠恕，子思之中之诚，孟子之仁义，此所谓相传之道也。

《西山语录》：进道之勇，继颜者曾，若出一揆，故其言曰："士不可以不弘毅。"其见诸力行，则躬三省于前，不苟怠也；悟一贯于后，不苟止也。"以能问于不能，以多问于寡，有若无，实若虚"，虽曰属其友，实以之自任也。"托六尺之孤，寄百里之命，临大节而不可夺"，虽泛语君子，实以之自许也。迨夫手足既启之余，知战兢之可免矣。一闻隔坐执烛者之言，既不安于大夫之箦，必欲得正而后已。在人有一毫可取之善，虽童子不敢忽也；在己有一毫未至于圣人，虽垂没弗肯已也。吁！此其所以能任重而致远欤！此其所以独传圣人洙泗之道欤！

曾子平日学问，皆是逐一用工。如三省，如问礼，逐些逐小做将去，积累之久，一旦通悟，夫子遂以"吾道一以贯"

告之。至此，方知从前所为百行万善只是一理。方其积累之时，件件著力。到此，如炊之已熟、酿之已就，更不须著分毫之力。

懿哉！曾子之论孝也。世人知不得于亲之为非孝，亦孰知夫居处不庄、事君不忠、莅官不敬、朋友不信、战阵不勇之非孝也。

《黄氏日抄》：古无传道之说，孔子之学惟曾子弘毅足以任道，子思、孟子皆然。至今所讲明者，皆其说也。

王应麟《困学纪闻》：或问："有子、曾子并称，然斯道之传唯曾子得之，子思、孟子之学，曾子之学也。而有子之学无传焉，何欤？"曰："曾子守约而力行，有子知之而已，智足以知圣人而未能力行也。《家语》尝称其'强识好古'，其视'以鲁得之'者盖有间矣。"曰："学者学有子，可乎？"曰："孝弟务本，此入德之门，积德之基，学圣人之学莫先焉。未能服行斯言，而欲凌高厉空，造一贯、忠恕之域，吾见其自大而无得也。学曾子者，当自有子孝弟之言始。"

"孝子之事亲终矣"，此言丧祭之终。而孝子之心，昊天罔极，未为孝之终也。曾子战兢知免，而易箦得正犹在其后，信乎终之之难也。

《曾子立事》篇："其少不讽诵，其壮不议论，其老不教诲，亦可谓无业之人矣"。此言可以儆学者。

罗泌《路史发挥》：孝道之难言久矣。公西之养亲，若朋友处；曾参之养亲，若对严主。参之矜矜，固不如损油油也。父兄不淑，孝弟乃章。奇有吉，参有皙，而后孝之名始著。

《宋文鉴·范育〈吕和叔墓表〉》：仲尼七十而变化不息，颜子短命未见其止，曾子老而德优。

《宋史·儒林·刘清之传》：有志者，必如曾子用力于容貌、词气，颜子用力于视听言动，方为善学。

邵以仁《阙里圣迹殿记》：孔子得统于尧、舜，以心也。颜之克复，曾之忠恕，子思之慎独，孟子之求放心，皆是也。

陈善《扪虱新语》：孔子曰："吾十有五而志于学，三十而立，四十而不惑，五十而知天命，六十而耳顺，七十而从心所欲，不逾矩。"此孔子未死时自作行状也。曾子曰："君子所贵乎道者三：动容貌，斯远暴慢矣；正颜色，斯近信矣；出辞气，斯远鄙倍矣。笾豆之事，则有司存。"此曾子临终时传法偈也。

刘达可《待问会元》：粤自周道湮微，正理晦蚀，洙泗圣人抽关启钥而发其秘，是盖吾道之一元也。两楹既奠，木铎不传，抠趋问答之词，群弟子记之而为《论语》；道德性命之蕴，子思子述之而为《中庸》；因小学之成功，而著《大学》之遗法，则曾子之得于见知者也；绎《七篇》之格言，而绍杏坛之遗脉，则孟子之得于闻知者也。

夫子设教洙泗，一时门人，餐和饮德，不为不多。仅有颜、曾二子，见道亲切。"如愚"之贤，"曰唯"之妙，皆神领意会圣人之道，而去其口耳之习，是以其传愈不失其真。

周公之后，道散而不传。于是后数百年，而道之的归于孔子。孔子之为的者，何学也？亦曰中而已。故曾子得之而为忠恕，子思得之而为中庸，曾子、子思于是有破的之功。而琴张、曾晳、牧皮，则睨乎的之偏者也。

"无邪"一语，《诗》之符印；寂感一机，《易》之堂奥。胸中之收敛者，霜降而水涸；纸上之土苴者，鱼得而筌忘。宁为参之一唯，不愿为赐之多闻矣！盖发于愤愤者，其见必卓；闻之冥冥者，其诣必至。拙鲁愚钝，为道之资；智巧聪明，为性之障。孔门善学独称颜、曾，传道独称曾参，一则以愚得之，一则以鲁得之。甚矣！学之深造自得，正不在口耳间也。

张颋《阙里中庸精舍记》：尝闻之，先哲曾子事夫子于洙泗之间，问答纤悉，若《礼记·曾子问》者多矣。其为学笃实切己，惜乎其嘉言善行不尽传也。孔子曰"吾道一以贯之"，乃圣人传心之要。曾子一唯，授之子思。子思述之，作《中庸》一篇，首曰"天命谓性"，即曾子所闻"一贯"者。

金履祥曰： 孔门自颜子之外，曾子卒传圣人之道。而颜子之没，已有"丧予"之叹。后六七年反鲁，答其君、大夫之问，独称颜子为好学，且有'今也则亡，未闻好学'之说。然则曾子非耶？盖曾子之年少孔子四十六岁，其齿最在诸弟子之后。当孔子对哀公之时，方二十有二耳。下逮孔子殁，曾子方年二十有七，则一贯之传，其夙悟不减于颜子。暮年工夫，殆或过之。后之学者，不考乎其时，因"未闻好学"之说而遂不知曾子之学。孟子称"诵其诗，读其书"，而必尚论其世，又欲考其时，以知其言行之先后也。此类是已。

哀公为人躁妄，故夫子答其弟子之问，而举颜子"不迁怒，不贰过"以喻之，可谓切矣。惜哀公之不能绎且改也。然"今也则亡"，惜词也；"未闻好学"，待词也。曾子宜可谓好学，而夫子不及之，此一时也。曾子之年，最在诸弟子之后，其进学当在夫子暮年，其成德亦在夫子既殁之后也。

薛瑄曰： 曾子曰："战战兢兢，如临深渊，如履薄冰。"君子之守身，可不谨乎？

宋濂曰： 曾子书今世所传，自《修身》至《天圆》凡十篇，其书备见《大戴礼》中。予取而读之，何其明白皎洁，若列星之丽天也。又何其敷腴谆笃，若万卉之含泽也。《传》有云："有德者必有言。"信哉！

曾子年七十，文学始就，乃能著书。孔子曰："参也鲁。"盖少时止以孝显，未如晚节之该洽也。

孔子之所以圣，勇而已。曾子之所以贤，亦勇而已。不然，曾子何以有曰"吾尝闻大勇于夫子"云。然则欲学孔子，曾子其大勇矣乎！

陈龙正《学言》：曾子传"一贯"，不言"一贯"而言"絜矩"，其义一也。在道，则言"一贯"；在天下，则言"絜矩"，此"矩"即从心所欲之"矩"。圣人不必言"絜"，絜之则是忠恕，其于学者最有把捉。汤武反之，亦是絜矩。

刘宗周《论语学案》：曾子学问都从躯壳上讨得，最有持循，一则一，二则二。

高攀龙《会语》：曾子当启手足时，一个身子完完全全、洁洁净净，如精金百炼，如白璧无瑕，此时方了得"修身为本"四字。

邹守益《论学书》：世之论者谓：曾子得之以鲁，子贡失之于敏。果若而言，则敏劣于鲁矣。古人学术，须到气质脱化处，方是归根复命。"亿则屡中"，是不免挨傍气习，犹有倚著。而"战战兢兢""任重道远"，岂鲁者所能了？故尝谓曾子能脱化得鲁，故卒传其道；子贡不能脱化得敏，故终止于器。

邹善曰：格致之功，乃曾子发明一贯之传。天下万事万物，莫不原于吾之一心。此处停妥，不致参差，即是大公之体。以此随事应之，无所增损起灭，即是顺应之流行矣。动容貌，出辞气，正颜色，莫非以此贯之。

熊赐履《学统·正统》：按曾子亲受《大学》《孝经》于孔子，故其学以修身为本，其孝以守身为要，生平战战兢兢，临深履薄，直至死而后已。盖其资禀笃实，学行纯固，真积力久，其卒得圣人之传，宜也。夫曾子之弘毅，仁也；养志，孝也。圣人之道，无以加于仁；圣人之德，无以加于孝，而曾子以一身实践之。存乎其身者，体也，忠也，格致诚正是也；发乎其身者，用也，恕也，齐治均平是也。曾子之道，亦曰"忠恕而已矣"。忠恕者，一贯之谓也。此即曾子之得统于孔子，而以传子思，因以授之孟轲者也。奈何释氏之徒，妄以颜子为悟，曾子为修；颜子为顿，曾子为渐，视曾子不啻若搬柴运水、戒律头陀者之流。即吾儒亦有颜子默识、曾子笃信之说，不知颜子冥契，皆实修也；曾子躬行，皆心得也。四勿与三省，一唯与一叹，此间亦有何分别？而顾为此异说之纷纷耶！

方苞《望溪文集》：言孝者称舜与曾、闵，非他，圣贤不能也。人之行，遭变而抵其极。而称人者，必举其尤以见异也。

曾子传《大学》，揭慎独之义，俾学者随事逐物而不容自欺，所以直指人心、道心之分，而开孟子所谓"几希"之端绪，乃前之圣人所未发也。其自称"日三省吾身"，即慎独之见于操行之实者耳。

卢文弨《大戴礼跋》：《大戴礼》极精粹者，曾子数篇而已。而《立事》一篇，尤学者所当日三复也。"博学而孱守之"，余素服膺斯言。自为棘人后，每诵"君子思其不可复者而先施焉"数语，辄不禁泪之盈眦也。

宗圣志卷十八

赞颂第十六

《诗》有颂体，史载赞辞。秩秩宗圣，百世所师。纂
《赞颂》。

汉

武梁祠画像赞

曾子质孝，以通神明。贯感神祇，著早来方。后世凯
式[①]，以正橅纲。

　　《山左金石志》：著早来方，早字旧释为"灵"。黄易
云："以'灵'为'靈'，后人俗体，而曾子之孝亦不必言
'著靈'。玩其笔法，当是'早'字。'著早'者，著曾子之
孝名也。"此说较长。□□橅纲，橅即"模"字，《说文》
云"无"。或说规模字，是"模"可作"无"，此又加木旁。

　　定安按，"橅纲"上二字，据《济宁州志》补之。

---

① "式"，原作"示"，据武梁祠汉画像石榜题改。

张衡·思玄赋

嘉曾子之躬耕兮，慕历阪之嶔崟。

唐

苏颋·曾子赞 玄宗开元八年敕撰

百行之极，三才以教。圣人叙经，曾子知孝。全谓手足，动称容貌。事君事亲，是则是效。《山东通志》《兖州府志》。

宋

真宗敕撰曾参赞 时廷臣奉敕分撰七十二弟子赞

圣人之道，以一贯之。允矣子鲁，堂奥斯窥。惟帝登岱，克陈上仪。追封侯社，沂水之湄。

张齐贤·宗圣赞

孝乎惟孝，曾子称焉。唐虞比德，洙泗推贤。服膺受旨，终身拳拳。封峦饬赠，永耀青编。《阙里志》称"真宗敕撰"，旧《志》谓是小像赞，非也。

高宗御制宗圣像赞 绍兴十四年李龙眠画像

朕自睦邻息兵，首开学校，教养多士，以遂忠良。继幸太学，延见诸生，济济在庭，意甚嘉之。因作《文宣王赞》。机政余闲，历取颜回而下七十二人，亦为制赞，用广列圣崇儒右文之声，复知师弟子间缨弁森森、覃精绎思之训，其于治道，心庶几焉。

曾参字子舆，南武城人，赠郕伯。

夫孝要道，用训群生。以纲百行，以通神明。因子侍师，答问成经。事亲之实，代为仪型。《金石萃编》。

理宗题道统宗圣赞绍定三年

守约博施，反躬三省。孝为德先，禄仕不忍。圣德正传，意会神领。一唯忠恕，门人深省。同上。

明

陈龙正·宗圣颂龙正，嘉善人，吏部进士。

卓尔已亡，鲁者颖绝。一呼一唯，如响偕彻。惟子最少，于道孤传。坤以立诚，乃达乎乾元。

志学逾几，笃行非久。乃质乃志，敦艮自守。授之一贯，先定厥宗。繇兹积累，乃靡杂靡穷。

闻道居前，累仁居后。譬彼灵雨，时无定遭。或化其苗，或化其秀。一底于成，承化工之茂。

上承大道，克毅克弘。亦风亦咏，出于渊冰。立教罔疏，曰开思孟之朋。何率非慎，何觉非凝。

好学永叹，盖未得子。及既得子，如或后矣。因言识默，圣学存矣。谓如果亡，良知孰起！旧《志》。

陈凤梧·圣贤道统赞·曾子赞凤梧，山东巡抚都察院右副都御史

守约而博，学恕以忠。圣门之传，独得其宗。一贯之旨，三省之功。格致诚正，万世所崇。冯集轩《济南金石志》。

周丕显·宗圣颂丕显，嘉善孝廉

知识繁争，民生非婴。斯文未丧，愚没鲁赓。渊深源清，冰泮履亨。维彼鲁者，天亶聪明。

省忠省信，与习俱传。此呼彼唯，问答历然。由斯以往，非言所诠。启手以后，一贯以前。

进取不为，作述似异。孟也探源，独表养志。战兢精微，通乎咏归。即诚得乐，充实而辉。

陋巷洋洋，为邦孔臧。格致诚正，治平亦彰。乃体乃用，内圣外王。启中和之绪，发仁义之藏，谁曰圣学云亡？旧《志》。

吕元善·宗圣像赞元善，山东布政司理问

天寄儒统，时方丙申。毓灵南武，文在斯人。身大惟本，经创自亲。郕国宗圣，千秋万春。旧《志》。

日三其省，指十戒手。何以完孝，大杖则走。曾从后贤，登台步囿。谓枣与瓜，昔副亲口。

又：

孔曾授受赞

惟岁渊献，哀纪之五。才二八龄，远师迈楚。纯固性成，

实资于鲁。唯醒一声，贫甘三釜。学大以人，撰垂侍坐。晤对传心，不隔今古。

又：

曾思授受赞

得师之教，能令弟酬。步祖之武，能作孙谋。有曾之实，成思之快。匪悟庸深，何知学大。旧《志》。

张居仁·宗圣像赞居仁，山东城武知县

道远之器，壁立之仪。鲁哉参也，诚以自持。一趋一步，范我驱驰。身肩道统，迹印宣尼。

吕维祺·宗圣像赞维祺，山东兖州府推官

十载及门，传师最要。故与之鲁，忽承一贯。尤藉大年，垂经以得。学即会心，亦凭手撰。旧《志》

国朝

康熙二十八年①闰三月十六日，圣祖仁皇帝御制颜、曾、思、孟四子赞，勒石摹榻，颁发直省。《宗圣曾子赞》云：

洙泗之传，鲁以得之；一贯曰唯，圣学在兹。明德新民，

---

① "年"，原脱，据文意补。

止善为期。格致诚正，均平以推。至德要道，百行所基。纂承统绪，修明训辞。

乾隆十三年
高宗纯皇帝御制四贤序

圣门弟子三千，其贤者七十有二人，《史记》《家语》各为纪其姓氏，考其事迹，以垂之后世。而能契夫子之心传，得道统之正脉者，则惟颜、曾、思、孟四人。颜子得克己复礼之说，曾子与闻一贯之传，亲炙一堂，若尧、舜、禹之相授受，复乎尚矣！子思师事曾子，发明中庸之道，而归其功于为己、谨独。孟子当战国横流之时，私淑子思，距杨墨，闲圣道，而养气之论为前圣所未发。昌黎韩子以为其功不在禹下，有以也。庚戌秋，偶阅有宋诸儒传，因思宋儒所宗者，孔子之道也。孔子之道，赖颜、曾、思、孟而传，今圣庙祀典，四子升配堂上，为百代之楷模，因各系以赞，用志景行之私云尔。

宗圣曾子赞

宣圣辙环，在陈兴叹。孰是中行，授兹一贯。曾子孜孜，惟圣依归。唯而不疑，以鲁得之。会友辅仁，任重道远。十传释经，超商轶偃。念彼先子，沂水春风。渊源益粹，笃实春容。临深履薄，得正以终。三千虽多，独得其宗。

右宗圣赞颂。

宋

高宗·莱芜侯赞

惟时义方，有子诚孝。怡怡圣域，俱膺是道。暮春舞雩，歌咏至教。师故与之，和悦宜召。旧《志》："绍兴十四年"。

丁谓·莱芜侯像赞真宗祥符二年敕撰

侍坐鲁堂，各言其志。舍瑟而作，超乎冉季。浴沂舞雩，咏歌道义。遇我庆成，锡壤进位。旧《志》。

明

吕元善·莱芜侯像赞

道统从来，必有原始。敩子童年，远从孔子。铿尔之音，击磬同旨。杖学推大，枣养推嗜。圣经孝经，万古赖此。宗圣有父，尼山有弟。旧《志》。

吕一经·莱芜侯像赞

受子孝养，养只一嗜。惟问有余，便及万世。侍坐成经，言满天地。侯赠莱芜，枣瓜根蒂。旧《志》。

吕纯如·莱芜侯像赞纯如，山东巡抚都御史

手执一卷，岂其夏时。何暮春者，能浴乎沂。子放不受，

周正之羁。乃曰吾与，夫子知之。晴云自卷，独鸟高飞。大手难画，谁画于斯。

吕大器·莱芜侯像赞大器，吏部稽勋司主事

世仕三桓，身独悦荡。其天至闲，与云俱放。耘绿台边，浴春沂上。有子传宗，百代所让。旧《志》。

右莱芜侯赞。

明

陈凤梧·圣贤道统赞·子思子赞

精一之传，诚明之学。圣门嫡派，斯道有托。发育洋洋，鸢飞鱼跃。慎独之言，示我先觉。《济南金石志》："嘉靖元年刻石。"旧《志》称，东配《子思子赞》"慎独之言"，言作训。皆误。

吕元善·子思子赞

圣持祖述，贻厥孙谋。中庸民鲜，独开千秋。安非鲁缪，尊岂文侯。书台云日，古到今留。旧《志》。

吕维祺·子思子赞

欲人知性，贯一中字。上接帝尧，垂之万世。梁讲重云，宋钟进士。大纲节目，《学》与《庸》契。旧《志》。

陈凤梧·圣贤道统赞·孟子赞

哲人既萎，亚圣斯作。距诐辟邪，正端谔谔。尧舜之性，仁义之学。烈日秋霜，泰山乔岳。《济南金石志》："嘉靖元年。"旧《志》称，《西配孟子赞》："正端谔谔。"端，《旧志》作"论"。亦误。

吕元善·孟子赞

战国兵争，力尚仁义。目无齐梁，舌剿说士。位逊当时，道存天地。浩然世宗，能死王事。旧《志》。

吕维祺·孟子赞

学惟兼识，幽沈明朗。知性知天，事亲事长。本末联贯，养无屈枉。寓权七篇，世不道丧。旧《志》。

右配享赞。

明

吕元善·阳肤赞

贯索在天，刑书在手。天与水违，雷居火后。有宅惟公，无情喑口。一勿垂规，拯散之久。旧《志》。

彭化凤·阳肤赞化凤，山东布政司照磨

皇王之佐，贤哲之资。临民从政，好问隆师。悯刑悯世，与时相宜。古犹难得，人岂易为。旧《志》。

陈瑛·乐正子春赞瑛，山东提学道副使

曾孝能通，孔经斯授。先后相传，法门已旧。不亏其体，不辱其亲。卓哉夫子，允矣仁人。旧《志》。

吕元善·乐正子春赞

畴不亲生，人人有孝。惟孝在人，心传匪教。乐正所得，曾子之心。传来一脉，千古到今。旧《志》。

又：

公明仪赞

即亲即师，谁子能我。周旦公仪，曾云两个。能自得之，便不挫过。何地何人，总由人做。旧《志》。

吕黄钟·公明仪赞黄钟，山东鱼台县知县

匡时之志，冠世之雄。笃信好学，垂悯民穷。敦叙友情，咨询孝道。懿行长存，嘉言不老。旧《志》。

钱士完·沈犹行赞士完，山东巡抚都御史

曩者从师，于焉取正。审择其人，备考其行。心有所得，言斯以宣。匪造高远，岂知圣贤。旧《志》。

吕元善·沈犹行赞

思出曾门，授受协契。师道臣道，各极其至。去非无恩，

住尤存义。于师臣间，寓沈犹氏。旧《志》。

又：

公明高赞

孝子传经，厥有高弟。云何长息，疑孝于帝。高知舜情，孟识高意。惟贤印贤，千古一契。旧《志》。

吕新周·公明高赞<small>新周，山东莒州知州</small>

观海知大，登山知高。不见曾养，不识舜号。彼务力行，此以心契。著论片言，仪型百世。旧《志》。

贺万祚·单居离赞<small>万祚，山东提学道副使</small>

精穷天道，极究人伦。不涉浮诞，不离本真。正蒙继纂，经世续陈。但言不朽，终古维新。旧《志》。

吕元善·单居离赞

天人之际，究渊探微。一真是握，匪浮可期。孔编周学，曾又见兹。更有单子，其殆庶几。旧《志》。

又：

公明宣赞

凡今之学，翻诵有声。且复嗤彼，坛坫迫人。立言垂后，惟德是馨①。曾门入德，而有此生。旧《志》。

王振熙·公明宣赞振熙，山东章②丘县知县

弗尚诵读，务臻实德。游于教坛，优于道域。匪言启迪，曷识躬行。得名当世，依式后生。旧《志》。

吕化舜·公孟子高赞化舜，户部贵州司员外

纯必别伪，外自内闲。人役斯戒，人师可攀。子莫知礼，子若是班。慨尔赞大，学道蹄筌。旧《志》。

吕元善·公孟子高赞

惟克尚纯，何外不内。人师人役，谁贱谁贵。斯实在我，古贤畴对。庑祀崇祠，千春莫配。旧《志》。

又：

孟仪赞

嗟此三礼，行贵得人。人谁受礼，君子惟勤。训垂往古，愧当吾身。学元有等，得有浅深。旧《志》。

---

① "馨"，吕兆祥《宗圣志》卷四《追崇志下》作"声"。
② "章"，原作"奉"，据吕兆祥《宗圣志》卷四改。

靳于中·孟仪赞于中，山东督粮道参政

三仪之礼，人岂易知。必得君子，不与有司。圣贤之训，因才而施。教不躐等，况复顺辞。旧《志》。

吕元善·子襄赞

学固贵勇，勇亦有道。气伸自我，直为勇要。诀为自反，两言典诰。不见子襄，胜场未到。旧《志》。

耿启·子襄赞启，山东嘉祥县知县

但言大勇，肇自宣尼。以直自反，施无不宜。圣贤垂教，能者从之。闻乎斯语，人也可知。旧《志》。

右从祀赞。

明

王宇·曾元赞宇，山东提学道佥事

易箦之命，武王之心。卑志之说，伯牙之音。顺承严父，逆料时君。庶乎克肖，宜哉有闻。旧《志》。

吕元善·曾元赞

莱芜闻孙，宗圣冢嫡。于孟志养，于礼志箦。生死之际，可悲可忆。转令后来，孝思追则。旧《志》。

又：

曾华赞

父也命子，何疏何亲。推枕相向，三人宜均。嗜饵之戒，胡独语君。抑箴所短，家教攸钦。旧《志》。

王思任·曾华赞思任，山东布政司照磨

兰蕊之室，可以就之。鲍鱼之肆，可以去之。慎厥所与，毋为诡随。当其颠沛，受乃遗辞。旧《志》。

吴邦相·曾申赞邦相，山东兖西道参政

精通变礼，审择安身。善于问对，明乎屈伸。兼得友资，不负庭训。每服嘉言，思攀令闻。旧《志》。

吕元善·曾申赞

侍疾于亲，欲哭未哭。适与而兄，坐当其足。启予之示，尊足允笃。世当念此，莫践非阃。旧《志》。

又：

曾西赞

孔曰如仁，《鲁论》推重。何不《春秋》，高国与共。家学传来，治平有统。宜乎先生，不为管仲。旧《志》。

吕纯良·曾西赞

克承祖训，圣门之徒。推尊子路，羞比夷吾。惟范驰驱，不事诡遇。气节廉棱，闻风悚惧。旧《志》。

右贤胤赞。

宗圣志卷十九

旁裔第十七（上）

曾出鲁国，汉末南迁。式微千载，几绝而延。南丰望族，阀阅始传。载稽往牒，厥绪绵绵。纂《旁裔》。

周

曾夭

《左传·昭公元年》：叔孙归，曾夭御季孙以劳之。

曾阜

《左传·昭公元年》：叔孙归，曾夭御季孙以劳之。且及日中不出。曾夭谓曾阜曰："且及日中，吾知罪矣。鲁以相忍为国也，忍其外，不忍其内，焉用之？"阜曰："数月于外，一旦于是，庸何伤？贾而欲赢，而恶嚣乎？"阜谓叔孙曰："可以出矣！"叔孙指楹曰："虽恶是，其可去乎？"乃出见之。

唐

曾芳

廖用贤《尚友录》：芳为程乡令，因民苦瘴，以药济之，求者接踵，乃以囊药置井中，令民汲水饮之而疾愈。后人名其井为"曾井"。宋仁宗赐飞白书"曾氏忠孝泉"五大字。

曾延构

《武城家乘》：延构，迪功郎。

曾礼

《武城家乘》：礼，吉州司户。

曾冲修

《武城家乘》：冲修，奉议大夫。

后梁

曾文迪

《尚友录》：文迪，雩都人。天文谶纬、黄庭内景之书靡所不究，而地理尤精。梁贞明间，游至袁州府万载县，爱其县北西山之丘，谓其徒曰："死，葬我于此。"卒葬其地。后其徒在豫章忽见之，骇然而归，启其坟墓视之，乃空棺也，人以为尸解云。

后周

曾崇范

《尚友录》：崇范，庐陵人。灶薪不属，而读书自若。家藏九经子史。南唐刺史贾皓就进取之，以己缗偿其直，崇范笑曰："坟典天下公器，世乱藏于家，世治藏于国，其实一也。何估值以偿邪？"召授太子洗马，迁东宫使。

宋

曾文照

《尚友录》：文照七岁应南唐童子科，擢第三。江南平，为永城令，上疏论邑利害，免挽船户力，岁省万计。迁蒙城令，蝗不入境。官终大理司直。

曾致尧

《宋史》：致尧，字正臣，抚州南丰人。太平兴国八年进士，解褐符离主簿、梁州录事参军，三迁著作佐郎、直史馆，改秘书丞，出为两浙转运使。俄徙知寿州，转太常博士。真宗即位，迁主客员外郎、判盐铁勾院。张齐贤荐其材可任词职，命翰林试制诰，以舆议未允而罢。

李继迁扰西郡，命张齐贤为泾、原、邠、宁、环、庆等州经略使，选致尧为判官，仍迁户部员外郎。抗疏狂躁，黜为黄州刺史。未几，复旧官，改吏部员外郎，历知泰、泉、苏、扬、鄂五州。大中祥符初，迁礼部郎中，坐知扬州日冒请一月俸，降掌昇州榷酤，转户部郎中。五年，卒，年六十六。子易从、易占，皆登进士第。

曾会

《一统志》：会，字宗元，晋江人。端拱二年，进士第二人，授光禄寺丞，直史馆。祥符末，出为两浙转运使。丁谓建钱塘捍江之役，发卒万余，倾荡山谷，中外无敢言者，会奏列其状，有旨中罢。凡出入四十余年，历典七郡。

《泉州府志》：会，官至刑部郎中、集贤殿修撰，知明州，卒。子公度、公亮。

曾乾度

《万姓统谱》：乾度，淳化三年进士。两任推官，三为县，五典州，以太常少卿致仕。率诸生兴学校，教以孝弟，幅巾徜徉，缙绅荣之。

曾易占

《尚友录》：易占，字不疑，始监真州御米仓，迁太子中允、太常丞，知泰州、如皋、信州、玉山四县，皆有政绩。后以子拜相，迫封鲁国公。子三人：巩、布、肇。

曾奉先

《万姓统谱》：奉先，字绍宗，笃志力学。登进士，判罗源簿，有清名，欧阳文忠公推重之。升贺州法曹。

曾朝阳

《万姓统谱》：朝阳，永丰人。庆历间登第，为石首令，宽其赋税。改忠州从事，教民从事文学。有文集二十卷。弟匡阳，亦同登第，为南安主簿。邑有寇，独力擒之，辞赏不受。改龙南令，设学以教其子弟，后移至玉山。朝阳子元中，大观间登第，屡官广州教授。所著有《春秋历法》《论语解》《周易解》等书，门人私谥文节先生。

曾準

《万姓统谱》：準，字子中，赣州人。嘉祐间进士，知公安县，火燔民居，準以身叩之，风反灭火。复通判临江，明慎刑狱。芝草生，圜扉，或劝以献，準抑之。长子楸，少颖悟，官至吏部尚书。

曾公亮

《宋史》：公亮，字明仲，泉州晋江人。举进士甲科，知会稽县。坐父买田境中，谪监湖州酒税。久之，为国子监直讲。

屡转为翰林学士，以端明殿学士知郑州，为政有能声。复入为翰林学士。嘉祐六年，拜吏部侍郎、同中书门下平章事、集贤殿大学士。

熙宁二年，进昭文馆大学士，累封鲁国公。以老避位，三年九月，拜司空兼侍中，旋以太保①致仕。元丰元年卒，年八十。帝哭临，辍朝二日，赠太师、中书令，谥曰宣靖，配享英宗庙庭。及葬，御篆其碑首曰"两朝顾命定策亚勋之碑"。子孝宽，从子孝广、孝蕴。

曾孝宽

《宋史》：孝宽，字令绰，以荫知桐城县。屡擢拜枢密直学士。以端明殿学士知河阳，徙郓。连徙镇，以吏部尚书召，道卒，年六十六。

曾孝广

《宋史》：孝广，字仲锡。元丰末，为北外都水丞。屡擢户部侍郎，进尚书。坐钱帛不给费，罢为天章阁待制、知杭州。又以前聘契丹失奉使体，夺职，寻复之。大观中忤时相，复夺职，知饶州。逾年，徙广州，历成德军、太原府，得故职以卒，年六十。

---

① "保"，曾肇《曾公亮行状》作"傅"。见《资治通鉴长编》卷二三四。

曾孝蕴

《宋史》：孝蕴，字处善。绍圣中，管干发运司籴籴事。屡转至户部侍郎。徙工部，以显谟阁待制知杭州。其后坐累，连削黜，至贬安远军节度副使。宣和二年，始复天章阁待制、知歙州。方腊起青溪，人恃以安。会移青州，既行而歙陷，道改杭州。杭已破，孝蕴克复，进显谟阁直学士，又加龙图阁学士。卒，年六十五，赠通议大夫。

曾巩

《宋史》：巩，字子固，建昌南丰人。嘉祐二年进士第。调太平州司法参军，召编校史馆书籍，迁馆阁校勘、集贤院校理，为实录检讨官。出通判越州，徙襄州、洪州，加直龙图阁、知福州。徙明、亳、沧三州。过阙，神宗留判三班院，加史馆修撰。会官制行，拜中书舍人。寻掌延安郡王笺。数月，丁母艰去。又数月卒，年六十五。弟布，自有传。幼弟肇。

曾布

《宋史》：布，字子宣，南丰人。学于兄巩，同登第，调宣州司户参军、怀仁令。熙宁二年，徙开封，授太子中允、崇政殿说书，加集贤校理，判司农寺，检正中书五房。布欲坚神宗意，不①使专任安石以威胁众，使毋敢言政。骤见拔用，遂

---

① 按：《宋史》卷四七一《曾布传》无"不"字，疑衍。

修起居注、知制诰，为翰林学士兼三司使。七年，大旱，求直言，布论判官吕嘉问市易掊克之虐，惠卿以为沮新法，黜布知饶州，徙谭州。复集贤院学士、知广州。元丰初，以龙图阁侍制知桂州，进直学士、知秦州，改历陈、蔡、庆州。元丰末，复翰林学士，迁户部尚书。元祐初，以龙图阁学士知太原府，历真定、河阳及青、瀛二州。绍圣初，徙江宁，过京，留为翰林学士，迁承旨兼侍读，拜同知枢密院，进知院事。徽宗立，拜右仆射。崇宁初，罢为观文殿大学士、知润州。令开封，落职，提举太清宫，太平州居住。又降司农卿，分司南京。又以尝荐赵谂，谂叛，责散官，衡州安置。又以弃湟州，责贺州别驾。又责廉州司户。凡四年，乃徙舒州，复大中大夫、提举崇福宫。大观元年，卒于润州，年七十二。后赠观文殿大学士，谥曰文肃。

曾肇

《宋史》：肇，字子开，举进士，擢崇文校书、同知太常礼院。兄布以论市易事被责，亦夺肇主判。滞于馆下。曾公亮薨，肇状其行，神宗嘉之。迁国史编修官，进吏部郎中。天圣七年，屡迁至礼部侍郎。改刑部，出知江宁府。帝亲政，趣入对，出知瀛州。时方治《实录》讥讪罪，降为滁州。稍复集贤殿修撰。徽宗即位，复召为中书舍人，迁翰林学士兼侍读。已而兄布在相位，引故事避禁职。未几，出知陈州，历太原、应天府、扬定二州。崇宁初，落职，谪知和州，徙岳州，继贬濮州团练副使，安置汀州。四年，归润而卒，年六十一。更十一州，类多善政。绍兴初，谥曰文昭。子统，官至左谏议大夫。

曾叔卿

《宋史》：叔卿，南丰人，巩族兄也。家苦贫，心存不欺，居乡介洁，非所宜受，一介不取。妻子困于饥寒，而拊庇孤惸，唯恐失其意。起家进士，至著作佐郎。熙宁中，卒。

曾畋

《文献通考》：《丹阳类稿》十卷，宋曾畋撰。元丰中，畋守官润州，因采各家诗集，始自东汉，终于南唐，凡得诗、歌、赋、赞五百余首。

曾季狸

《文献通考》：曾季狸，裘父，著《艇斋诗话》。

曾纮

《宋史·艺文志》：曾纮《续江西派诗集》二卷。

曾思

《文献通考》：《江西诗派》一百三十七卷，内有曾纮、曾思父子诗。

曾孝纯

《泉州府志》：孝纯，字君施。公亮卒，诏荫孝纯为殿中丞，赐同进士出身。绍兴中，擢太常，执政沮之，遂杜门不仕。

曾纡

《尚友录》：纡，布第四子。工诗词，材高识明，博极书史，以文章翰墨风流蕴藉为时名人。官至大中大夫。

曾诞

《宋史·邹浩传》：曾诞，公亮从孙也。孟后之废，诞三与邹浩书，劝力请复后，浩不报。及浩以言南迁，诞著《玉山主人对客问》以讥之，识者或以比韩愈《诤臣论》。诞仕亦不显。

曾懋一作棙

《万姓统谱》：懋，字叔夏，準长子。少颖悟，落笔惊流辈。登元符三年进士。知兴化，拒楚命，表高宗劝进，扈从隆祐孟太后至虔。军民偶忿争，赖以抚定。累官吏部尚书，著《内外制》十卷，《东宫日记》十卷。

曾肃

《万姓统谱》：肃，太和人。居父丧，庐墓数年，有慈乌来巢，人以为孝所感。子安止登科，为彭泽令，挂冠归隐。安中未冠登第，上书言时政，入党籍。安强为进士，提举成都路常平，尝葬暴露不葬者三千余枢。

曾有开

《万姓统谱》：有开知卫州时，水灾，人乏食，擅贷常平钱粟与之。具奏，乞蠲其息。

曾升

《福州府志》：升，字孟高，福州人。入粟补吏。靖康中，金骑犯边，升被檄部士卒戍楚州。至昭信县，适遇金人，与战，死于阵。

曾光庭

《万姓统谱》：光庭，吉水人。仕为永州东安簿。靖康之难，勒兵勤王，会徽、钦北狩，列表劝进。高宗立，光庭不愿受赏。

曾开

《宋史》：开，字天游。崇宁间登进士第，累迁国子司业，权中书舍人。忤时相意，左迁太常少卿，责监大宁监盐井，召还。钦宗即位，知颖昌府，兼京西安抚使。夺职，奉祠。建炎初，复职，旋召为刑部侍郎。时秦桧主和议，开当草国书，辨视体制非是，论之，不听，遂请罢。会枢密编修胡铨上封事，痛诋桧，极称开，由是罢，以宝文阁待制知婺州。提举太平观、知徽州，以病免。黄达如擢监察御史，首劾开，褫职。引年请还政，仅复秘阁修撰。卒，年七十一。桧死，始复待制。

曾几

《宋史》：曾几，字吉甫，其先赣州人，徙河南府。入太学有声。兄弼，提举京西南路学事，案部溺死，无后，特命几将仕郎，试吏部。久之，为应天府少尹。靖康初，提举淮东茶盐。高宗即位，改提举湖北。兄开为礼部侍郎，与秦桧力争和议去，几亦罢。逾月，除广西转运副使，徙京南路①。复为广西运判，固辞，侨居上饶②七年。桧死，起为浙西提刑、知台州。黄岩令受贿，几诘其罪。贺允中荐，召对，以疾辞，除直秘阁，归故治。未几，复召对，授秘书少监。诏修《神宗宝训》，书成，命权礼部侍郎。兄楙、开皆赏贰春官，人以为荣。孝宗受禅，致仕，擢其子逮为浙西提刑以便养。乾道二年卒，年八十二，谥文清。

二子：逢，仕至司农③卿；逮，亦终敷文阁待制，而逢最以学称。

---

① 按：“京南路”，《渭南文集》卷三二《曾文清公墓志铭》作“荆湖南路”，《宋史·曾几传》“徙京南路”下有“盗骆科起郴之宜章”语，据《宋史》卷八八《地理志》，郴州之宜章属荆湖南路，此“京南路”当为“荆南路”之误。
② “侨居上饶”四字，原脱，据《宋史》卷三八二《曾几传》补。
③ “农”，原脱，据《宋史》卷三八二《曾几传》补。

曾谓

《宋史》：金人犯永兴，攻陷城东南隅，判官曾谓死之。

曾忞

《宋史》：忞，字仲常，中书舍人巩之孙。补太学内舍生，以父任郊社斋郎，累官司农丞、通判温州。建炎三年，金人陷越，以琶八为帅，逮捕，辞气不屈，左右驱其家属四十口，同日杀之。金人去，忞弟朝散郎悬时知杭州余杭县事，葬之天柱山。事闻，予三资恩泽，官其弟岱。子宻，兄子宦，皆将仕郎。宻后仕至南安军。忞从弟悟。

曾悟

《宋史》：悟，字蒙伯，翰林学士肇之孙也。宣和二年进士，靖康间为亳州士曹。金人破亳州，悟被执，抗辞慢骂，众刃脔之，妻孥同日遇害。年三十三。

曾孝序

《宋史》：孝序，字逢原，晋江人。以荫补将作监主簿，监泰州海安盐仓，因家泰州。累官至环庆路经略、安抚使。过阙，蔡京遣御史宋圣宠劾其私事，无所得，但言约日出师，几误军期，窜岭表。遇赦，量移永州。京罢相，授显谟阁待制、知潭州。移知青州。高宗即位，召赴行在。既而青州民诣南都借留，许之。先是，临朐士兵赵晟为乱，将官王定兵失利，孝序责以力战自赎，定乃斩关入，与其子宣教郎讦皆遇害，年七十九。后赠孝序五官，为光禄大夫，谥威愍；子讦承议郎。

曾觌

《宋史》：觌，字纯甫，其先汴人也。用父任补官。绍兴 ① 为建王内知客。孝宗受禅，自武翼郎除带御器械，干办皇城司。谏议大夫刘度入对，言待之不可无节度，除权知阁门事。刘度夺言职，未几，以觌为文州刺史。乾道中，屡充贺金国使。归，除武泰军节度使，提举万寿观。淳熙元年，除开府仪同三司。六年，加少保、醴泉观使。疽发于背，卒。

曾三复

《宋史》：三复，字无玷，临江人。乾道六年进士。淳熙末，为主管官告院，迁太府寺簿，历将作、太府丞。绍熙初，出知池州，改常州。召为御史检法，拜监察御史，转太常少卿，进起居舍人，迁起居郎兼权刑部侍郎，以疾告老。诏守本官职致仕。

曾从龙

《宋史》：从龙，字君锡，左仆射公亮四世从孙。初名一龙，庆元五年，擢进士第一，始赐今名。授签书奉国军节度判官厅公事。迁兵部员外郎、左司郎中、起居舍人兼太子右谕

---

① “绍兴”下，《宋史》卷四七〇《曾觌传》有“三十年”三字，疑脱。

德。使金还，转官。开禧间丐外，知信州。召权礼部侍郎兼中书舍人。改参知政事。胡榘嗾言者劾罢。端平元年，授资政殿大学士、沿江制置使兼知建康府兼行宫留守。拜参知政事兼同知枢密院事。进知枢密院事兼参知政事，以枢密院使督视江淮、荆襄军马。诏并领督府。卒，赠少师。弟用虎、天麟、治凤，皆历显仕。

曾三聘

《宋史》：三聘，字无逸，临江新淦人。乾道二年进士。调赣州司户参军，累迁军器监主簿。迁秘书郎。宁宗立，兼考功郎，后知郢州。会韩侂胄为相，指三聘为故相赵汝愚腹心，坐追两官。久之，复官与祠，差知郴州，改提点广西、湖北刑狱，皆辞不赴。侂胄诛，诸贤相继召用，三聘禄不及。嘉熙间，三聘已卒，有旨特赠三官，直龙图阁，赐谥忠节。

曾伋

《万姓统谱》：伋，字彦思。绍兴三十二年，以大理寺丞出知袁州，一意为民。隆兴初元，有旨：江西和籴百万，转输丹阳。一时有司失于讨论，袁亦在数。伋具不可籴状条举，先后以闻，乞先罢黜。朝廷嘉而免之。是邦得免和籴自伋始。

曾项

《万姓统谱》：项，绍兴中宰常熟，王伯刚称其"知足以知，勇足以行，御吏若西门之治邺，爱民如子产之治郑"云。

曾集

《万姓统谱》：集，绍兴间知南康军，勤理庶务，首慕先贤刘焕之为人，修其墓亭，砻石以培其封，割公田以奉其祀。朱熹称其有"尊贤尚德"之心。

曾恬

《泉州府志》：恬，字天隐，公亮曾孙。少为存心养性之学。绍兴中，仕至大宗正丞。秦桧当国，恬自守不为诎，求外祠，得主管台州。

曾慥

《文献通考》：《皇宋诗选》五十七卷，曾慥端伯编。慥，鲁公裔孙。守赣川，帅荆渚，日选本朝自寇莱公以次至僧连^{本从王旁}。二百余家诗，《序》云："博采旁搜，尤取颖秀，悉表而出焉。"慥官至少府卿。

《泉州府志》：慥，字端伯，怀之从兄。初为尚书郎、直宝文阁，奉祠。博学能诗，号至游居士。

曾怀

《泉州府志》：怀，字钦道，孝宽曾孙。建炎初，知真州，训习民兵，有纪律。乾道初，擢户部侍郎，进权尚书、知婺州。甫三月，召还，赐同进士出身，参知政事，代梁克家为右丞相，封鲁国。淳熙初，台官因言事中怀，怀遂求退，以观文殿大学士奉祠。未几，复相。以疾请罢，卒。

曾植

《泉州府志》：植，字子直，晋江人。太学上舍生。孝宗登极，赐释褐，累迁敕令所删定官、司农寺丞。会大理丞阙，上命补之。寻出知南剑州，陛辞，奏言三事，上大悦。知湖州,卒。

曾溚

《万姓统谱》：溚，字孟博，临川人。为人质直刚烈。四方宗陆氏者，自孟博与李德章师复斋始，孟博长象山五六岁，象山甚爱重之。

曾三英

《尚友录》：三英尝考究三国六朝攻守事迹，著《南北边筹》十八篇。又著《蒙史》。

曾丰

《万姓统谱》：丰，乐安人也。宋乾道五年进士，以文章鸣。晚年恬于仕进，筑室曰"樽斋"，四方求诗文者，座常满。有《缘督集》行于世。仕至太守。何塘谷赞云："不夷不惠，斯道之魄；不欧不苏，斯文之脉；外容万象，中无一物。”世以为名言。

曾秘

《泉州府志》：秘，字泰之，同安人。与朱文公友善。乾道五年进士。荐为国子监丞、知惠州。后知漳州，卒。

曾兴宗

《万姓统谱》：兴宗，字光祖，宁都人。笃志为己之学，自号“唯庵”。冠婚丧祭，一用古礼，朱熹尝称之。伪学之禁兴，学者讳名其师，兴宗执礼益勤，励志益苦。孙原一、原郕，俱博学工诗。

曾极

《万姓统谱》：极，字景德，滂子。志气豪放，声名四起。朱晦翁得其书及诗，大异之，书问往来，深期之，谓其文似老苏父子。雁湖李公、南唐赵公，相与赓酬最多。尝以诗语涉谤讪得罪，谪道州，卒于其所。李公心传为言，曾极久斥可念。孝宗曰：“非为江湖集耶？”后有旨归葬。所为文，有《舂陵小集》《金陵百咏》。

曾渐

《万姓统谱》：渐，南城人。绍熙中进士，官至工部侍郎。

立朝有风节，卒赠少师，谥文庄。

曾用虎

《泉州府志》：用虎，字君遇，从龙之弟。以兄任，历官兴化军，蠲租锄盗，三年大治。陈韡帅江右，请自代。除府事，改江西提刑。累迁工部郎中。以华文阁帅广西，至镇数月，罢。卒。

曾治凤

《泉州府志》：治凤，字君仪，从龙季弟。开禧元年进士。历官广东提刑、知袁州。复直焕章阁，帅广东。寇发循、惠间，郡请兵捕追，不从，决计谕降之。端平二年，进直徽猷阁。改知建宁。会戍卒挺乱，薄广城，时已解印，引咎丐罢。

曾噩

《万姓统谱》：噩，字噩甫，闽县人。学问淹贯，文章简古。庆元中，尉上高有声，后升广东漕使。

曾守约

《万姓统谱》：守约，大庾人。以乡举充郡学正，行义著称。郡守李大正为书"鲁斋"二字，并记以诗。左史刘公黻为著《鲁斋铭》，有"忠为德基，孝为行本"之辞。

曾和应

《万姓统谱》：和应，字贤叔。隐居梅岭之阴，清苦好吟，八十不倦。黄秋岩喜其得情性之正，选而集之，名《梅溪四体》。庐陵赵青山诸老，多有品题，梓行于世。

曾松

《万姓统谱》：松，字坚伯，章贡人，几之从孙。仕至江西帅参。松敬贤乐善，居官以才廉称。嘉定中，寓居建阳县，县东北有竹原山，刘勉之旧隐，朱熹问道之所也。松慨想陈迹，作"乐斯庵"于其傍，友人黄幹记之。

曾原一

《万姓统谱》：原一，字子实，兴宗孙。绍定四年，领乡荐。与从弟东湖书院山长原郴，师吉安庐陵杨伯子，俱博学工诗。绍定庚寅，避乱钟陵，从戴石屏诸贤结"江湖吟社"。寇至，原一偕其叔益之，倾资产，募丁壮，筑城垣为保障。寇知有备，不敢犯，民多德之。著有《选诗衍义》《仓山诗集》。

曾渊

《万姓统谱》：渊，字广微，南丰人。景定间，知新昌，有诗声，且优于政，尝修大成殿。终于安南。

曾子长

《万姓统谱》：子长，咸淳末知淳安县，清慎自守。时边事已急，多方保障，民赖以安。后以谗籍其家，惟故书败絮而已，君子惜之。

曾民瞻

《尚友录》：民瞻，南昌尉。通天文之学，以晷漏差讹，遂更用其法：箭傍二木偶，左者昼司刻，夜司点，则击板以告；右者昼司晨，夜司更，则鸣钲以告。自谓古人之所未至。

曾造

《万姓统谱》：造，南丰人，文肃公玄孙。知翁源县，以化民成俗为急务，籍官田之入以养士，于是文化大兴。邑人士相与祠于学。

曾如骥

《万姓统谱》：如骥，字德清，泰和人。判邵州，元官入城，僚吏谏曰："曷不壶浆以迎？"曾阳诺，退书"舍生取义"于壁，登于城，投滨江死。事闻，赠敷文阁待制，谥忠愍。立庙祀之。

《一统志》：曾如骥，泰和人。宝庆佥判。元兵徇宝庆，遣弟如龙归，曰："吾既以身许国，不得顾先人宗祀矣！"驱家口七人，赴资水同死。谥忠愍。

曾埙

《万姓统谱》：埙，瑞州录事参军。以郡命赈济饥民，值元兵至，被擒。诱之以利，不从，且詈之，遂死。赠秩。官其一子。

曾逢龙

《一统志》：曾逢龙，字槐甫，宁都人。开庆进士。咸淳末，为新会令，以节概自许，政务化民，有古循良风。景炎初，元吕师夔攻广州，通判李性道以城降，制置使赵潽举逢龙为绍州判，将兵与熊飞合攻广州，杀性道。师夔复破南雄，潽遣逢龙往救，力战，败绩。正衣冠，自经死。

曾柏

《一统志》：曾柏，字崇介，宁都人。事亲尽孝，里人至今称"曾孝子"。

曾可立

《一统志》：曾可立，丰城人。知永明县之任日，单骑至道。或问故，可立曰："吾不忍以迎送驿，骚吾父老子弟也。"迨受事，一意与民休息，裁冗兵，汰浮粮，民称为"曾母"。

曾士扬

《一统志》：士扬，粤西苍梧人。性聪颖，少举于乡。潜心程朱之学，训迪后进，孑然有规矩。虽燕居，必盛服端坐。隆冬酷暑，手不停披，郡邑乘多其手辑。

元

曾冲子

《江西通志》：冲子字圣和。丞相赵葵宣抚江东、西，辟佐吉州节制司。至元二十四年，程巨夫奉诏求贤，以冲子应，授福建提刑司佥事。时闽部远且险，吏乘为奸，民迫为乱。冲子行部，警谕感切，民畏而怀之。以奉议大夫致仕。

曾咏

《江西通志》：咏字师点，乐安人。性孝友。至元丁丑，母因避地得病异归，值大兵至，恣杀掠。咏乞以身代母死，军怜得免。

曾贯

《江西通志》：贯字传道，泰和人。绍兴照磨监州，辟御龙泉寇，战于观，背死之。所著有《周易变通》《四书类辩》《学庸标著》行于世。

曾德

《元史·孝友传》：德，渔阳人，宗圣公五十七代孙。母早亡，父仲祥再娶左氏。仲祥游襄阳，乐其土俗，因携左氏家焉。乱兵陷襄阳，遂失左氏。德遍往南土求之，五年乃得于广海间，奉迎以归，孝养甚至。有司以闻，诏旌复其家。《万姓统谱》略同。

附

武城家乘<small>吉安九邑人文</small>

宋

曾霸修

　　进士。金陵太守。

曾晞

　　进士。吏科都给事。

曾仲安

　　进士。广东儒学提举。

曾德卿

　　进士。翰林侍读。

曾光远

　　宿司仪曹。

曾彦圭

　　中散大夫。

曾光宗

　　进士。莱阳县令。

曾大有

进士。常山县令。

曾谋

进士。河南府通判。

曾光庭

举人。陵零知县。

曾宏迪

兵部侍郎。

曾先之

进士。翰林院修撰。

曾嘉

江西运干。

曾革孚

进士。全州司理参军。

曾今休

解元，进士。翰林学士。

曾栈

进士。吏部侍郎。赠尚书。

曾戢

进士。礼部侍郎。

曾克贤

礼科给事。

曾巨卿

孝廉。封奉政大夫。

曾彦明

进士。大理寺丞。

曾以德

兴邑营守备。

曾縠

大理丞。

曾肃温

孝子。赠御史。

曾赞

金陵刺史。

曾延谦

国子祭酒。

曾澄江

进士。赠敷文阁待制，谥忠愍。

曾存主

赠奉政大夫。

曾望宏

封中宪大夫。

曾良儒

永丰县令。

曾季求

团练使。

曾应龙

进士，著作郎。

曾三异、彬、仔、舜和、安辞

五人俱进士。

元

曾榘

奉议大夫。

曾圭

海北帅府武略将军。

曾季渊

秘书郎。

曾瑞可

赣州教授。

旁裔第十七（下）

明

曾鼎

《明史·钱瑛传》：鼎，字元友，泰和人。祖怀可、父思立，并有学行。元末，鼎奉母避贼。母被执，鼎跪泣求代。贼怒，将杀母，鼎号呼以身翼蔽，伤顶肩及足。贼魁悯之，携其母子入营疗治，获愈。行省闻其贤，辟为濂溪书院山长。洪武三年，知县郝思让辟教设①学，居久之，卒。鼎好学能诗，兼工八分及邵子数学。

《江西通志》：源友，泰和人，任石城训导。元季，红巾贼掠县，源友负母出走，遇寇。欲劫之去，源友跪陈母老。寇怒，欲害其母，源友以身蔽母，寇连刃之，几死。适寇帅踵至，悯其孝，傅善药得免。归，母卒，哀毁庐墓。有司具实以闻，为立"孝子亭"于墓所。《江西通志》与《明史》略同。源友，应是"元友"之讹。

---

① "设"，原作"社"，据《明史》卷二九六《曾鼎传》改。

曾万中

《明史·花云传》：刘齐以江西行省参政守吉安，守将李明道开门纳陈友谅兵，杀参政曾万中，胁之降，不屈。

《江西通志》：万中，吉水人。幼颖异。元季为千户长，江右大乱，万中与弟粹中保障乡里。归明，还守吉安。兵至，走京师乞援，授万中行省参知政事；弟粹中，亲军指挥使。后城陷，兄弟皆战死。

曾鲁山

《江西通志》：鲁山，赣县人。元时举孝廉，官于潮。自亲终，绝意仕进。明太祖遣将略定南服，过赣，强起之。鲁山不克辞，即日就道。南中闻其至，率先归款，以功擢潮州太守。

曾坚

《江西通志》：坚，字子白，金溪人。少与危素齐名。元进士，累官至中大夫、翰林学士。洪武初，入朝为礼部侍郎，谙习典章，太常议礼皆咨之。

曾泰

《江夏县志》：泰，洪武初，以秀才征，学行允孚，上重之。每慷慨论事，言无不从。超拜户部尚书。

曾鲁

《明史》：鲁，字得之，新淦人。以文学闻于时。洪武初，修《元史》，召鲁为总裁官。五年二月，拜中顺大夫、礼部侍郎。十二月引疾归，道卒①。

曾伯玙

《一统志》：伯玙，建宁人，养志山林。洪武初，以明经署本县儒学事。著有《鸣缶集》。

曾秉正

《明史》：秉正，南昌人。洪武初，荐授海州学正。九年，以天变上疏数千言。帝嘉之，召为思文监丞。未几，改刑部主事。十年，擢陕西参政。会初置通政司，即以秉正为使。寻竟以忤旨罢。

曾濬

《明史·马宣传》：宣，官都指挥使。燕王欲南下，宣发兵将攻北平，与燕兵战于公乐驿，败归，与镇抚曾濬俱死。

《万姓统谱》：濬，蓟州镇抚。与马宣守州城，靖难兵攻之不能下，招之降，不肯。辄出兵力战，败，为张玉所执，不屈死之。

---

① “道卒”下，原有“淳安”二字。据《明史》卷一三六《曾鲁传》，“淳安”二字当属下，作“淳安徐尊生尝曰”。此误属上，据删。

曾凤韶

《明史》：凤韶，庐陵人。洪武末年进士。建文初，尝为监察御史。燕王称帝，以原官召，不赴。又以侍郎召，知不可免，遂自杀。年二十九。

《一统志》：凤韶刺血书衣襟，嘱其妻李、子公望："勿易衣，即以此殓。"遂自杀。李亦自经。福王时赠太仆卿，谥忠毅，妻谥贞愍。《明外史》略同。

曾廷瑞

《明史》：陈思贤，茂名人。洪武末，为漳州教授。燕王登极诏至，坚卧不迎。率其徒吴性原、陈应宗、林珏、邹君默、曾廷瑞、吕贤六人，为旧君位，哭临如礼。有司执之，送京师，思贤及六生皆死。六生皆龙溪人。

《广东通志》：廷瑞，漳州府学生。靖难继统诏至，廷瑞随教授陈思贤集于明伦堂，不出迎诏，设旧君位，哭如礼。郡人执送京师，与思贤皆死。

曾爟

《吴江县志》：爟，字日章，以字行。其先溧水人。父朴，徙吴江，爟少充郡学生。洪武十七年，以岁贡授黄陂知县，政声大振，以最闻。寻去官归。洪武三十五年，以荐擢翰林院侍读。永乐初年，与修《大典》。未几，交趾黎氏篡立，诏爟往谕。黎苍语不逊，爟折之，宣读如礼。二年，使还，陈黎氏篡立当征。四年四月，命从新城侯张辅、西平侯沐春将兵讨之，军中文檄皆出其手。交趾平，赞画功居多。五年，还报。复承命往谕诸将，至军中，以疾卒。

曾棨

《明外史》：棨，字子启，永丰人。生而颖异，貌魁伟，博闻强记，工文词。永乐二年，殿试第一。授翰林修撰。修《永乐大典》，为副总裁。书成，迁侍读。寻进侍读学士。仁宗立，除左春坊大学士。宣宗立，进少詹事。宣德七年，卒于官，谥襄敏。

曾鼎

《明外史·黄泽传》：鼎，永丰人。永乐十年进士。为广东佥事。

曾伯良

《万姓统谱》：伯良，永乐中知海阳县。视篆后，立碑于城隍庙曰："有外施仁义，内藏祸心者，神必殛之。"

曾鹤龄

《万姓统谱》：鹤龄，字延年，太和人。永乐进士第一。授翰林修撰。预修《实录》，升侍讲学士。有《松坡集》《胶叟集》藏于家。

曾慎

《万姓统谱》：慎，宁都人。永乐甲申进士。任编修。

曾令得

《万姓统谱》：令得名凯，以字行，吉水人。永乐乙未进士。任御史。

曾泉

《明史》：泉，泰和人。永乐十八年进士。改御史。宣德初，都御史邵玘甄别属僚，泉谪氾水典史，卒。正统四年，河南参政孙原贞上言："泉操行廉洁，请追复泉爵。"帝从之。

曾翚

《明史》：翚，字时升，泰和人。宣德八年进士。历刑部员外郎。正统十三年，进郎中。擢广西右参政。天顺五年，迁山东右布政使。成化初，转左，召拜刑部左侍郎。寻巡抚浙江。还朝，久之，谢病去。

曾蒙简

《万姓统谱》：蒙简名廉，以字行，太和人。正统乙丑进士。

曾仙广

《延平府志》：仙广，字孔大，沙县人。与兄隆俱遗腹失怙。正统戊辰，寇邓茂七纵火焚县，时仙广兄弟幼，引避半溪。遇贼将俘去，俱弗从。贼恃刃挟之，兄弟直前争死，以母老嫠居也，贼两释之。

曾恕

《黄冈县志》：恕，字希仁，黄州卫指挥佥事。性至孝，父全征横江阵亡，当荫子姓，恕曰："父死之谓何？而乃以市宠，吾不忍也。"久之，始受荫。署篆督漕，以廉介闻，监司咸旌异焉。

曾子唯

《万姓统谱》：子唯，保昌人。由教谕天顺初升真定府学教授，学问优长，诲人有法。秩满考最，擢唐府长史。

曾鉴

《明史》：鉴，字克明，其先桂阳人，以戍籍居京师。天顺八年进士。授刑部主事。成化末，历右通政，累迁工部左侍郎。弘治十三年，进尚书。正德二年闰正月致仕，旋卒。赠太子太保。

曾辖

《万姓统谱》：辖，字文载，永兴人。成化乙未进士。历刑部员外郎。值平阳有讼田久淹，及苏州卫有讼杀人罪者系狱十余年，轍往讯，立决。出补绍兴知府，均输薄赋，厘弊补偏。亡何，乞休归。年七十四，卒。子介、全，皆登进士。

曾全

《一统志》：全，字复初，轍子。成化进士。授户部主事。时彗雪为变，全抗疏陈时政四事，且言都御史屠滽不法，遂以他事系狱。被放，居家二十余年。著有《寻乐稿》。

《万姓统谱》：全，字复初。成化丁未进士。授户部主事。值星变，上疏陈四事，逮系诏狱，褫秩归，号"碧潭居士"。筑室授徒，以诗文自娱。弟介，登进士，亦豪宕不羁。

曾彦

《万姓统谱》：彦，字士美，太和人。成化戊戌进士第一。历翰林院侍读。

曾熙

《一统志》：熙，泰和人。成化中，知竹溪县。时县初分设，逋逃新附，熙推诚招抚，民甚安之。

曾追

《万姓统谱》：追，字文甫，泰和人。成化戊戌进士第三。任编修。

曾焕

《万姓统谱》：焕，字贯辰，吉水人。成化甲辰进士。历参政。

曾昂

《万姓统谱》：昂，字光表，吉水人。成化丁未进士。历官福建按察司副使。

曾直

《明史·王守仁传》：正德十四年六月，宁王宸濠反。守仁趋吉安，传檄，俾守令各率吏士勤王。郎中曾直，赴守仁军。

《江西通志》：直，字叔温，吉水人。弘治进士。知鄞县，历擢大理卿，孤立无党。

曾大有

《一统志》：大有，麻城人。弘治中，定远知县。凡学校、公廨、城郭、陂池，修治一新。妖贼孔布、张洪乘间窃发，大有悉擒诛之，一境晏然。

曾曷

《一统志》：曷，弘治中，为广西上思州同知。先是州以世袭构兵，曷请改土为流。迁城江北，建立州治，筑土城，立木栅，招遗民，给以田种，皆得复业。

曾槐

《一统志》：槐，南城人。正德间，知上津县。时蒿芦盗起，槐捐俸甓砖城，盗不为害。

曾连

《荆州府志》：连，江陵人。由吏员正德中任四川绵州判官。流贼攻劫州县，朝廷遣都御史彭泽总制兵马，命连率兵御于境内，势莫能支，竟死于贼。事闻，赠上林苑监丞，荫子入监读书。连，本从玉，今敬避。

曾基

《明史·霍恩①传》：正德六年，贼四起，中原郡邑多残破。基为固始丞，被执。使驭马，不从，被害。

曾玙

《明史·伍文定传》：宸濠初起，势焰猖炽，人心疑惑退阻。当时首从义师，自伍文定诸人外，又有知府曾玙等。

《一统志》：玙，庐州人。正德间，知建昌府。宸濠之变，玙集义师，会王守仁于鄱阳湖，合广信府知府周朝佐，收复南康。

---

① "恩"，原作"思"，据《明史》卷二八九《霍恩传》改。

曾守约

《广东通志》：守约，字子如，归善人。嘉靖己丑进士。授行人，选江西道御史，巡视十库，刷卷江西。后按广西，振纪纲，系赇吏肆横者，皆按置于法。戊戌，山陵大功起，武定侯郭勋总其事，群珰附之。守约当巡视，忤勋，勋怒其不便己，疏守约稽误。守约遂条奏勋欺纵不法数大罪，语多切直，疏留中。庚子，升大理寺右丞。未几，恳疏乞终母养。卒。

曾存仁

《江西通志》：存仁，字懋远，吉水人。嘉靖进士，授礼部祠祭主事。会建世庙，光禄丞何渊议由太庙达世庙。存仁上言："毁太庙垣亭，翦伐文皇帝所植松柏，非达孝。"忤旨，赖救护免。起浙江参议。中官崔成督视开矿所在扰民，存仁痛抑之，成怒，具奏，逮诏狱。寻起广西参政。历云南布政使。

曾铣

《明史》：铣，字子重，江都人。嘉靖八年成进士，授长乐县知县。征为御史，巡按辽东。擢大理寺丞，迁右佥都御史，巡抚山东。进副都御史，改抚山西。寇不犯边，进兵部侍郎，巡抚如故。二十五年夏，以原官总督陕西三边军务。寇远徙，增俸一级。后以议河套，逮铣，出仇鸾，诬铣交近侍律斩。

曾钧

《明史》：钧，字廷和，进贤人。嘉靖十一年进士。授行人，擢南京礼科给事中。出为云南副使，屡迁河南左布政使。三十一年，以右副都御史总理河道，进工部右侍郎。入为南京刑部右侍郎，久之，乞归家，卒。赠刑部尚书，谥恭肃。

曾佩

《万姓统谱》：佩，字德夫，临川人。嘉靖辛丑进士。任御史，忤旨，谪戍。隆庆初复职。

曾于拱

《万姓统谱》：于拱，字无极，泰和人，嘉靖辛丑进士。历都御史。

曾承芳

《万姓统谱》：承芳，字英遇，惠安人。嘉靖丁未进士。任御史。

曾廷芝

《汉阳府志》：廷芝，字子先，汉阳人。嘉靖癸丑进士，知昌邑县。擢授工科给事中，奏修河防，议增屯田水利，悉为世宗所嘉纳。被嗾，出为浙江佥事。益以守法不合，谢病。久之，楚抚按交推毂，起知汉州。兴革扶抑，振励士类。复迁浙宪以归。

曾省吾

《明外史·梁梦龙传》：省吾，钟祥人。嘉靖中进士。隆庆①六年，历官右佥都御史，巡抚四川。迁兵部侍郎。不数年，擢南京右都御史，召拜工部尚书。省吾故出张居正门，遂与王篆为之羽翼。居正败，给事中王继光劾其十罪，罢归。唐尧钦复劾之，遂削籍。已而没。

曾翀

《明史·冯恩传》：翀，字习之，霍丘人。以进士授南京刑部主事，改御史。以论尚书汪铉有"诤臣杜口"语，下镇抚司鞫讯，斥为民。隆庆初，赠太常少卿。

曾同亨

《明史》：同亨，字于野，吉水人。父存仁，云南布政使。同亨举嘉靖三十八年进士。授刑部主事。改礼部，迁吏部文选主事。隆庆初，为文选郎中。进太常少卿，请急去。万历初，起大理少卿。历顺天府尹，以右副都御史巡抚贵州。诏调南京，遂移疾归。九年，起南京太常卿。召为大理卿，迁工部右侍郎。由左侍郎进尚书，辞不拜。久之，再起故官，累辞乃就

---

① "隆庆"，原作"龙庆"，误。按："隆庆"为明穆宗年号。

职。三十三年，引疾。诏加太子太保致仕。卒年七十有五。赠少保，谥恭端。

曾乾亨

《明史》：乾亨，字于健，同亨弟。万历五年进士，除合肥县知县，调休宁。擢御史给事中①。以劾尚书张学颜，黜为海州判官。稍迁大名推官，历光禄少卿。十八年冬，敕兼监察御史，阅视大同边务。寻进大理丞，迁少卿。廷推巡抚三，俱不用。遂引疾归，未几卒。乾亨言行不苟，与兄并以名德称。

曾如春

《江西通志》：如春，字景默，佩侄。嘉靖乙丑进士。巡抚河南。时潞藩数潜游，所在震惊。抗疏以闻，诏责护卫诸臣，民始晏然。以工部侍郎总督河道，疏筑有法，至今赖之。

曾球

《一统志》：球，海阳人。隆庆间南靖知县。邑西桥南有田数千亩，恒苦旱，球凿渠通海子潭达铜山草湖，以资灌溉。又开濬城濠，接引溪流，而东之墨场等二十四乡俱赖焉。

---

① "御史"下，原有"给事中"三字。《明史》卷二二〇《曾乾亨传》谓："擢御史。给事中冯景劾李成梁被谪。""给事中"三字当属下，据删。

曾凤仪

《衡州府志》：凤仪，字舜征，号金简。万历癸未进士。授南京礼部祠祭司主事，寻转仪曹郎。心厌荣利，致政。讲究陆九渊主静之学，共订《朱子摘编》。建衡山集贤书院，以祀昌黎、邺侯、清献、濂溪四君子。

曾朝节

《衡州府志》：朝节，字直卿。万历丁丑进士，殿试探花。授翰林院编修，直史局。三载，迁侍读。辛卯，典试南畿，进国子监祭酒。升南京礼部侍郎，改南少宰。寻改北少宗伯，协理詹事府，侍经筵，教习庶吉士，凡六年。陟资政大夫、礼部尚书，充东宫侍讲。以疾卒。赠太子太保，谥文恪。

曾柏、曾海

《明史·孝义传序》：明太祖诏举孝弟力田之士，有司上礼部请旌者，莫可殚述。嘉靖以后，国史不详载姓名。所可考者，嘉靖间，则有江西曾柏；万历间，则有成都后卫[①]曾海。

曾应榡

《海澄县志》：应榡，号若槐。万历辛丑进士。初官户部主事，累升云南按察使。为人和厚质实，所至无赫赫名。

---

① 按：据《明史》卷二九六《孝义传序》载："万历间，则有……成都后卫杨茂勋，井研曾海。"则此"成都后卫"当作"井研"为是。

曾楚卿

《莆田县志》：楚卿，字元赞，万历癸丑进士。改庶吉士，除检讨。己未，同考礼闱。天启初，转春坊赞善。累迁詹事府兼翰林学士，侍经筵。少宰张鼐纠魏忠贤八事疏上，鼐罢归。时楚卿方转南礼部侍郎，忠贤以楚卿出鼐门，亦削夺归。崇祯改元，起礼部左侍郎。陛见，陈敬天法祖、苏民困、宽刑狱、豫边防五事。转吏部左侍郎，进礼部尚书。时温体仁当国，楚卿遂累疏乞休，予告回籍。

曾栋

《江西通志》：栋，字隆吉，临川人。万历丙辰进士。由祠部郎升四川驿传道。时土官董卜与高箕称兵相攻，抚臣请于朝，以兵事属栋，乱遂定。以功屡进布政使。子亨应，崇祯甲戌进士，仕吏部主事。

曾发祥

《钟祥县志》：发祥，字戬谷，别号峋嵝山人，太保省吾之从孙。以明经除黄陂训导，迁广济教谕。平居惓惓忠义。崇祯乙亥，流寇围城，发祥协力坚守，城陷死之。

曾筼

《江西通志》：筼，字竹君，方伯栋孙，考功亨应子。年十七，饩于庠。癸未，诏举异才。逾年，国变，叛师王某执亨应去。筠方读书梁峡，闻报，走追，抱持痛哭，遂并遇害。

曾英

《明史·王应熊传》：崇祯十七年三月，京师陷。五月，福王立于南京。八月，张献忠陷四川。改王应熊兵部尚书兼文渊阁大学士，总督川、湖、云、贵军务，专办川寇。献忠死，诸将各据州县自雄，应熊不能制。其部将曾英最有功，复重庆，屡破贼兵。明年十月，献忠余党南走重庆，英战殁。

《莆田县志》：英，字彦侯。年二十二，应巡抚张肯堂募，击尤溪、平和山寇。嗣同游击周之璠入蜀，以征猺、苗功，署都司。又于光安州与流寇战，屡捷，授十三岩都司，守涪州。张献忠寇万县，英冲锋血战，著功升四川左都督，统数万众。时襄阳新破，贼趋涪州，英迎战失利，身被七创，贼遂乘胜攻成都。英扶创，收余众，驰护蜀王，复重庆。又与猺、苗战于合州，生擒小秦王，降其众十三万，势大振。率兵环九龙，合水龙门，夹击献忠，大破之。适李自成陷燕京，英闻变，全军缟素大哭。献忠乘间压战，英迎击，大败之。丙戌秋，献忠死。余贼数万，从叙州下，诡降英。英不许，欲尽歼之。忽军中自乱，英殪于矢，跃入渝河死。

曾士选

《昭阳县志》：士选，为名诸生。癸未，献贼陷城，镇将刘承应移檄士选率乡勇。贼猝至，众寡不敌，遂遇害。

曾栻

《明外史·徐学颜传》：崇祯年，流寇陷蒲圻，知县临川曾栻抗节死。

《一统志》：曾栻，临川人。崇祯中，蒲圻知县。时流寇氛交讧，军需旁午，栻一以息事宁人为本务；上官檄取战骡，栻一以非地产谢去。后流寇陷城，死之。

曾淑尼

《一统志》：淑尼，江南人。崇祯间，辽州吏目。流寇破州城，淑尼死之。

曾益

《明外史·张辉传》：孙可望寇安平，佥事临川曾益聚众拒守，城陷死之。

曾樱

《明史》：樱，字仲含，峡江人。万历四十四年进士。授工部主事，历郎中。天启二年，稍迁常州府知府。崇祯元年，以右参政分守漳南。母忧。服阕，起故官，分守兴、泉二郡。进按察使，分巡福宁。十年，帝信东厂言，械赴京。旋令樱以故官巡视海道。寻以衡阳多寇，改湖广按察使，分守湖南，贼多降。迁山东右布政使，分守东、莱。十四年春，擢右副都御史。明年，迁南京工部右侍郎，乞假归。后唐王称号于福州，樱起工部尚书兼东阁大学士。无何，令掌吏部，寻进太子太保、吏部尚书、文渊阁，守福州。大清兵破福州，避海外中左卫。越五年，被兵，自缢死。

曾亨应

《明史》：亨应，字子嘉，临川人。父栋，广东布政使。亨应举崇祯七年进士。历官吏部文选主事。十五年秋，以御史张懋爵劾，被谪去。福王立之明年，江西列城皆不守。亨应命弟和应奉父入闽，己谋城守。大清兵至，被执，并执其长子筠。筠先受刑死，亨应被戮。和应闻兄死，奉父又避肇庆，乃拜辞父，投井死。先是，栋弟栻为蒲圻县知县，栻兄益为贵州金事，并死难，人称"曾氏五节"云。

曾文蔚

《明史·邓[1]藩锡传》：崇祯十五年，大清兵薄兖州，知府邓藩锡与同知曾文蔚等死守。

曾异撰

《明史·张耀传》：异撰，荣昌人。举于乡，知永宁州。张献忠部将孙可望陷贵州，将长驱入云南。异撰集众登陴守，城陷，自焚死。

---

[1] "邓"，原作"鄷"，据《明史》卷二九一《邓藩锡传》改。下"邓"字同。

曾异撰

《明史·曹学佺[①]传》：异撰，字弗人，晋江人，家侯官。父为诸生，早卒。母张氏，以遗腹生。家窭甚，事母至孝。久为诸生，究心经世学。崇祯十二年，举乡试，年四十有九矣，再赴会试还，遂卒。

曾谋

《一统志》：谋，铅山人。崇祯中，知通许县，甫四旬，流贼猝至。曾谋召父老曰："我死，若辈以城降，可免屠戮。"北向再拜，抱印投井死。

国朝

曾三凤

《一统志》：三凤，温州泰顺人。顺治丙戌，山寇焚劫乡聚，三凤为练长，率乡兵御守。寇张甚，三凤奋身杀贼，死之。弟三重、三益皆死之。一门忠义，乡人立祠祀焉。

曾思谋

《一统志》：思谋，汉阳人。性至孝。夏逆告警，家人俱避匿，思谋独负父行。贼执其母，思谋乞以身代。贼斫其臂，思谋哀恳不已，贼义而释之。母卒未葬，邻火延其室，思谋抚棺

---

① "佺"，原作"全"，据《明史》卷二八八《曹学佺传》改。

号恸不去。比火熄，前后俱烬，惟停枢之室独存。既葬，庐墓三年。父遘疾，思谋中夜虔祷，果瘳。以侍疾劳瘁卒，雍正九年旌。妻彭氏守节奉舅，雍正八年旌。

曾灿

《国朝先正事略》：灿，字青藜，宁都人。明给事中应遴子，与兄畹并工词章。方明季多故，思以功业自见。鼎革，筑室曰"六松草堂"，隐身不出。选海内名家诗二十卷，名《过日集》。侨居吴下最久，著《止山集》《西崦草堂诗》。

曾燠

《国朝先正事略》：燠，字宾谷。乾隆四十六年进士。选庶吉士，改主事。由员外郎超擢两淮运使，迁湖南按察使，进广东布政使，巡抚贵州，乞养归里。道光二年，授两淮盐政，以五品京堂内召。卒年七十二。著《赏雨茅屋集》，撰《江西诗征》九十四卷。

附

武城家乘 吉安九邑人文

明

曾文洙

奉政大夫。

曾挺立

嘉定知县。

曾皋

太仆寺卿。

曾可东

举人。刑部郎中。

曾云龙

北直总镇。

曾燕省

湖广道御史。

曾忠辅

举人。国子监助教。

曾正仁

举人。武昌教授。

曾象乾

会魁。翰林，御史。

曾瑞

举人。河西知县。

曾温

举人。彬州知州。

曾政

琼州知府。

曾一中

经魁。漳平知县。

曾源

工部主事。

曾澜乡

进士。肇庆府通判。

曾相乡

进士。朝议大夫，南京御史。

曾希恭

举人。敕旌义士。

曾墿

行省参知政事。

曾得禄

进士。兵部主事。

曾惟珍

进士。行人司。

曾凯

进士。监察御史。

曾克贤

礼科给事。

曾邦荣

谏议大夫。

曾广平

封翰林学士。

曾裴

赠翰林学士。

曾铎

宁国府同知。

曾贯唯

江阴知县。

曾梦涮

吏部郎中。

曾世忠

参将。

曾忭

进士。兵科给事。

曾华文

南京刑部主事。

曾鼐

举人。赣榆教谕。

曾之敬

岁贡。丹陵知县。

曾汝政

举人。国子监助教。

曾勋

举人。麻阳县教谕。

曾云

举人。庆远知州。

曾魁

举人。宿州知州。

曾朝赏

举人。宁波府通判。

曾士敏

光山知县。

曾瑀

沅州知府。

曾宪

举人。桂阳知县。

曾才达

封奉政大夫，祀乡贤。

曾双溪

进士。藩参。

曾南湖

四川布政使司。

曾于冕

掌教临武，祀乡贤。

曾显云

云南按察司佥事。

曾于乾

祀乡贤节义。

曾道唯

嘉兴知县。

曾宗敬

礼部尚书。

曾贯

庐州安融江佐政司。<small>疑有误。</small>

曾克

进士。刑部员外郎。

曾汝召

进士。太常寺少卿。

曾惟谦

举人。景宁知县。

曾学镜

进士。博兴知县。

曾恭甫

观察使。

曾大猷

光禄寺署丞。

曾勋

举人。嘉兴知县。

曾晚成

柳州知府。

曾西园、雅、沩

三人并进士。

国朝

曾道传

恩拔贡。

曾大成

举人。巴县知县。

曾嘉谟

赣县儒学。

曾宏旅

广东副使。

曾大用

西隆州知州。

曾承莲

封武略将军。

曾先拣

选守备。

曾自厚、恬、文典

三人并举人。

按,《武城家乘》未知所本,官阶间有未合,姑仍之。其复者删。

林墓题名碑

曾恒德

福建惠安,举人。官湖北郧阳府知府。

曾庭枟

江西南城,进士。官曹州府知府。

曾日景

广东举人。官保定府知府。

国史馆列传

曾国藩

湖南湘乡人,道光十八年进士。改庶吉士,授检讨,屡擢礼部侍郎。

咸丰二年,丁母忧回籍。粤逆犯湖南,围长沙,不克,窜武昌,陷之,连陷沿江郡县。上命国藩办理团练,乃驻衡州,造战舰,练水师。四年,与贼战岳州,又战靖港,皆不利,革职。时国藩已遣杨岳斌、彭玉麟、塔齐布大破贼湘潭,复其城，遂攻克岳州，水陆追击，自城陵矶二百余里。九月，克武昌。赏兵部侍郎衔。进围九江。五年，补兵部右侍郎。六年，江西郡县多陷，国藩驰赴南昌，破贼瑞州。七年正月，复安福等县，江西获安。丁父忧，诏赏假三月，回籍治丧。八年五月，奉命督浙江军。九年，奉命防蜀。旋以皖省贼势日张，饬由楚分路剿办。十年，赏兵部尚书衔，署两江总督。六月，补两江总督，以钦差大臣督江南军。十一年，国藩进驻祁门。曾国荃克安庆，贼无脱者。进复池州、无为、铜陵各隘。赏太子少保，命统辖江苏、安徽、江西、浙江四省军务，巡抚、提、镇悉归节制。国藩力辞，上不许。

同治元年，以两江总督、协办大学士，曾国荃授浙江按察使。国荃会水师复巢县、含山、和州并铜陵闸、雍家镇、裕溪口、西梁山四隘，弟贞干复繁昌、南陵，破贼三山、鲁港。国荃率师进围金陵，苏、浙贼酋李秀成等分道来援，小大数十战，力却之。二年五月，复江浦、浦口，克九洑洲，长江肃清。三年正月，官军克钟山。六月，金陵平。赏国藩太子太保，一等侯爵；浙江巡抚曾国荃赏太子少保，一等伯爵，俱赏戴双眼花翎。

时捻匪倡乱日久，四年四月，命国藩赴山东剿捻。山东、河南、直隶三省旗、绿各营，均归节制。五年，修浚运河，以固东路。又于沙河设防，俾骑贼稍有遮拦。六月，贼由河南防军汛地东逸，河防无成。九月，国藩自陈病状，上命国藩回两江总督本任。国藩屡请开缺，以散员留营自效，上慰留之。

六年七月，补体仁阁大学士。十二月，捻匪平，赏云骑尉世职。七年四月，补武英殿大学士。七月，调直隶总督。八年，奏论练军宜参用勇营营制，允之。九年五月，天津民人因迷拐幼孩匪徒牵涉教堂，殴毙法国领事官，焚毁教堂，上命国藩赴天津查办。国藩奏："曲全邻好，以为保民之道；时时设备，以为立国之本。"八月，调两江总督。乞病，不许。十一年二月，卒。追赠太傅，予谥文正。

太子太保两江总督一等威毅伯曾国荃遗疏

为微臣病势危笃，恋阙情殷，伏枕哀鸣，仰祈圣鉴事。

窃臣楚南下士，夙未谙习《戎韬》。遭际圣明，兄弟均叨爵赏，一门悉被恩荣。每念异数频邀，时艰孔亟，虽在暮齿，常切犬马报主之忧。忆自咸丰初年，粤寇猖狂，臣兄曾国藩以在籍侍郎蒙文宗显皇帝特达之知，起复领兵，转战东南各省。六年秋间，臣始募勇，赴援江西，与曾国藩所部诸军会战。迨江省肃请，楚师移攻皖地，适值杭州失陷，曾国藩引兵渡江，臣乃专领围攻安庆之师。军中一切进止，皆秉承朝旨，指授机宜。迨安庆告克，而文宗显皇帝龙驭上宾，未及一睹捷奏。臣每一追念，感愧流涕，此其夙所疚心者也。

穆宗毅皇帝屡诏规复苏杭，曾国藩荐左宗棠任浙事，李鸿章任苏事，令臣进规金陵。是时，贼势犹盛，疫疠流行，臣之孱力何足当此巨寇？仰荷皇太后悯其弩劣，宽其限期，俾得始终藏事，克复伪都。良由庙谟深远，宵旰忧勤，臣兄弟实无劳可录。乃蒙天恩优渥，滥膺侯伯，材轻赏重，此又夙所疚心者也。

臣德薄福浅，所值多厄。前在山西，适遭奇祲，朝廷轸念灾黎，发银发米，复得邻省协济，僚属尽力，无如灾区太广，全活无多。近年江、皖、苏、浙水灾，补救乏术。昨奉诏旨，尚奖前事，无实惠而冒美名，此又臣所疚心者也。

臣领兵十余年，湿毒侵入肌肤。前在山海关督师，又感朔风。及到广东，曾患乳痈之症。比移两江，常撄流注之疾。自分受恩深重，未敢暂请休沐。比年以来，力疾治公，以为稍尽一日之心，略赎素餐之咎。本年五月间，脚胫肿痛，渐至疮口溃裂，延医调治，已就痊可。讵九月二十七八日加增外感，医药罔效，恐将不起。臣以优贡，洊历兼圻，叨窃非分，年将及耄，死何足惜！惟念天恩未报，外患方殷，吴楚皆旱潦频仍，齐豫则河堤屡决，兼之畿辅被水，上厪宸衷。但愿我皇上敬慎以格天，勤俭以法祖；邻交虽睦，不忘武备之修；贤俊旁搜，广储干城之选。谨献刍言，用供采择。

臣两子纪瑞、纪官，早殁；嫡孙附生广汉，今年蒙赏主事；次孙附生广江、监生广河，均随任在署。臣敦嘱其读书循分，上报国恩。

谨口授遗折，命广汉等亲交江宁布政使瑞璋代递。不胜屏营依恋之至。伏乞皇上圣鉴。谨奏。

光绪十六年十月十六日，内阁奉上谕：两江总督曾国荃秉性沈毅，莅事公忠，韬略宏深，经猷远大。咸丰年间，由优贡生从戎，在江西、湖北等省迭歼巨寇。克复安庆之役，出奇制胜，懋建殊勋。蒙文宗显皇帝特达之知，不次超擢。同治初年，简任浙江巡抚，仍带兵剿贼，激励将士，扫荡无前，直达江宁雨花台，苦战两年之久，卒能攻拔坚城，擒渠扫穴。粤匪之平，厥功最伟。穆宗毅皇帝特沛殊施，赏加太子少保衔，锡封一等伯爵，赏戴双眼花翎。朕御极后，优加倚任，叠畀封圻，均能尽职。其在山西巡抚任内，救灾恤民，政绩尤著。光绪九年，来京召对，命署礼部尚书。旋即简授两江总督。到任后，整顿地方营伍，抚绥镇摄，卓著声威。上年归政庆典，我皇太后追念前劳，赏加太子太保衔。该督感激图奋，虽伤病时发，犹复力疾办公，并未请假。忠诚笃棐，实为国家柱石之臣。方冀克享遐龄，长承恩眷，遽闻溘逝，震悼良深。曾国荃著追赠太傅，照总督例赐恤，赏银三千两治丧，由江宁藩库给发，赐祭一坛，派护理江宁将军、副都统承绶前往致祭，加恩予谥忠襄，入祀京师昭忠祠、贤良祠，并于湖南原籍、江南省城建立专祠。此外立功省分，准其一并建祠。其生平政迹事实宣付史馆，任内一切处分悉予开复。应得恤典，该衙门察例具奏。灵榇回籍时，著沿途地方官妥为照料。伊孙特用主事曾广汉，即著承袭一等伯爵，毋庸带领引见。附生曾广江，著赏给举人，准其一体会试。监生曾广河，著赏给员外郎，分部学习行走。伊曾孙曾兆龙、曾兆祥、曾荫椿，均著俟及岁时由吏部带领引见，候旨施恩，用示朕眷念勋臣至意。钦此。

定安按，曾文正公尝亲诣嘉祥南武山，谒拜曾子庙林，见其栋宇圮败，慨然捐银千两，增置祭田。文正薨后十余年，曾忠襄公复制两江，委员赴嘉祥，采访宗圣故实，亦捐银千两，助修林墓，且命定安重编志乘。未一载，竣事，而忠襄已不及睹其成矣！之二公者，皆有功于武城，因摭拾史传，登入新《志》。忠襄新薨，史传未具，爰取遗疏及所奉恩旨，附载篇末，俾览者略知其平生。其它曾氏贤者甚多，以俟后之君子采择焉。

宗圣志旧序

明万历初修《宗圣志序》二首《志》成于万历二十三年六月

《阙里》志尼父也，《陋巷》志颜，《三迁》志孟，称鲁三大《志》，而观者比于云亭徕甫之配岱宗云，独曾氏《志》阙。夫子思子亦无《志》也，而以尼父统之。圣祖、哲孙同条共贯，且压于尊而亲，无《志》固宜。而曾氏身负道宗，侪颜启孟，顾独缺此杀青一编书，以致武城之地望几埒于凡封，而黄①帝神明之胄无别于下姓，则异人任乎？

窃尝取曾氏之系次而观之，自厥子元而下，递为十五世，是为裔孙据。据避新莽之乱，挈族南迁，是为永丰曾氏。人代浹更，沧桑易位。无论单门弱祚，往往若敖先世而遏遗之。而此贤哲之宗，亦或不免拓线如丝发焉。哀夫！盖历二千余年②，而我肃皇帝崇文重道，始纳博求之请。于时元相华亭徐公督学江藩，适当此役，精心研审，按验曾氏血胤明白，而后质粹以五十九代出而应博求之条。曾氏之武城，无嗣而有嗣；武城之去而为永丰者，无爵而有爵。黄帝神明之胄，焕然一新于蠹字之牒；郕国洋洋之魄，妥然附丽于浸绝浸还之脉。耘瓜之陇，从此永脱于暴搔，而吴圃蟾蜍，依然其再污也。吁其异

---

① "黄"，明李天植辑《曾志》、吕兆祥《宗圣志》作"皇"。下同。
② "余年"，明李天植辑《曾志》、吕兆祥《宗圣志》作"年余"。

哉！惟是肃皇帝雅意圣真，主上励精道化，兴修废坠，绍继微绝，功不为细。而要之吾道江河之绪勿替，引之殆将与天亡极矣。余也褰帷结辙于一变之疆而嗟焉！而会曾氏宗孙内翰君特以一编来相属，跽而前陈曰："粤自圣师，为万世教父。吾先子亲则及门，甫逾冠而聆一贯，迨垂老而著稗书。其在孔堂，虔始要终，以肩道统，即颜氏无多让焉，思、孟可知已！而乃以我一二宗人，越在他国，庙器之不守，而典籍之多残，余实恧焉。属者承业再世以上，始应诏命，归奉冢祀。一介羁孤，胡与于诸未复之踦？而今厥家渐定，乃捃拾为此书，而巡道李君润色而受椠铅。童子何知，愿大人先生幸教之。抑惟大人先生乘轺观采，当实不虚尔也。"

余受而览再竟，殊有慨于其中。夫是书初订，讵曰不刊，而一意为述，则孔氏窃比之义存焉。以进于史，则列在朝①章而非野；以降于乘，则副在司存而非家。千载获麟之野，恍若重瞻夫瑞物。而是编甫竣于事，则谓为《曾氏春秋》，其可乎？以彼命代大贤之后，澌灭且什九焉，而生活丹青之信，一朝光复而无余，斯文良幸矣。嗟乎，此方策也，而垂亡未泯，以似以续，续古之人焉，事之互发相重类如此。兹编出，鲁之为《志》者，三可四，而四可十百。其齿遇万亿，其载年云亭徕甫，庶乎列岳之全乎！而用配岱宗，其无遗也已。

万历乙未中秋，山东巡按檇李姚思仁撰。

---

① "朝"，明李天植辑《曾志》作"彝"。

孔子订六经以垂万世，《易》《诗》《书》《春秋》，皆因古人之纂述，稍稍删次之而已。其自言，惟《论语》《孝经》《戴记》为详。《孝经》为曾子而作；《论语》成于曾子之门人；《戴记·学》《庸》二篇，表章于家，又曾子以授之子思者也。由此观之，孔子之学惟曾子得其宗，岂诬也哉！当时三千、七十子之流，聪明才辩者非少也，而独曾子之"鲁"者得之。此无异故，盖中庸等耳。及①君子得之，以时其中；而小人失之，以恣其无忌惮之为，则受之者其器异也。

孔、曾之时，逆知后世之小人有自诡于中庸者矣，故绸缪于仁义礼乐之文，淳复于孝悌忠信之行，而未尝辄及于道。至于情欲智故，被濯无余，而一以微言相授受，其指掌而意寤，当不难者。何者？其愤悱也深，则入之必易；磨砻也至，则居之必安。非曾子弘毅之器，何足以当之？不然，道之未得，而务摆落古人之形迹，将荡然无复可守之矩度。而移游茫昧，反易为浮诞惰纵者之所托。此学道者非断乎以曾子为宗不可也！

我朝稽古右文，孔氏及颜、孟之后，皆被延世之赏旧矣。曾氏子孙，自汉关内侯据南徙豫章，嘉靖初下诏访求乃得之。今并称四氏，列于世官，何其盛也！三氏向有《志》以纪世系，暨累朝恩礼之盛，曾氏独阙。裔孙博士承业请于直指姚

---

① "及"，吕兆祥《宗圣志》作"乃"。

公，力成之，而问序于余。余闻公侯之世，必复其始。矧夫统一圣真，而身继往开来之重者乎？然则曾氏之显融光大，乃理之常，而非遭遇圣世，亦孰能成之？夫原本道术，以载国家崇儒重道之美，余之职也，乃不辞为之序。

万历二十三年秋八月，修撰金陵焦竑撰。

明崇祯续修《宗圣志序》二首志成于崇祯二年六月

吾东鲁诸志，或特创，或增修，出吕藩参父子苦心勤手者，始自癸丑，至于己巳。十七年间，成有二十余部，而《圣门》最先，《宗圣》极后。余幸握管以序其事①，乃翰博君复快其家志之成，以弁言为请。

余谓圣祖高弟，惟推颜、曾。然当子渊卒后，子舆方得适楚及门，其于音尘容彩，了不相接。故人高四科，曾孝不令与于德行。盖以“匪兕”之兴歌在前，皋比之远从在后耳。且曾、颜之侍师席，各自有极大成就。但圣师因人，以一“复”字与颜，惜从身后见得；以一“鲁”字与曾，竟令大力打过。至以一“唯”应之，拍手还了“鲁”字，看来量如许，何必逊颜一步武也。

若夫我祖自谓“行在《孝经》”，政以幼孤，未尝得事启圣，遂因子舆之事子皙，见其天至情入，有足感动一世心思。凡为血气生，必不解于父母之念，虽毕生倾世，无此最大者。

---

① “以序其事”，明吕兆祥《宗圣志》作“已序其六”。

斯固在门，曾子独至于是。闲居侍坐，出心相对，觉得此时师弟笔味浓真。周圆四顾，当吾之身，惟孝无与争大，而大之为经，为万世所重。况传《大学》而著《曾子》，皆所以尊师倡道也。故颜子心学，惟圣师见得；后来学人，无从一觅其径。未若宗圣之有著记，有以见圣祖心学于千万世不休也。此亦由孝情之所推也。吕君圣符，既已佐撰《圣门》，崇祀其父，复为竭心倒囊，搜刻《宗圣》一志，是于《孝经》所云"立身扬名，以显父母"，庶无愧乎！

崇祯己巳季夏之吉，太子太傅袭封衍圣公孔胤植撰。

《宗圣志》者，为吾家南宗圣符太学弟之所纂撰也。凡为卷十二：一之为《图像》，若见乎三省之丰容也；二之为《世家》，见枝胤绵邈，南北一宗也；三、四之为《追崇》，代褒王言、林墓、祀祠之足重也；五、六之为《恩典》，受官翰院、赐续祭庙之异数也；七、八之为《事迹》，经集所传格言、尚论之可风世也。九、十、一、二之为《艺文》，奏章、记序、碑志、诗词之能彰①隐传远也。此吾弟竭蹶其精思，周②咨其幽隐，以成卷帙，有以昭显宗圣之云昆于天地间耳。

第有其因之则赴笔多易，而凭虚缀拾益见其难。曾氏于莽篡时，侨家江右，南武旧里，阒其无人，族姓渺矣。逾二千

---

① "彰"，明吕兆祥《宗圣志》作"章"。
② "周"，原脱，据明吕兆祥《宗圣志》补。

年，诏举嫡裔，自南来东，形单孑矣。虽世其官，祭田之顷仅及四十，不敢以望三氏，家俭窭矣。况僻处嘉祥，仰谒轩盖，不若阜邹，题咏寡矣。斯《志》基本若此。能使该载粲整，差肩各志，吾弟只手，真足称巧妇之炊。然曾子少孔子四十有六，前之则翼赞《孝经》，后之则传注《大学》，手掖道统，传之思、孟，演脉到今，其为功烈，可不谓维天枢、立人极者哉！且曾举世胄，始于世宗癸巳；而新《志》编摩，成于崇祯己巳。"巳"者，起也，两巳中间相去九十六年。九阳六阴，案蓍法，先下后上，当得《泰卦》。则泰之为数，亦非偶然。余卜宗圣苗裔自此日益昌泰而起乎！翰博公其识余言，以为左券。

崇祯己巳孟秋之吉，赐进士第吏部观政安阳吕化舜撰。

定安按，旧志《序》惟焦弱侯为优，余皆芜杂不足取。特以详述修志始末，故录数首，以资考证。

图书在版编目(CIP)数据

宗圣志 /（清）曾国荃重修；（清）王定安编辑；
周海生，徐国峰点校. —上海：上海三联书店，2023.6
ISBN 978 - 7 - 5426 - 8124 - 9

Ⅰ.①宗… Ⅱ.①曾… ②王… ③周… ④徐… Ⅲ.
①曾参（前505 -前436）—家谱 Ⅳ.①K820.9

中国国家版本馆 CIP 数据核字(2023)第 090112 号

宗圣志

重　　修 /（清）曾国荃
编　　辑 /（清）王定安
点　　校 / 周海生　徐国峰

责任编辑 / 徐建新
装帧设计 / 未了工作室
监　　制 / 姚　军
责任校对 / 王凌霄　张　瑞

出版发行 / 上海三联书店
　　　　　(200030)中国上海市漕溪北路 331 号 A 座 6 楼
邮　　箱 / sdxsanlian@sina.com
邮购电话 / 021 - 22895540
印　　刷 / 上海展强印刷有限公司

版　　次 / 2023 年 6 月第 1 版
印　　次 / 2023 年 6 月第 1 次印刷
开　　本 / 640mm×960mm　1/16
字　　数 / 270 千字
印　　张 / 27.25
书　　号 / ISBN 978 - 7 - 5426 - 8124 - 9/K・719
定　　价 / 138.00 元

敬启读者，如发现本书有印装质量问题，请与印刷厂联系 021 - 66366565